Mosaik

**Grau/Jung/Münker**

# Beeren, Wildgemüse Heilkräuter

**Herausgegeben von Gunter Steinbach**
**Illustriert von Monika Hänel und Fritz Wendler**
**Beratung von Apotheker Prof. Paul Bauer**

**Mosaik Verlag**

*Mein besonderer Dank gilt Herrn Josef Karl in München, dessen Lehrtätigkeit und Publikationen mein Wissen über Heilpflanzen wesentlich förderten und zum Entstehen dieser Arbeit beitrugen.*
Reinhard Jung



Neue, bearbeitete Sonderausgabe

Druck und Bindung: Tlačiarne BB, spol. s r. o.
Printed in Slovakia · ISBN 3-576-10696-0

Heckenkirsche

Kohldistel

Kamille

# Inhalt

## Zum Buch

*Bild links: getrocknete Johanniskrautblüten*

Im vorliegenden Band »Beeren, Wildgemüse, Heilkräuter« wurden botanisch recht unterschiedliche Pflanzen der freien Natur unter dem Gesichtspunkt der Verwertbarkeit ihrer Früchte oder anderer Teile zusammengefaßt und dargestellt. Wie bei den meisten Bänden unserer Naturführerreihe gilt als Bezugsraum Europa vom Mittelmeer im Süden bis in den hohen Norden jenseits des Polarkreises. Der Leser findet hier also auch Pflanzen, die er im Urlaub sieht und die nicht zur Flora unserer mitteleuropäischen Heimat zählen. Das Buch enthält folglich auch solche Pflanzen, die bei uns wegen ihrer Seltenheit nicht mehr gesammelt werden sollten oder dürfen, in anderen europäischen Ländern aber durchaus häufig sein können und dort nicht unter Schutz gestellt werden mußten. Selbstverständlich hat die Schonung kleiner örtlicher Pflanzenbestände immer Vorrang vor einem möglichen unmittelbaren Nutzen für den Sammler. Angaben über die Häufigkeit einer Art beziehen sich, wo nicht anders angegeben, auf Deutschland.
Für die Einteilung des Bandes wurden in erster Linie praktische Gesichtspunkte – das Buch soll leicht zu handhaben sein – berücksichtigt, erst in zweiter Linie biologische Ordnungsprinzipien, die ja bei den meisten anderen Bänden unserer Feldführerreihe die Abfolge der Arten bestimmen. So gliedern sich die *Wildbeeren* in zwei große Gruppen: 1. die eßbaren, 2. die nicht eßbaren. Beide Gruppen wurden nach den Farben der Früchte und schließlich nach Pflanzenfamilien zusammengestellt, so daß ähnliche Arten auch nebeneinandergerückt und gut vergleichbar sind.
Für die gerade bei den Beeren notwendige sichere Abgrenzung der eßbaren und nicht eßbaren – teilweise sehr giftigen – Früchte mußten auch die nicht verwertbaren Arten dargestellt werden; dies konnte in knapperer Form geschehen. –
Anders als bei den Beeren, wo eine gewisse Vollständigkeit der gezeigten Arten möglich ist, muß bei den *Wildgemüsen* eine Auswahl genügen. Sie umfaßt noch immer nahezu 100 Pflanzenarten, die in unserem Band verhältnismäßig ausführlich vorgestellt werden: Jede Art erhielt einen halbseitigen Beschreibungstext, der allein schon eine Verwechslung ausschließen dürfte. Darüber hinaus wird jede Art in einer Zeichnung und ein bis zwei Fotos wiedergegeben, so daß auch die Schnellerkennung gewährleistet ist. Hinweise zum Sammeln leiten den Bestimmungsteil der Wildgemüse ein, Empfehlungen für ihre Zubereitung schließen sich ihm an.
Breiten Raum nimmt der einführende Text zu den *Heilpflanzen* ein, geht es doch darum, dem aufgeschlossenen Naturfreund keine leeren Versprechungen zu machen, sondern solide, wissenschaftlich abgesicherte und durch Erfahrung belegte Informationen über die Heilkräfte der Pflanzen zu vermitteln. Der Leser erfährt aufgrund einer jeder Pflanzenbeschreibung beigegebenen Übersicht der Inhaltsstoffe und Anwendung auch Wissenswertes über pflanzliche Drogen, die er nicht selbst sammelt, sondern in der Apotheke oder in der Drogerie kauft.
Wer pflanzliche Haus- und Heilmittel zu Hause zubereiten will, dem werden im Kapitel *Heilpflanzen-Praxis* die wichtigsten Grundlagen nahegebracht. G. S.

# Übersicht der Bildsymbole

## Beeren nach Fruchtfarbe

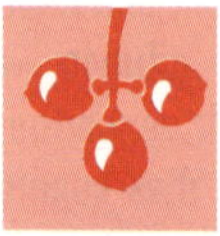

rot und braun,
eßbar, ab Seite 13

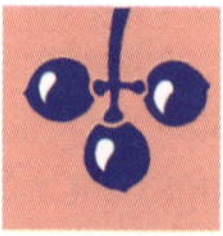

blau und schwarz,
eßbar, ab Seite 31

rot und braun,
nicht eßbar, ab S. 43

blau und schwarz,
nicht eßbar, ab S. 53

weiß,
nicht eßbar, S. 61

## Wildgemüse nach botanischen Familien

Liliengewächse
ab Seite 65

Blumenbinsengewächse
Seite 69

Brennesselgewächse ab S. 71

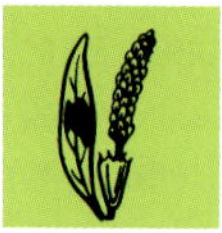

Knöterichgewächse
ab Seite 73

Gänsefußgewächse
ab Seite 75

Fuchsschwanzgewächse Seite 79

Nelkengewächse
ab Seite 81

Hahnenfußgewächse Seite 83

Kreuzblütler
ab Seite 85

Rosengewächse
ab Seite 93

Dickblattgewächse
Seite 99

Steinbrechgewächse Seite 99

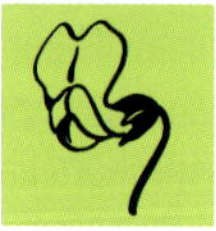

Schmetterlingsblütler ab Seite 101

Portulakgewächse
Seite 105

Sauerkleegewächse
Seite 105

Nachtkerzengewächse Seite 107

Doldengewächse
ab Seite 109

Rauhblattgewächse
Seite 119

Lippenblütler
ab Seite 121

Rachenblütler
Seite 125

Wegerichgewächse
Seite 127

Baldriangewächse
Seite 129

Glockenblumengewächse ab S. 131

Malvengewächse
Seite 133

Köpfchenblütler
ab Seite 135

Tüpfelfarngewächse S. 159

Algen
Seite 161

Zeichen: ∅ Pflanze in Mitteleuropa selten oder gefährdet
⊗ Pflanze in Mitteleuropa teilweise oder ganz geschützt

## Heilkräuter nach Wirkungsgruppen



Einige Fotos wurden für bessere Formatnutzung aus ihrer Aufnahmestellung herausgedreht.

## Wildbeeren

Weil die Frühmenschen der Vorzeit noch keine Kulturpflanzen anbauten und nur verzehren konnten, was ihnen die freie Wildbahn bot, nennt man ihre Kulturstufe die der Jäger und Sammler. Unsere Urahnen lebten in einer engen, instinktgetragenen Naturverbundenheit; sie wußten sehr wohl, bekömmliche von giftigen Pflanzen zu unterscheiden. Uns heutigen Menschen aber mutet eine hochgiftige Tollkirsche genauso appetitlich an wie eine eßbare Vogelkirsche, die giftige Einbeere kaum anders als die schmackhafte und bekömmliche Heidelbeere. Vögel und andere Wildtiere dagegen geraten nicht in Versuchung, Beeren zu kosten, die ihnen gefährlich werden könnten.

In unserem Zeitalter der Naturwissenschaften, die ihr Wissen pragmatisch, also durch Versuch und Erfahrung, gewinnen, können wir auf eine nur instinktgeleitete Naturnutzung nicht mehr bauen; wir sind darauf angewiesen, unser Wissen durch verstandesmäßiges Lernen zu erwerben. Wenn wir Wildpflanzen oder Teile von ihnen essen wollen, müssen wir sie zuvor erkannt haben, müssen uns anhand ihrer Gestalt, ihrer Blätter, Blüten und Früchte klarmachen, um welche Art es sich handelt, und können erst dann entscheiden, ob wir etwas Eßbares, Ungenießbares oder Giftiges vor uns haben.

Für den Laien ist es in vielen Fällen schwer oder unmöglich, die jeweilige Pflanzenart allein nach ihren Beeren sicher zu bestimmen. Ein Beispiel geben zwei Pflanzen der Familie Geißblattgewächse, die der gleichen Gattung *(Lonicera)* angehören: das Wohlriechende Geißblatt, bekannt unter dem Namen Jelängerjelieber, und die Rote Heckenkirsche. Beide bringen glänzend rote Beeren hervor, die sich äußerlich fast nur durch ihre Anordnung voneinander unterscheiden, während Blätter und Blüten leichter gegeneinander abzugrenzen sind, wie die beiden oberen Bilder der gegenüberliegenden Seite zeigen. Die Fruchtbilder stehen auf Seite 51.

Bevor man Wildbeeren erntet oder ißt, kann man sich anhand der folgenden Bestimmungstexte zweifelsfrei über die jeweilige Art klar werden: bei den eßbaren Arten mit Hilfe einer ausführlichen Beschreibung sowie der abgebildeten Blüten, Blätter und Früchte. Die nicht eßbaren Arten werden kürzer und nur mit ihrem Fruchtbild dargestellt, doch ermöglicht auch hier die jeweils beigestellte Zeichnung eindeutiges Erkennen.

Auf Beeren von Ziersträuchern des Gartens, also auf Kulturarten, konnte im Rahmen unseres Feldführers bis auf einige, bisweilen verwildernde Arten nicht eingegangen werden. Ungeeignet zum Sammeln sind auch die fade schmeckenden und trockenen Beeren der beiden heimischen Zwergmispelarten, die **Filzige** *(Cotoneaster tomentosa)* und **Gemeine Zwergmispel** *(C. integerrima)*.

Wie bei der **Zwergmispel-Eberesche** *(Sorbus chamaemespilus)* handelt es sich um bei uns selten vorkommende Berg- bzw. Alpenpflanzen, die an ihren Standorten unberührt bleiben sollten. Nur Preiselbeeren und Heidelbeeren werden noch heute gewerblich, das heißt in größeren Mengen, gesammelt. Für den Naturfreund geht es beim Beerenpflücken in freier Wildbahn nicht um den Ertrag, sondern um die Freude am Finden und Ernten unbehandelter Wildfrüchte. Natur ohne Straßennähe wird in Mitteleuropa allerdings immer seltener.

*Links oben: Wohlriechendes Geißblatt*
*Rechts oben: Rote Heckenkirsche*
*Links unten: Filzige Zwergmispel*
*Rechts unten: Gemeine Zwergmispel*

## Gemeiner Sauerdorn, Berberitze *(Berberis vulgaris)* Berberitzengewächse

**Merkmale:** Bis 3 m hoher Strauch mit kantigen Zweigen und dreiteiligen, bis 2 cm langen Dornen. Fein stachelig gesägte Blätter, verkehrt-eiförmig bis länglich-elliptisch, zwischen 3 und 6 cm lang, in Büscheln an Kurztrieben stehend. Gelbe Blüten in bis 5 cm langen, hängenden Trauben, mit 3 kelchblattartigen Kronblättern und 6 blumenblattartigen Honigblättern. Die eiförmige bis längliche oder zylindrische Frucht ist eine mehrsamige, leuchtend rote Beere.
**Standort:** Sonnige Hügel, Gebüsche, lichte Laub- oder Kiefernwälder, Hecken, steinige und trockene Hänge. Bevorzugt nährstoff- und kalkreiche Lehmböden.
**Verbreitung:** Fast ganz Europa. In Skandinavien und auf den Britischen Inseln eingebürgert. Kommt im südlichen und mittleren Deutschland selten bis zerstreut vor und erreicht in Westfalen die Nordgrenze ihres mitteleuropäischen Verbreitungsgebietes.
**Blütezeit:** Mai und Juni.
**Vermehrung:** Durch Samen. Bemerkenswert ist die Bestäubungsvorrichtung der Blüten: Berührt ein umherkrabbelndes Kerbtier die ausgebreiteten und sehr druckempfindlichen Staubfäden, klappen sie zum Griffel, während gleichzeitig die Staubbeutel aufreißen. Blütenbesucher und Griffel werden dabei kräftig mit Pollenstaub eingepudert.
**Früchte:** Die säuerlich schmeckenden, ziemlich harten Beeren des Sauerdorns reifen im September und Oktober. Man kann aus ihnen eine schmackhafte Marmelade bereiten. Sie werden auch als Zusatz zu Tee, Schnaps und Bonbons verwendet.
**Allgemeines:** Die Berberitze wurde in Gegenden mit Getreideanbau vielfach ausgerottet, weil sie dem Getreiderostpilz als Zwischenwirt dient. In Gärten sind jedoch viele Berberis-Arten als Ziersträucher sehr beliebt.

## Alpen-Johannisbeere *(Ribes alpinum)* Steinbrechgewächse

**Merkmale:** Stachelloser, bis etwa 2,5 m hoher, vielgestaltiger Strauch. Das Stämmchen ist schlank mit brauner Rinde, die Äste sind grauberindet mit oft hängenden, bräunlich gelben Zweigen. Wechselständig angeordnete Blätter, tief 3–5lappig, die Lappen spitz oder stumpf und grob gezähnt, kahl oder besonders auf der Oberseite spärlich behaart, Unterseite fettig glänzend. Blattstiele drüsig behaart und nur halb so lang wie die Blattspreite.
Blütentrauben immer aufrecht. Die grünlichgelben Blüten sind meist zweihängig. Die Tragblätter lanzettlich, drüsig gewimpert, länger als Blütenstiele und Blüten. Die männlichen Blüten stehen in 10–30blütigen Trauben, ihre Blütenröhre ist flach schüsselförmig, kahl, die 5 Kelchzipfel eiförmig bis breit-elliptisch, Kron- und Staubblätter sehr kurz. Die weiblichen Blüten stehen in nur 2–5blütigen Trauben, ihre Kelchzipfel sind sehr klein, die Staubbeutel steil und der Fruchtknoten groß und kahl.
**Standort:** Zerstreut in lichten Wäldern, an buschigen Abhängen, felsigen Orten, doch auch in feuchteren Laubwäldern, vorwiegend in der montanen und hochmontanen Region und auf kalkreichen Böden, selten in Nordwestdeutschland, dort meist aus Kulturen verwildert.
**Verbreitung:** Fast ganz Europa, im Süden aber nur in den Gebirgen.
**Blütezeit:** April bis Juni.
Die kleinen, roten, vielsamigen Früchte sind schleimig und schmecken fade. Sie werden nicht genutzt.
**Allgemeines:** Der dicht und früh austreibende Strauch dient in Gärten und Parks als Heckenpflanze.

Beeren
eßbar

## **Wald-Erdbeere** *(Fragaria vesca)* Rosengewächse

**Merkmale:** 5–20 cm hohe Pflanze mit langen Ausläufern, kurzem, dickem Wurzelstock und grundständiger Blattrosette. 3zählige Blätter mit eirundlichen, grob gezähnten Fiedern, von denen die beiden seitlichen sitzen, die Mittelfieder aber kurz gestielt ist. Die aufrechten Stengel tragen meist zwischen 3 und 10 Blüten; Kronblätter weiß, Kelchblätter zur Fruchtzeit abstehend oder zurückgeschlagen. Aus dem Blütenboden, der nach dem Verblühen fleischig wird, entsteht eine Scheinfrucht – landläufig als Erdbeere bekannt; auf ihr finden sich kleine, glänzende Nüßchen, die Samen.
**Standort:** Wälder, sonnige Waldränder und Lichtungen, Böschungen und Wegränder, Gebüsch; gern auf etwas feuchten, nährstoffreichen und lehmigen Böden, bis in über 2000 m Höhe.
**Verbreitung:** Ganz Europa. In Deutschland fast überall häufig anzutreffen.
**Bütezeit:** Mai und Juni.
**Vermehrung:** Durch Samen. Die Blüten werden von Kerbtieren bestäubt, die saftigen Sammelfrüchte von Tieren, z.T. auch von Menschen verbreitet.
**Früchte:** Reifezeit ab Juni. Die im Durchmesser 1–2 cm großen Erdbeeren erreichen erst voll ausgereift ihr unverwechselbares Aroma. Sie fallen dann leicht vom Kelch ab. Die reifen Scheinfrüchte enthalten wertvolle Mineralstoffe, Fruchtsäuren und lösliche Kohlenhydrate, vor allem aber reichlich Vitamin C: In 100 g Früchten befindet sich 60 mg Vitamin C. Erdbeeren gelten nicht nur als köstliches Wildobst, sondern finden auch Verwendung für Marmelade, Kompott oder Bowle. Trotzdem werden sie heute nur mehr wenig gesammelt, weil die großen Früchte der Gartenzüchtungen weitaus ergiebiger sind. Allerdings entwickeln sie nicht das feine Aroma ausgereifter Walderdbeeren.

## **Hunds-Rose** *(Rosa canina)* Rosengewächse

**Merkmale:** 1–3 m hoher, zuweilen auch noch höherer Strauch mit kräftigen, gekrümmten Stacheln. Äste aufrecht oder bogig überhängend. Wechselständige, unpaarig gefiederte Blätter mit 5–7 beiderseits kahlen Fiedern, die eiförmig und scharf gezähnt sind; Blattstiele kahl. Nur schwach oder gar nicht duftende Blüten, meist einzeln, selten auch bis 3 oder 4 in den Blattachseln, rosafarbene bis weiße Kronblätter bis 2 cm lang, Kelchblätter nach der Blütezeit zurückgeschlagen und vor der Reifezeit abfallend. Eiförmige, rote Frucht (Hagebutte) 1,5–2 cm lang.
Die sehr ähnliche **Hecken-Rose** *(Rosa dumetorum)* wurde früher als Kleinart oder Unterart der Hunds-Rose angesehen. Heute betrachtet man sie als eigenständige Art, obwohl sie sich nur durch wenige Merkmale von der Hunds-Rose unterscheidet. Bei der Hecken-Rose sind die Fiedern unterseits wenigstens auf den Nerven behaart, die Blattstiele flaumhaarig.
**Standort:** Wald- und Wegränder, Gebüsche und Hecken, Feldgehölze und trockene Hänge. Gern auf lockerem und tiefgründigem Boden.
**Verbreitung:** Fast ganz Europa. In Deutschland verbreitet und meist häufig, auch in höheren Lagen. Im allgemeinen häufiger anzutreffen als die ebenfalls verbreitete Hecken-Rose.
**Blütezeit:** Fast ausschließlich Juni.
**Früchte:** Die ab September reifenden Hagebutten enthalten neben Fruchtsäuren, Mineralstoffen, Zucker, Gerbstoffen und einer Reihe von Vitaminen vor allem reichlich Vitamin C. Man sammelt sie, um aus ihnen eine vorzügliche Marmelade zu bereiten. Auch zur Herstellung von Wein kann man sie verwenden. Getrocknete Hagebutten ergeben einen aromatisch-säuerlichen Haustee, der etwa 10 Min. gekocht werden soll. Die Borstenhaare der Scheinfrüchte kennt man als »Juckpulver«. *Heilpflanze Seite 258.*

Beeren
eßbar

## **Himbeere** *(Rubus idaeus)* Rosengewächse

**Merkmale**: 50 bis über 120 cm hoher Strauch mit zahlreichen, verholzenden Stengeln, die aufrecht stehen oder bogig überhängen und gewöhnlich feine Stacheln aufweisen. 3- bis 5zählig gefiederte Blätter, unterseits weißfilzig, oberseits frischgrün, mit eiförmigen, an der Oberseite runzeligen Fiederblättern. Sehr kleine Nebenblätter schmal-lanzettlich. Weiße bis rosafarbene, 5zählige Blüten in lockeren, traubig-rispigen Blütenständen. Die »Beeren« sind rote Sammelfrüchte, die sich leicht vom kegelförmigen Blütenboden ablösen lassen; sie bestehen aus vielen, flaumig behaarten Steinfrüchten, den eigentlichen Beeren.
**Standort**: Gebüsche, Wälder, Waldränder, Kahlschläge, Steinschutthalden; gern auf feuchten, nähr- und stickstoffreichen Böden.
**Verbreitung**: Fast ganz Europa. Kommt überall in Deutschland meist häufig vor, auch angebaut, in einigen Kalkgebieten nur zerstreut.
**Blütezeit**: Mai und Juni, oft auch länger.
**Früchte**: Reifezeit ab Juli. Auch heute noch werden Himbeeren gern und häufig gesammelt, weil sie sehr gut schmecken. Schon in der Steinzeit sollen sie als Nahrungsmittel gedient haben. Will man sie als Wildobst verwenden, müssen sie bald verbraucht werden, weil die Himbeeren nur gut ausgereift geerntet werden sollten und dann nicht lang haltbar sind. Aus ihnen bereitet man Sirup (z. B. für die sogenannte »Berliner Weiße«), Saft, Bowle, Obstwein und Konfitüre sowie Speiseeis und andere Köstlichkeiten. Als wichtige Inhaltsstoffe der Früchte sind Zitronensäure und andere organische Säuren, Vitamin C und verschiedene lösliche Kohlenhydrate zu nennen.
**Allgemeines**: In der Kräuterheilkunde sind neben den Früchten auch die jungen Blätter von Bedeutung. Der Früchtesirup verleiht vielen Arzneien einen besseren Geschmack.
*Heilpflanze Seite 248.*

## **Moltebeere** *(Rubus chamaemorus)* Rosengewächse

**Merkmale**: Ausdauernde, krautige Pflanzen, getrenntgeschlechtig, männliche und weibliche Pflanzen bildend. Aus dem Wurzelstock wachsen jedes Jahr kurze, nur bis 20 cm hoch werdende stachellose, einjährige Triebe, an denen schuppige, papierartige Nebenblätter stehen. Jeder Trieb bringt langgestielte Laubblätter hervor, nicht sehr tief 5–7lappig, am Grund herzförmig, am Rand gekerbt bis gesägt. Unten am Blattstiel stehen kleine Nebenblätter, die meist zu Schuppen reduziert sind. Blüten einzeln am Ende des Sprosses, bis 2 cm groß mit 5 weißen Kronblättern und 5 viel kleineren, am Grunde verwachsenen Kelchblättern. Die weiblichen Blüten bringen nur sterile Staubfäden hervor.
**Standort**: Moorgebiete und Heiden.
**Verbreitung**: In den höheren Breiten rings um den Nordpol. In Europa besonders in Skandinavien; die südliche Verbreitungsgrenze reicht bis nach Norddeutschland hinein.
**Blütezeit**: Mai und Juni.
**Früchte**: Die Früchte ähneln denen der Brombeere: Zahlreiche, nicht verwachsene Fruchtblätter bilden jeweils eine Sammelfrucht. Die Fruchtreife vollzieht sich erst spät im Jahr von Gelbgrün über Rot bis leuchtend Gelb-Orange. Die saftigen, säuerlichen, aber wohlschmekkenden Früchte enthalten viel Vitamin C und werden in Nordeuropa gern gesammelt und verwertet.
**Fruchtreife**: Ab Ende August.
**Allgemeines**: Die Moltebeere weicht durch die eingeschlechtigen Blüten stärker von den übrigen Brombeerverwandten ab. Im südlichen Mitteleuropa meist erloschen und nur noch im Riesengebirge erhalten. Wegen ihres bevorzugten Standortes auf sauren Böden auch **Torfbeere** genannt.

Beeren eßbar

## **Stein-Beere** *(Rubus saxatilis)* Rosengewächse

**Merkmale:** Niederliegende, mehrjährige Pflanze mit einer Höhe von 10–30, selten auch bis 50 cm. Die Grundachse ist nicht ausläuferartig verlängert; die nichtblühenden Triebe wachsen im Bogen wieder auf den Erdboden und wurzeln, wenn sie ihn berührt haben, an der Spitze ein; die einjährigen, nicht verholzenden Blütenstengel wachsen aufrecht. Langgestielte, 3zählige Blätter mit verkehrt-eiförmigen Teilblättchen, am Rand grob gesägt, auf beiden Seiten grün, Nebenblätter eiförmig-elliptisch. Angeordnet in lockeren, doldenförmigen Blütenständen, die endständig und ein wenig gedrungen sind, zeigen sich 2–8 oder auch 10 weiße, etwa 1 cm messende Blüten; Kronblätter schmal und aufrecht, in der Regel kürzer als die Kelchblätter. Die wenigen, scharlachroten oder hellroten Steinfrüchtchen bilden, kaum zusammenhängend, eine Sammelfrucht. Alle Stengel mit zerstreuten, feinen Stacheln.
**Standort:** Hauptsächlich Gebüsche, Dickichte und Mischwälder, auch Laubwälder, seltener in Nadelforsten wachsend; gern auf felsigen Stellen, besonders im Gebirge, wo die Stein-Beere noch in Höhen von 2000 und sogar 2400 m zu finden ist. Tritt meist gruppenweise auf. Bevorzugt kalk- und humusreichen Boden.
**Verbreitung:** Fast ganz Europa, in Südeuropa jedoch nur auf die Gebirge beschränkt. Kommt in Deutschland nur sehr zerstreut vor und findet sich wohl ausschließlich in Kalkgebieten. Fehlt in vielen Gegenden unserer Heimat ganz.
**Blütezeit:** Mai und Juni.
**Früchte:** Ähneln im Geschmack den Johannisbeeren, werden aber wenig gesammelt und verwertet, weil sie ziemlich selten sind.
**Allgemeines:** Innerhalb der Rosengewächse gehört die Art zur selben Gattung wie Himbeere, Moltebeere und Brombeere, was in dem anderen Namen **Stein-Brombeere** zum Ausdruck kommt. Auch **Felsenbeere** genannt.

## **Akerbeere** *(Rubus arcticus)* Rosengewächse

**Merkmale:** Die ausdauernde, krautige Pflanze ähnelt der Stein-Beere, bleibt aber durchschnittlich kleiner: 10–20 cm hoch, seltener auch bis 30. Aus dem unterirdisch kriechenden Wurzelstock wachsen dünne, aufrechte bis aufsteigende, dornenlose Triebe, die schon im ersten Jahr blühen. Die wechselständigen, gestielten Blätter sind 3-lappig bis 5teilig (erdbeerähnlich), mit eiförmigen, unregelmäßig gesägten, 2–6 cm langen Blättchen, leicht behaart bis verkahlend. 1–3 langgestielte Blüten von 1,5–2,5 cm Durchmesser bilden einen Blütenstand. 5–7 kahle bis drüsige Kelchblätter, an ihrer Basis kurz verwachsen. Die gleichfalls 5–7 eiförmigen, rosafarbenen Kronblätter werden 1–1,5 cm lang, selten auch etwas länger, ihre Ränder weisen oft eine Zähnung auf, Kronblätter länger als Kelchblätter. Die purpurroten Staubblätter stehen aufrecht und krümmen sich oben etwas ein. Sie werden so lang wie die Griffel der nicht verwachsenen, behaarten Fruchtblätter.
**Standort:** Heiden und Moore, hochnordische Tundren, auch an schattigen Stellen.
**Verbreitung:** Nördliches Skandinavien, Finnland, Nordschweden, Norwegen.
**Blütezeit:** Mai und Juni.
**Vermehrung:** Durch Samen; die Blüten werden von Kerbtieren bestäubt. (Andere Rubus-Arten haben teilweise auch ungeschlechtliche Fruchtbildung, was zu zahlreichen oft nur örtlichen Formen führt.)
**Früchte:** Brombeerähnliche Sammelfrüchte aus 15–40 saftigen Teilfrüchten dunkelroter Farbe. Die eßbaren Früchte sind im Geschmack sehr angenehm und würzig.
**Allgemeines:** Die Akerbeere hat zirkumpolare Verbreitung, sie kommt noch weiter nördlich vor als die gattungsgleiche Moltebeere.

## Eberesche, Vogelbeerbaum *(Sorbus aucuparia)*

Rosengewächse

**Merkmale:** Strauch oder bis 8 m hoher Baum, oft mehrstämmig, mit hellgrauer, glatter Rinde. Bis 20 cm lange, unpaarig gefiederte Blätter, wechselständig; länglich-lanzettliche bis elliptisch-eiförmige Fieder, scharf gesägt, in 4–9 Paaren angeordnet, anfänglich auf der Unterseite dicht behaart, später kahl. Weiße Blüten in filzig behaarten, vielblütigen Doldenrispen, mit 4–5 mm langen Kronblättern und 2–4, meist aber 3 Griffeln, stark duftend. Kugelige Früchte orangerot bis scharlachrot, im Durchmesser bis zu 1 cm groß, etwas glänzend.

**Standort:** Lichte Laub- und Nadelwälder, bis zur Waldgrenze aufsteigend; gedeiht besonders gut auf nährstoffarmen und sauren, also kalkarmen Böden. Häufig angepflanzt in Gärten und an Straßenrändern, im Gebirge sogar als Lawinenschutz.

**Verbreitung:** Fast ganz Europa. In Deutschland verbreitet und überall häufig.

**Blütezeit:** Mai bis Juli.

**Früchte:** In rohem Zustand sind die Beeren wegen ihres Gerbstoffgehalts kaum genießbar. Selbst Vögel scheinen sie erst nach dem ersten Frost zu mögen. Man nennt die Eberesche oft auch **Vogelbeere** oder **Vogelbeerbaum.** Trotz ihres bitteren Geschmacks verwendete man die Früchte auf dem Land schon in früheren Zeiten gegen Skorbut, weil sie reich an Vitaminen, vor allem Vitamin C, sind. Sie werden, oft zusammen mit anderen Früchten, zu Mus, Gelees und Marmeladen verwendet. Für den Eigenverbrauch genügen wenige Fruchtstände, die man am besten im Spätherbst abschneidet, nachdem die Früchte mehrere Nächte lang Frost abbekommen haben und dadurch süßer und weicher geworden sind. Die Früchte der Eberesche reifen oft an Straßen- und Autobahnrändern, doch sollte man sie hier nicht für den Verzehr ernten.

*Heilpflanze Seite 258.*

## Mehlbeere *(Sorbus aria)*

Rosengewächse

**Merkmale:** Strauch oder Baum von 3–10, zuweilen auch 15 m Höhe, oft vielstämmig. Wuchsform recht unterschiedlich; die aufsteigenden Äste bilden oft unregelmäßige, breite Kronen. Dunkelgraue, glatte Rinde flachgefurcht. Länglich-elliptische bis eiförmige Blätter, gestielt und ungeteilt; 6–12 cm lang und 5–8 cm breit; oberseits glänzend dunkelgrün, unterseits dicht weißfilzig behaart; am Rand ungleichmäßig doppelt gesägt; Blattspreite mit 11–14 Nervenpaaren versehen, die dicht beieinander stehen. Weiße, 1,5–2 cm messende Blüten mit eiförmigen, am Grund wollig-filzigen Kronblättern und filzig behaartem Kelch, angeordnet in flachen, 8–10 cm großen Rispen. Gelblichrote bis scharlachrote Frucht, eiförmig-kugelig, zwischen 8 und 15 mm lang.

**Standort:** Sonnige Buchen- und Eichenwälder sowie Bergwälder, Waldränder und Felshänge; auf flachgründigen, lehmigen und steinigen Böden, fast nur auf kalkreichem Untergrund; wächst von der Ebene bis in die subalpine Region. Angepflanzt oft an Straßenrändern zu finden.

**Verbreitung:** West-, Mittel- und Südeuropa (außer in Teilen Südosteuropas). Kommt im südlichen und mittleren Deutschland verbreitet bis zerstreut vor, ist im Norden dagegen selten und fehlt in weiten Gebieten ganz. Ist etwas häufiger nur auf Kalk in geschützten Lagen der Mittelgebirge zu finden.

**Blütezeit:** Mai und Juni.

**Vermehrung:** Durch Samen. Verbreitung erfolgt durch verschiedene Singvogelarten (Drosseln).

**Früchte:** Fruchtzeit beginnt von August an. Da die Früchte fad und vor allem mehlig schmekken, werden sie von Menschen kaum gegessen. Eher sammelt man sie als Vogelfutter. Früher benutzte man getrocknete und gemahlene Mehlbeeren als Zusatz zum Backen.

Beeren
eßbar

## Zweigriffeliger Weißdorn, Gemeiner Weißdorn *(Crataegus oxyacantha)* Rosengewächse

**Merkmale:** 2–5 m hoher Strauch und zuweilen auch 8–10 oder gar 12 m hoher Baum, der bis zu 500 Jahre alt werden und dann einen Stammumfang von 3–4 m aufweisen kann. Zweige häufig mit verdornten Kurztrieben, Dornen bis 15 mm lang. Im Umriß eiförmige oder verkehrt-eiförmige Blätter am Grund abgestumpft, nur in der vorderen Hälfte leicht 3– (bis 5-)lappig, daher auch **Stumpfgelappter Weißdorn** genannt, Abschnitte ungleichmäßig gesägt, Nebenblätter eingeschnitten-gesägt. Weiße, im Durchmesser 10 bis 15 mm große Blüten, stark riechend, auf kahlen Blütenstielen in aufrechter Doldenrispe, mit wenigstens 2, selten auch 3 Griffeln (Name). Oft nur undeutlich kantige Scheinfrucht mit 2 Steinkernen. Die zweite Art der Gattung, der **Eingriffelige Weißdorn,** unterscheidet sich von der vorigen Verwandten durch folgende Merkmale: tief geteilte, im Umriß dreieckige Blätter mit 3–5 spitzen, auswärts gebogenen Lappen, die ganzrandig oder an der Spitze gezähnt sind. Blüten ähnlich, jedoch mit nur einem Griffel, auf behaarten Blütenstielen. Kugelige, rote Frucht 6–10 mm groß, mit nur einem Steinkern.

**Standort:** Lichte Gebüsche, Laub- und Mischwälder, auch Schluchtwälder, Schuttplätze, Waldränder, Hecken. Wächst gern auf kalkhaltigen, trockenen Lehm- und Tonböden.

**Verbreitung:** Hauptsächlich in West- und Mitteleuropa, im Norden bis Südskandinavien, auch auf den Britischen Inseln. Kommt in Deutschland verbreitet und meist häufig vor, in Heidesandgebieten durchweg seltener.

**Blütezeit:** Mai und Juni.

**Früchte:** Können in reifem Zustand gesammelt werden, wenn sie kräftig rot gefärbt sind. Eßbar, schmecken aber fade und trocken. Aus diesem Grund finden sie selten Verwendung. *Heilpflanze Seite 252.*

## Elsbeere *(Sorbus torminalis)* Rosengewächse

**Merkmale:** 3–15, ausnahmsweise auch bis 20 m hoher Baum, dessen Krone im Umriß meist eiförmig ist. Kann etwa 100 Jahre alt werden und einen Stammumfang von über 1,5 m aufweisen. Aschgraue bis dunkelgraue Rinde, glatt oder etwas längsrissig. Junge Zweige wollig behaart. Weißfilzig oder seidigbehaarte Knospen, fast schwarz, etwa 1 cm lang. Bis 10 cm lange, im Umriß breit-eiförmige Blätter mit 3 oder 4 spitzen, tief eingeschnittenen Lappen, von denen die beiden untersten nahezu waagerecht abstehen; Blätter auf der Unterseite nicht weiß, nur in der Jugend behaart, im Alter verkahlend. Weiße, 1–1,2 cm messende Blüten in doldenartigen Rispen angeordnet. Die eiförmige Frucht ist zunächst gelblichrot, wird später lederbraun mit Pünktchen.

**Standort:** Laub- und Mischwälder (Eichen-Hainbuchen), Trockenwälder. Wächst bevorzugt auf nährstoffreichen und lehmigen Böden, fast ausschließlich auf Kalk, an sonnigen, geschützten Stellen. Meidet sandigen und nassen Boden.

**Verbreitung:** Fehlt in Nordeuropa von Dänemark an, außerdem in Irland und den Niederlanden, kommt sonst im übrigen Europa vor und ist im Westen etwas häufiger als in Mitteleuropa. In Deutschland findet man die Elsbeere überwiegend zerstreut, im Norden jedoch nur selten.

**Blütezeit:** Mai und Juni.

**Früchte:** Die Elsbeeren sind zwar reich an Vitamin C und werden auch nach Frost genießbar, schmecken aber so säuerlich und teigig, daß sie kaum gegessen oder anderweitig verwertet werden.

**Allgemeines:** Wird auch **Els-Vogelbeere, Atlasbeere** oder **Ruhrbirne** genannt. Der wissenschaftliche Artname *torminalis* bedeutet »gegen Koliken« und läßt auf einen früheren Gebrauch als Heilpflanze schließen.

Beeren eßbar

## **Gemeiner Sanddorn** *(Hippophae rhamnoides)* — Ölweidengewächse

**Merkmale:** Kleiner bis mittelgroßer Strauch, seltener ein 3–6 m hoher Baum mit dornigen, sparrigen Ästen. Wechselständige Blätter, sitzend oder kurzgestielt, schmal-linealisch und zugespitzt, am Rand meist eingerollt, auf der Oberseite kahl und graugrün, auf der Unterseite weißsilbrig behaart. Unscheinbare, bräunliche Blüten, eingeschlechtig und ohne Kronblätter, vor oder mit den Laubblättern erscheinend. Männliche Blüten mit jeweils 4 Staubblättern in achselständigen Kätzchen, weibliche Blüten mit mittelständigem Fruchtknoten und nur einem Griffel, meist einzeln.
**Standort:** Küstendünen, Flußschotter-Auen, Felsschutt, Ufer der Gebirgsflüsse.
**Verbreitung:** Fast ganz Europa, fehlt aber im Südosten. In Deutschland verhältnismäßig selten, nur im Norden und im Süden anzutreffen, im mittleren Deutschland fehlend. Kommt im Süden in den Alpen und im Vorland, an der Donau, am Bodensee und im Rheintal vor.
**Blütezeit:** März bis Mai, hauptsächlich April.
**Früchte:** Reifezeit frühestens ab August, meist im September und Oktober. Nach der Befruchtung entwickelt sich aus dem Fruchtknoten eine eiförmige, kaum 1 cm große Nuß, um die sich die fleischig angeschwollene, gelb- bis orangerote Kelchröhre schließt. Genaugenommen trägt der Sanddorn damit keine eigentlichen Beeren, sondern steinfruchtartige Scheinbeeren. Weil man sie mit den Fingern leicht zerquetscht, werden die sauer schmeckenden »Beeren« am besten mit einer Schere abgeschnitten. Vor allem wegen ihres Vitaminreichtums verwendet man sie gern als Wildobst. Man verarbeitet sie zu Früchtekompott, Säften und Frucht-Likören. 1 kg Früchte enthält etwa 5 g Vitamin C. Deshalb findet Sanddornsaft bei Erkältungskrankheiten als Mittel zur Abwehrsteigerung Verwendung.

## **Preiselbeere** *(Vaccinium vitis-idaea)* — Heidekrautgewächse

**Merkmale:** Immergrüner, niederliegender Zwergstrauch von 10–20, selten bis über 30 cm Höhe. Kriechendes bis aufsteigendes Stämmchen mit grünlichen, flaumhaarigen Zweigen. Wechselständige, ei-rundliche oder ovale Blätter, lederartig und glänzend, 1–2,5 cm lang. Von den Blättern der ähnlichen Bärentraube dadurch zu unterscheiden, daß sie unterseits hellbraun drüsig punktiert sind und einen leicht eingerollten Rand haben. Weiße oder rötliche Blüten mit 4spaltiger Krone in endständigen, hängenden Trauben. Als Früchte entwickeln sich kugelige, glänzend-scharlachrote Beeren.
**Standort:** Kiefern- und Fichtenwälder, Hochmoore, Zwergstrauchheiden; bevorzugt saure und nährstoffarme Lehmböden, meidet Kalk; im Gebirge bis in Höhen von 2500 m zu finden.
**Verbreitung:** Mittel- und Nordeuropa, im Süden bis zu den Pyrenäen, dem Apennin und dem Balkan. Kommt in Deutschland verbreitet, stellenweise sogar häufig bis massenhaft vor.
**Blütezeit:** Mai bis Juli.
**Früchte:** Die Fruchtzeit der Preiselbeere beginnt etwa ab Juli. Im August, manchmal auch schon Ende Juli werden die 5–8 mm großen Beeren gesammelt. Sie enthalten reichlich Vitamin C, mehrere organische Säuren, Gerbstoffe sowie etwas Provitamin A und fäulnishemmende Stoffe. Preiselbeeren schmecken leicht säuerlich. Mit Zucker gesüßt verarbeitet man sie häufig zu Konfitüre, Marmelade oder Kompott. Außerdem schätzt man sie seit langem als Beilage zu verschiedenen Wildgerichten. Heute sammelt man Preiselbeeren in größerem Umfang nur noch in einigen mitteldeutschen Waldgebieten. Im Elsaß wird aus ihnen das sogenannte Steinbeerwasser gewonnen.
**Allgemeines:** Auch unter dem Namen **Kronsbeere** bekannt.

Beeren
eßbar

## **Immergrüne Bärentraube** *(Arctostaphylos uva-ursi)* Ø — Heidekrautgewächse

**Merkmale:** 20–60 cm hoher Zwergstrauch mit niederliegenden und oft wurzelnden Zweigen, die weit kriechen und daher häufig große Rasen entstehen lassen. Die ziemlich dicken, ledrigen Blätter sind in der Regel verkehrt-eiförmig, manchmal auch spatelig und messen 15–20 mm. Kurzgestielt und wechselständig begleiten sie die verholzten Zweige, an deren Ende sie sich zu regelrechten Büscheln vereinen. Im Gegensatz zu den Blättern der ähnlichen Preiselbeere weisen die ganzrandigen Blätter auf ihrer Unterseite eine vertiefte Netzaderung auf, sind dafür aber nicht drüsig punktiert. Die krugförmigen, weißen oder hellrosafarbenen Blüten tragen einen rötlichen, gezähnten Saum; sie ordnen sich zu 3–12 in einer endständigen Traube an. Aus ihnen entwickeln sich später leuchtend rote, 5–8 mm große Beeren.

**Standort:** Trockene, lichte Kiefernwälder und Gebüsche, Heiden, steinige Hänge und trockene Grabenränder in der Ebene, alpine Zwergstrauchheiden im Gebirge bis in Höhen von 2500 m. Benötigt kalkarmen und humushaltigen Boden.

**Verbreitung:** Fast ganz Europa, außer im Südosten. Kommt in Deutschland selten bis zerstreut in den Alpen und im Norden vor, außerdem vereinzelt im Vorland und im Harz, in Nordosthessen und in Franken sowie am Bodensee. Noch im vorigen Jahrhundert in Westfalen gefunden, aber dort wie in anderen Gegenden unserer Heimat inzwischen verschwunden und heute an den wenigen Wuchsorten stark gefährdet.

**Blütezeit:** März bis Juli.

**Früchte:** Auch wenn sie durchaus eßbar sind, mögen nur wenige Menschen die säuerlich bis herb schmeckenden Beeren, die den Preiselbeeren ähnlich sind. Keine sonstige Verwertung.

*Heilpflanze Seite 251.*

## **Kleinfrüchtige Moosbeere, Moorbeere** *(Vaccinium oxycoccus)* Ø — Heidekrautgewächse

**Merkmale:** Immergrüner, 10–30 cm hoher Zwergstrauch mit niederliegenden, kriechenden, sehr zarten Stengeln, die bis zu 80 cm lang werden können und fadenförmige Verzweigungen aufweisen. Die eiförmigen, zugespitzten, am Rand umgerollten Blätter sind oberseits glänzend dunkelgrün, auf der Unterseite aschgrau bereift oder bläulichgrün. Sie messen zwischen 3 u. 8 mm, nur selten werden sie knapp 1 cm lang. In der Mitte oder im unteren Drittel sind sie am breitesten. Die nickenden Blüten mit ihrer rosafarbenen Krone und deren 4 zurückgeschlagenen Zipfeln stehen einzeln an 2–5 cm langen, roten und feinbehaarten Stielen. Sie bilden zu 2–4 eine endständige Dolde. Die Frucht, eine 0,5–1,5 cm messende Beere, ist kugelig und rot, oft auch braun gefleckt oder später ganz braun werdend.

**Standort:** Hochmoore, Zwischenmoore, moorige, lichte Wälder. Hauptsächlich in Torfmoospolstern und auf Hochmoorbulten bis in Höhen von 1800 m zu finden, fast ausschließlich auf nassen und sauren Torfböden.

**Verbreitung:** Nord- und Mitteleuropa. In Deutschland nur in den Alpen und im Norden zerstreut bis selten, sonst selten und über größere Strecken ganz fehlend. Infolge der Zerstörung vieler Hochmoore stark abnehmend. Heute nur noch in den Tundren Skandinaviens häufig.

**Blütezeit:** Mai bis Juli.

**Früchte:** Roh sind die herb-sauren, Vitamin-C-haltigen Beeren nicht sonderlich schmackhaft. Wirklich genießbar werden sie erst, nachdem sie wenigstens einmal durchgefroren sind. Allerdings sollten Moosbeeren aufgrund ihrer Seltenheit bei uns heute nicht mehr gesammelt werden. Man kann eine verwandte, aus Nordamerika stammende Art, die **Großfrüchtige** oder **Amerikanische Moosbeere,** in Gärten anpflanzen.

Beeren
eßbar

## **Erdbeerbaum** *(Arbutus unedo)* Heidekrautgewächse

**Merkmale:** Bis 10 m hoher Strauch oder Baum mit rotbrauner Rinde. Blätter wechselständig, dicht stehend, glänzend, erdbeerartig, eiförmig, kahl, lederig, gezähnt, immergrün. Blüten in einer hängenden, bis 40blütigen Traube angeordnet. 5 kleine, schuppenförmige Kelchblätter stehen an der Basis der grünlich-weißen, festen, kugelförmigen, innen behaarten Blütenkrone. Sie ist unten breit, verschmälert sich oben und weitet sich am Ende in 5 Zipfel aus. 10 eingeschlossene Staubblätter am Grund der Krone angewachsen, unten verbreitert und behaart, an der Spitze sich mit 2 Löchern öffnend, geschwänzt. Fruchtknoten oberständig, 5teilig.
**Standort:** Auf saurem Untergrund in Macchie oder Hartlaubwäldern, auf felsigen Hängen.
**Verbreitung:** Mittelmeergebiet und westliches Mitteleuropa bis Irland.
**Blütezeit:** Januar bis März.
**Früchte:** Etwa kirschgroße, warzige Beeren, verfärben sich mit der Vollreife lebhaft rot, sie erinnern an große, derbe Erdbeeren. Fruchtdurchmesser bis 2 cm. Sie schmecken mehlig-süß, werden aber selten roh genossen. Man verwendet sie zur Herstellung von Likören und Obstweinen.
**Allgemeines:** Die Früchte reifen sehr langsam, so daß sie oft noch zur Blütezeit der nächsten Blütengeneration am Baum stehen. Unter günstigen Umständen blüht der Baum schon im Spätherbst. Sein Überdauern in der oft von Bränden verwüsteten Macchie verdankt der Baum seiner großen Fähigkeit, sich durch Stockausschläge von der Wurzel aus zu erneuern. Zweige und Blätter enthalten, wie unsere Eichen, viel Gerbsäure; man nutzt sie deshalb zum Gerben.

## **Kornelkirsche** *(Cornus mas)* Hartriegelgewächse

**Merkmale:** Strauch oder kleiner Baum mit einer Höhe von 2–6, selten auch bis 8 m. Aufrechte Äste zunächst angedrückt behaart, später kahl. Kurzgestielte, gegenständige Blätter, 5–10 cm lang, eiförmig-elliptisch, lang zugespitzt, auf der Unterseite in den Winkeln der Blattnerven weißwollig behaart, erst nach den Blüten erscheinend. Vierzählige, gelbe Blüten in einfachen Dolden angeordnet, die am Grund 4 gelbgrüne, breit-eiförmige Hüllblätter aufweisen. Hängende, bis 2 cm lange Steinfrucht, eiförmig und glänzend scharlachrot.
**Standort:** Sonnige, trockene Gebüsche und Laubwälder, gern auf kalkreichen, lehmigen und felsigen Böden.
**Verbreitung:** Mittel- und Südeuropa. Im Süden Deutschlands zerstreut bis selten, im Norden meist fehlend oder nur selten verwildert.
**Blütezeit:** Nicht selten schon im Februar, hauptsächlich aber im März und April.
**Vermehrung:** Die Blüten werden in erster Linie von Bienen bestäubt, daneben von Tag- und Eulenfaltern. Die Verbreitung der Früchte übernehmen vor allem Singvögel.
**Früchte:** Die Fruchtzeit reicht vom Hochsommer bis zum späten Herbst. Frisch gesammelt schmecken die Kornelkirschen wegen ihres Gehaltes an Gerbstoffen nicht allen Menschen. Wer sie als Wildobst nicht mag, sollte die Früchte einmal probieren, nachdem sie zu Marmelade oder Gelee, zu Kompott oder Saft verarbeitet worden sind. Früher wurden sie weitaus häufiger geerntet als heute, wo der Arbeitsaufwand für die Verwertung zu groß erscheint. Im Orient weiß man die Früchte auch jetzt noch zu schätzen. Dort bereitet man aus ihnen den sogenannten Sorbet (persisch: Trank), ein erfrischendes Eisgetränk mit Fruchtsaft.
**Allgemeines:** Auch unter den Namen **Gelber Hartriegel, Herlitze** oder **Dirlitze** bekannt.

**Beeren eßbar**

## **Heide-Wacholder** *(Juniperus communis)* Zypressengewächse

**Merkmale:** Niederliegender, aufsteigender oder aufrechter Strauch. Wird in der Regel 1–3 m hoch, kann aber in manchen Heidegebieten, wie der Lüneburger Heide, auch zu einem Baum von 10 oder gar 15 m Höhe emporwachsen. Wuchsform bei aufrechten Exemplaren meist säulenförmig. Die in Quirlen zu jeweils 3 gerade abstehenden, stechenden Nadeln werden zwischen 6 und 21 mm lang. Nur selten einhäusig, meist zweihäusig; männliche Blüten zu mehreren achselständig oder am Ende kurzer Zweige, weibliche Blüten entwickeln nach der Befruchtung aus den 3 oberen Samenschuppenblättern fleischige Beerenzapfen, die aber erst im zweiten oder auch dritten Jahr zu blauschwarzen Scheinfrüchten heranreifen.

**Standort:** In erster Linie Heiden, außerdem Schafweiden, lichte Nadelwälder, Moore, Triften und Trockenhänge. Meist auf sandigen, nährstoffarmen und trockenen Böden wachsend, bis 1500 m Höhe.

**Verbreitung:** Fast ganz Europa. Kommt in Deutschland überall nur zerstreut vor und ist nur stellenweise häufiger. Durch den Rückgang der Schafwirtschaft wie auch durch die Aufforstung der Standorte mit Kiefern und Fichten in den letzten Jahrzehnten seltener geworden.

**Blütezeit:** April und Mai.

**Vermehrung:** Durch Samen. Verbreitung der Scheinbeeren durch Vögel, hauptsächlich durch Wacholderdrosseln, die im Volksmund deshalb Krammetsvögel genannt werden, während der Wacholder selbst als **Krammetsbeerenstrauch** bezeichnet wird.

**Allgemeines:** Von den vielen Volksnamen für den Wacholder seien noch folgende genannt: **Machandelbaum** (in Norddeutschland), **Kranewittbaum** (in Süddeutschland und Österreich), außerdem **Reckholder, Weihrauch-** und **Feuerbaum.** *Heilpflanze Seite 251.*

## **Stechdornblättrige Mahonie** *(Mahonia aquifolium)* Berberitzengewächse

**Merkmale:** Immergrüner, 50–150 cm hoher Strauch mit dornenlosen Zweigen. Zähe, lederartige Blätter unpaarig gefiedert mit 5–9 buchtig, dornig gezähnten Fiedern, oberseits glänzend dunkelgrün, auf der Unterseite hellgrün, in der Jugend zuweilen auch rötlich; jedes der eiförmigen Fiederblätter mißt zwischen 4 und 8 cm. Goldgelbe Blüten mit 6 Kronblättern, in mehr oder weniger aufrechten, rispenartigen Trauben angeordnet, die 5–8 cm lang werden. Die Staubfäden der Mahonien-Blüten sind wie diejenigen des verwandten Sauerdorns leicht reizbar. Werden sie von einem Blütenbesucher berührt, bewegen sie sich schnell in Richtung Griffel, kehren aber nach kurzer Zeit wieder in ihre Ausgangsstellung zurück. Als Früchte entwickeln sich kugelige, zunächst grüne, später blau bis blauschwarz bereifte Beeren.

**Standort:** Buschige Plätze; bei uns meist als Zierstrauch in Gärten und Parks angepflanzt; gern auf etwas feuchten, nährstoffreichen, aber kalkarmen Böden.

**Verbreitung:** Herkunftsland ist das westliche Nordamerika. In Teilen West-, Mittel- und Südosteuropas eingebürgert. In Deutschland fast ausschließlich als Park- oder Gartenstrauch, sehr selten auch verwildert.

**Blütezeit:** April und Mai.

**Früchte:** Die im Spätsommer gesammelten Beeren, die gern von Vögeln verzehrt werden, kann man zu Fruchtgelee oder Früchtekompott verarbeiten, verwendet werden sie jedoch kaum. Die Mahonie dient bei uns in erster Linie als Zierstrauch, der seiner Blüten wegen angepflanzt wird. Die Beeren liefern ein wichtiges Blutstärkungsmittel.

**Allgemeines:** Früher benutzte man die Mahonienblüten als Färberdroge, die der Wolle eine goldgelbe Farbe verlieh. Außerdem versuchte man, mit einer Tinktur der Pflanze Hautkrankheiten zu heilen.

Beeren
eßbar

## **Schwarze Johannisbeere** *(Ribes nigrum)* — Steinbrechgewächse

**Merkmale:** Aufrechter, kräftiger, stachelloser Strauch, bis etwa 2 m hoch, von einem unangenehm strengen, wanzen- oder fuchsartigen Geruch. Die jungen Zweige sind behaart, die großen Blätter wechselständig angeordnet. 3–5lappig, am Grund herzförmig, Lappen spitz oder stumpf grob doppelt gesägt, auf der Oberseite fast kahl, auf der Unterseite mit gelblichen Harzdrüsen besetzt. Die Blütentrauben hängen, meist vielblütig und weichbehaart. Die lanzettlichen Tragblätter behaart, kürzer als der Blütenstiel. Die grünlich roten Blüten mit glockiger Blütenröhre, die 5 Kelchzipfel sind länglich, zurückgeschlagen und etwa doppelt so lang wie die 5 länglichen Kronblätter. Der oben etwas vorgewölbte Fruchtknoten setzt sich klar vom Griffel ab, ist behaart und drüsig gepunktet. Die vielsamigen schwarzen Beeren sind kugelig, drüsig punktiert und werden von dem vertrockneten Kelch gekrönt.

**Standort:** Zerstreut in Auwäldern und Erlenbrüchen, an Flußläufen, meist auf nahrhaften oder torfigen Lehmböden, oft in Gärten angebaut und verwildert.

**Verbreitung:** Ursprünglich im nördlichen und östlichen Europa, bis Asien verbreitet.

**Blütezeit:** April bis Mai.

**Allgemeines:** Der Name Johannisbeere bezieht sich auf die Reifezeit der Früchte um den Johannistag. Vitamin-C-reiche Beeren.

Die **Rote Johannisbeere** *(R. rubrum)* wurde im 16. Jahrhundert zuerst in Belgien und Nordfrankreich in Kultur genommen. Ihre wechselständigen Blätter sind dunkelgrün, unterseits etwas heller und weichbehaart. Die roten Beeren enthalten viel Zitronensäure. **Blütezeit:** April bis Mai. **Reife:** Juni bis Juli.

Von der Roten Johannisbeere gibt es zahlreiche Kultursorten unterschiedlicher Reifezeit, auch solche mit gelblich-weißen Früchten (Weiße Johannisbeere).

## **Schwarzer Holunder** *(Sambucus nigra)* — Geißblattgewächse

**Merkmale:** Strauch oder kleiner Baum von 3–7 m Höhe mit warziger, unangenehm riechender Rinde. Mark der Äste reinweiß. Gegenständige Blätter, unpaarig gefiedert mit meist 5 eiförmig-länglichen, fein gezähnten Fiedern, die zwischen 5 und 10 cm lang werden. Weiße Blüten mit 5teiliger, radförmiger Krone, angeordnet in schirmförmigen Trugdolden mit meist 5 Hauptstrahlen. Die glänzenden, schwarzen Steinfrüchte, allgemein als Holunderbeeren bekannt, messen etwa 6–8 mm. Sie enthalten je 3 knorpelige Steine.

**Standort:** Auwälder, feuchte Laub- und Mischwälder, Waldränder, Gebüsche, Hecken, Viehweiden, Schuttplätze, Hofräume; gern auf nährstoff- und humusreichen Böden; bis in Höhen von 1600 m.

**Verbreitung:** Fast ganz Europa; häufig.

**Blütezeit:** Juni und Juli.

**Vermehrung:** Durch Samen. Zahlreiche Vogelarten, vor allem Drosseln, tragen zur Verbreitung bei und säen die mitverzehrten Steinkerne nicht selten auch an Türmen und Mauern aus, wo die äußerst lebenskräftigen Pflanzen Fuß fassen und hochkommen.

**Früchte:** Holunderbeeren sollte man nicht roh essen, sie können dann, besonders in unreifem Zustand, Vergiftungserscheinungen hervorrufen. Die im Herbst gesammelten, vollreifen Früchte kann man zu Saft (gutes Abführmittel), Mus (bei Mehrfruchtmarmelade ideal), Kaltschalen und Holunderwein verarbeiten. Holunder ist wegen seines hohen Mineral- und Vitamingehaltes (auch Vitamin C) gesundheitlich wertvoll.

**Allgemeines:** Die Blütendolden des Holunders bäckt man in Pfannkuchenteig und schwimmendem Fett zu köstlichen Holderküchle.
*Rezept und Bild auf Seite 163.*
Holunderbüsche ertragen Abgase und Staub, sie gelten deshalb als hochgradig »industriefest«. *Heilpflanze Seite 259.*

Beeren
eßbar

## Echte Brombeere *(Rubus fruticosus)*

Rosengewächse

**Merkmale:** 50 bis 200 cm hoher Strauch von recht unterschiedlichem Wuchs. Die Stengel können kriechend und niederliegend sein, aufsteigend oder aufrecht oder auch bogenförmig überhängend. Auch die Form der Stacheln kann je nach Kleinart sehr variieren. Unpaarig 3- bis 7zählig gefiederte Blätter mit ungleich großen, eiförmig-spitzen Fiedern, nicht selten grün überwinternd. Weiße oder schwach rosafarbene Blüten mit zahlreichen Staubblättern und Fruchtknoten. Die schwarzglänzende, aus 20–50 kleinen Früchtchen bestehende Sammelfrucht fällt zur Reifezeit zusammen mit dem kegelförmigen Blütenboden ab. Die ähnliche **Acker-Brombeere** oder **Kratzbeere** unterscheidet sich durch folgende Merkmale von ihrer Verwandten: Bereifter Stengel mit borstlichen Stacheln (am grünen Stengel der Echten Brombeere sitzen derbe Stacheln). 3zählige Blätter grob und ungleich gesägt, die beiden untersten Fiedern meist sitzend; Nebenblätter nicht fädlich, sondern lanzettlich. Blau bereifte Sammelfrucht aus 5–20 größeren Früchtchen bestehend.

**Standort:** Wälder, Gebüsche, Lichtungen, Waldränder, Gärten, Heiden, Kahlschläge.

**Verbreitung:** Fast ganz Europa. In Deutschland verbreitet und überall häufig.

**Blütezeit:** Juni und Juli.

**Früchte:** Man sammelt sie von Juli bis September. Die meist sehr gut schmeckenden, Vitamin-C-haltigen Brombeeren zählen zu den besten Wildfrüchten unserer Heimat. Man ißt sie roh oder verarbeitet sie zu Marmelade, Gelee, Kompott oder Sirup, zu Saft, Wein und Likör. Brombeersaft ist nicht nur erfrischend und schmackhaft, er hilft auch gegen Heiserkeit.

**Allgemeines:** Gegen Erkältungskrankheiten und Magen-Darmverstimmungen bereitet man aus den Blättern – zusammen mit anderen Pflanzenarten – einen altbewährten Tee.

## Schwarzdorn, Schlehe *(Prunus spinosa)*

Rosengewächse

**Merkmale:** 1–3 m hoher, sparriger und reichverzweigter Strauch mit dunkler Rinde. Äste in der Jugend meist filzig-samtig behaart, an der Spitze mit stechenden Dornen. Kurzgestielte, länglich-verkehrt-eiförmige Blätter, am Rand doppelt gesägt, zwischen 2 und 5 cm lang, erst nach den Blüten erscheinend. Die weißen Blüten mit 5 länglich-eiförmigen, bis 6 mm langen Kronblättern stehen an kurzen Stielen meist einzeln, aber einander genähert und über die ganze Zweiglänge verteilt. Kugelige, im Durchmesser etwa 1 cm große Steinfrüchte, schwarz-bläulich bereift, mit grünem, saurem Fruchtfleisch, von dem sich der Steinkern nicht löst.

**Standort:** Lichte Laubwälder und Gebüsche, Hecken und Zäune, Wald- und Wegränder sowie sonnige Hügel, Felshänge und Magerweiden; gern auf trockenen und steinigen Böden; wächst in den Mittelgebirgen bis in etwa 700 m Höhe, ist aber in Oberbayern noch in 1000 m Höhe zu finden.

**Verbreitung:** Nahezu ganz Europa, außer im hohen Norden. Kommt in Deutschland verbreitet und meist häufig vor, tritt jedoch in Heidesandgebieten stark zurück.

**Blütezeit:** März und April.

**Früchte:** Die im September reifenden Steinfrüchte enthalten Gerbstoffe, Säuren, Farbstoffe, Zucker und Vitamin C. Sie schmecken – besonders vor dem ersten stärkeren Frost – adstringierend (zusammenziehend) und sauer. Frost macht die Schlehen mürbe und süßer. Zur Herstellung von Schlehenwein und -schnaps werden sie ebenso gesammelt wie zur Bereitung des köstlichen Schlehen-Likörs, auch zu Mus, Marmelade und Saft.

**Allgemeines:** Die auch **Schlehdorn** genannte Pflanze schätzt man als Vogelschutzgehölz, Bienenweide und – wegen ihres zähen Holzes – zur Herstellung von Spazierstöcken.

*Heilpflanze Seite 259.*

Beeren
eßbar

## Weichsel-Kirsche *(Prunus mahaleb)* Rosengewächse

**Merkmale:** Sommergrüner, 1–6 m hoher, stark verzweigter Strauch oder kleinerer Baum, der ausnahmsweise auch einmal eine Höhe von etwa 10, höchstens 12 m erreichen kann. Die rundlich-eiförmigen, ein wenig lederartigen Blätter sind dunkelgrün, am Rand kurz und stumpf gezähnt und messen etwa 4–8 cm. Sie haben eine aufgesetzte Spitze und weisen viele Seitennerven auf. Weiße, 1 cm breite Blüten, recht zerbrechlich, langgestielt, gewöhnlich zu 4–8 oder auch 12 in Doldentrauben angeordnet. Knospenschuppen des Blütenstandes abfallend. Die mit 5 mm etwa erbsengroße, eiförmige Frucht ist zunächst gelb, dann dunkelrot und später schwarz.

**Standort:** Sonnige und felsige Hänge, lichte Wälder (Flaumeichen- und Buschwälder). Die Weichsel-Kirsche braucht zum Gedeihen geschützte, warme Stellen. Sie liebt trockenen und lehmigen Boden, auch Lößboden, und bevorzugt kalkreichen Untergrund. In den südlichen Gebirgen kann man ihr in geschützten Lagen noch in Höhen von 1500 oder gar 1700 m begegnen, vor allem in den Südalpen.

**Verbreitung:** Hauptsächlich Südeuropa und Teile des südlichen Mitteleuropas, findet sich nur an wenigen Stellen nördlich der Alpen. Kommt zerstreut in Tirol vor, wächst verwildert auch im Salzburger Land, in Vorarlberg und im übrigen Österreich. In Deutschland zerstreut bis selten im Oberrhein-, Donau-, Altmühltal.

**Blütezeit:** April und Mai.

**Früchte:** Kaum brauchbar, weil sie im Geschmack zu herb oder bitter sind. Werden bisweilen zu Likör verarbeitet.

**Allgemeines:** Da die Weichsel-Kirsche Kumarin enthält, wird sie hier und da in der Parfümerie verwertet. Ihr Holz benutzte man früher für Drechselarbeiten wie auch in der Spielwarenindustrie. Andere Bezeichnungen für sie sind **Steinweichsel** und **Felsenkirsche.**

## Spätblühende Traubenkirsche *(Prunus serotina)* im Bild und Gemeine Traubenkirsche *(Prunus padus)* Rosengewächse

**Merkmale:** Baum oder großer Strauch mit schönem rotem Holz, Krone länglich schmal, Äste kurz und waagerecht, Belaubung dicht. Raschwüchsig. In seiner Heimat Nordamerika bis 30 m hoch.

Blätter wechselständig, länglich-lanzettlich, spitz, kerbig gesägt, lederig, Oberseite glänzend dunkelgrün, Unterseite heller, an der Mittelrippe behaart, lebhafte gelbe Herbstfärbung. Blüten in aufrechten, dann überhängenden Trauben, kleiner als bei der Gemeinen Traubenkirsche. Die eßbaren, aber nicht sehr schmackhaften schwarzroten Früchte sind erbsengroß, der **Stein giftig!**

**Standort:** Besonders auf humusreichen, kräftigen Böden, verträgt keine Bodennässe, unempfindlich gegen Spät- und Winterfrost.

**Verbreitung:** Heimisch in Nordamerika, in Europa aus Kulturen verwildert.

**Blütezeit:** Juni, Fruchtreife September.

Die sehr ähnliche **Gemeine Traubenkirsche** *(Prunus padus)* ist typisch für Auengehölze entlang den Flußläufen. Großer Strauch bis mittelgroßer Baum, bis 10 m hoch, Stamm schlank, gerade, Rinde schwarzgrau, später längsrissige Borke, bei Zerreiben nach Bittermandeln riechend, Krone tiefangesetzt, länglich, dichtbelaubt. Rutenförmige Zweige oft überhängend. Die wechselständigen Blätter elliptisch mit langer Spitze, scharf gesägt, kahl, Seitenrispen bogig am Rand miteinander verbunden, unterseits blaugrün, Herbstfärbung rot oder gelb. Die weißen, stark duftenden Blüten in reichblütig verlängerten, überhängenden Trauben. Die erbsengroßen, kugeligen Steinfrüchte glänzend schwarz, bittersüß schmeckend.

**Standort:** feuchte Ebenen, Flußauen, bis 1500 m. **Verbreitung:** Fast ganz Europa.

**Blütezeit:** Mai bis Juni, Fruchtreife Juli bis August.

Beeren
eßbar

## Schwarze Maulbeere, Maulbeerbaum *(Morus nigra)* Maulbeerbaumgewächse

**Merkmale:** Bis 15 m hoher, robuster Baum mit dichter, kurzästiger Krone und braunroten Zweigen, Blätter wechselständig, gestielt, herz-eiförmig, gesägt, bisweilen auch unregelmäßig gelappt, bis 15 cm lang und 10 cm breit, besonders oberseits rauh. Blüten klein, getrenntgeschlechtig in Blütenständen. Männliche Blüte mit 4 grünlichen, schuppenartigen, rauhen Blütenhüllblättern. Weibliche Blüten ebenfalls mit 4 Blütenhüllblättern, einem oberständigen Fruchtknoten mit 2 Narben. Frucht einsamige Nüßchen. Blütenstand zur Fruchtzeit schwach keulig ausgebildet, ungestielt. An ihm sitzen die einzelnen weiblichen Blüten, deren Blütenblätter saftig und schwarz werden. Sie bilden einen brombeer-ähnlichen, eßbaren Sammelfruchtstand. Die süßlichen Früchte schmecken etwas fade und werden kaum für den Verzehr gesammelt. Die männlichen Blüten stehen in Kätzchen.

**Standort:** Auf Kulturland und an günstigen Stellen verwildert.

**Verbreitung:** Iran bis Kaukasus, im Mittelmeergebiet eingebürgert, in den wärmeren Teilen Mitteleuropas angepflanzt.

**Allgemeines:** Der **Weiße Maulbeerbaum** *(M. alba)* bringt zur Fruchtreife weiße oder rosarote bis rotviolette saftige Sammelfrüchte hervor, die im übrigen denen der Schwarzen Maulbeere gleichen. Rot sind die Sammelfrüchte der **Roten Maulbeere** *(M. rubra)*. Seine größte Bedeutung hatte und hat der Maulbeerbaum als Futter für die Seidenraupen. Erst mit der Seidenraupenzucht breitete sich die Maulbeere ins Mittelmeergebiet aus.

## Ölbaum *(Olea europaea)* Ölbaumgewächse

**Merkmale:** Immergrüner, 2–10 m hoher Baum mit knorrigem, krummem und meist gedrehtem Stamm und dünner, nur schwach ausgeprägter Krone. Graue Zweige mit lanzettlichen, ganzrandigen Blättern, die auf der Oberseite dunkelgrün, auf der Unterseite silbrig glänzend sind und 4–10 cm lang werden. Weißliche, verwachsene Blütenkrone mit 4 ausgebreiteten, ovalen Lappen und 2 hervorstehenden Staubblättern; Blüten in kleinen, aufrechten Knäueln angeordnet. Eiförmige, fleischige Frucht, grün bis schwarz, mit einem Steinkern versehen (die Frucht wird Olive, der Ölbaum auch **Olivenbaum** genannt); Frucht in etwa mirabellengroß.

**Standort:** Wächst hauptsächlich in der sogenannten Macchie, auf trockenen, steinigen Böden, wo auch die Wildform vorkommt, mit einem von der Basis an verzweigten Stamm (strauchförmig), kleineren Früchten und rundlichen, halb so großen Blättern. Sie wird **Oleaster** genannt. Der Ölbaum wird häufig angepflanzt. Er war schon im Altertum der wichtigste Kulturbaum Südeuropas. Noch in Höhen von 600–800 m zu finden.

**Verbreitung:** Im gesamten Mittelmeerraum, wo der Ölbaum allgemein als Zeigerpflanze für das Mediterranklima angesehen wird.

**Blütezeit:** Mai und Juni.

**Vermehrung:** Durch Samen. Wird von verschiedenen Kerbtierarten bestäubt, wobei jeweils nur eine der beiden Fruchtknotenkammern eine Olive hervorbringt. Den kultivierten Ölbaum vermehrt man ungeschlechtlich durch Schößlinge und Triebe.

**Früchte:** Eingelegt in Salz und Essig werden die Oliven in Südeuropa zu vielen Mahlzeiten und Gerichten gegessen. In der Hauptsache gewinnt man aus ihnen jedoch das Olivenöl, das zu 50% in den ausgereiften Früchten enthalten ist.

*Heilpflanze Seite 252.*

Beeren
eßbar

## **Heidelbeere** *(Vaccinium myrtillus)*

Heidekrautgewächse

**Merkmale:** 15–50 cm hoher, stark verzweigter Zwergstrauch mit scharfkantigen, grünen Zweigen, die meist aufrecht stehen. Eiförmige, zugespitzte Blätter, am Rand fein gesägt und auf beiden Seiten grün, wechselständig und kurzgestielt. Blüten meist einzeln, selten zu 2 in den Achseln der Blätter; kugelige bis glockige Krone, etwa 5 mm breit, grünlichrot überlaufen. Als Früchte erscheinen kugelige, 5–8 mm messende Beeren, die außen blauschwarz sind – daher der ebenfalls gebräuchliche Name **Blaubeere –**, aber stark färbenden *roten* Saft enthalten.

**Standort:** Lichte Laub- und Nadelwälder, Gebüsche, Heiden, Zwergstrauchgesellschaften; gern auf bodensaurem, steinig-lehmigem Untergrund; bis in Höhen von 2500 m.

**Verbreitung:** Fast ganz Europa, im Süden aber hauptsächlich auf die nördlichen Gebirge beschränkt. In Deutschland verbreitet und häufig, in ausgesprochenen Kalkgebieten seltener.

**Blütezeit:** Mai und Juni.

**Früchte:** Die auch als **Bickbeeren** oder **Waldbeeren** bekannten Früchte reifen ab Juli. Früher zogen die Bewohner vieler Waldgegenden im Spätsommer aus, um die saftigen Beeren zu sammeln. Nicht nur für den Eigenbedarf, sondern auch als wichtige Erwerbsquelle standen die Heidelbeeren hoch im Kurs. Noch heute werden sie in großem Umfang als begehrtes, hochwertiges Wildobst gesammelt. Man schätzt, daß in guten Jahren zwischen 5000 und 10 000 Tonnen Heidelbeeren in der Bundesrepublik Deutschland geerntet werden, was die Beliebtheit dieser vitaminreichen Wildfrüchte zum Ausdruck bringt. Man verarbeitet sie zu Kompott, Marmelade, Saft und Wein. Die aus Nordamerika stammende **Garten-Heidelbeere** *(V. corymbosum)* kann bis 1,5 m hoch werden. Der Saft ihrer erbsen- bis kirschengroßen Früchte färbt nicht wie der unserer Wildart rot. *Heilpflanze Seite 250.*

## **Rauschbeere** *(Vaccinium uliginosum)*

Heidekrautgewächse

**Merkmale:** 20–100 cm hoher Zwergstrauch mit sparrigen, graubraunen Zweigen. Kurzgestielte, ganzrandige Blätter, verkehrt-eiförmig, unterseits blaugrün mit deutlich hervortretender Netzaderung, bis 2 cm breit und bis 4 cm lang. Weiße oder rötliche, krugförmige Blüten zu 1–4 in endständigen Trauben. Blaubereifte Beeren oft mehr birnenförmig als kugelig, im Gegensatz zur ähnlichen Heidelbeere mit farblosem Saft.

**Standort:** Hochmoore, moorige Wälder und Gebüsche, alpine Zwergstrauchheiden bis in 2500 m Höhe, braucht saure Böden.

**Verbreitung:** Nordeuropa sowie Gebirge Mittel- und Südeuropas. In Deutschland nur in den Alpen noch verbreitet, im Vorland und den Mittelgebirgen zerstreut bis selten, sonst meist fehlend. Infolge der Moorzerstörungen und der Kultivierung feuchter Heiden nimmt die Rauschbeere in Mitteleuropa immer mehr ab.

**Blütezeit:** Mai und Juni.

**Früchte:** Rauschbeere und Heidelbeere ähneln sich zwar, werden aber nicht gleichermaßen häufig genutzt. Die eßbaren, aber fad schmekkenden Rauschbeeren können Übelkeit, Kopfschmerzen, Erbrechen und Schwindel, ja sogar rauschartige Zustände hervorrufen, wenn man größere Mengen gegessen hat. Diese Vergiftungserscheinungen trugen der Pflanze nicht nur ihren gebräuchlichen Namen ein, sondern auch die Bezeichnungen **Schwindel-, Trunkel-** oder **Tollbeere.** Wie Heidelbeeren kann man getrocknete Rauschbeeren jedoch auch benutzen, um einen Tee zu bereiten, der gegen Durchfall und Blasenleiden verwendet wird. Da es aber heute bessere Mittel gegen diese Beschwerden gibt, sollte – nicht zuletzt auch aus Schutzgründen – auf das Sammeln der Rauschbeeren verzichtet werden.

Beeren
eßbar

## Beeren-Eibe ⊗

*(Taxus baccata)* Eibengewächse

**Merkmale:** Dichter Strauch oder Baum von 5–15, zuweilen auch bis 20 m Höhe. Immergrüne, flache Blätter, nadelförmig, bis 3 cm lang, oberseits dunkelgrün, unterseits mattgelbgrün. Blüten in den Achseln der Nadeln zweihäusig verteilt, männliche in kleinen, gelblichen Zapfen, weibliche einzeln. Die schwarzen Samen werden von einem roten, fleischigen Samenmantel umgeben, der als einziger Pflanzenteil ungiftig ist.

**Standort:** Schattige Gebirgswälder, felsige Steilhänge; meist auf nährstoffreichen und feuchten Kalkböden; bis 1800 m Höhe.

**Verbreitung:** Mittel- und Westeuropa, im Norden bis Südskandinavien, in Südeuropa nur in den Gebirgen. In Deutschland nur selten in freier Natur, vielerorts im Rückgang begriffen.

**Blütezeit:** März und April.

## Stechender Mäusedorn, Stechmyrte

*(Ruscus aculeatus)* Liliengewächse

**Merkmale:** Bis etwa 1 m hoher, immergrüner starrer Strauch. Blätter reduziert und an deren Stelle blattartige, spitz-eiförmige, lederartige Sprosse an den Zweigen. Auf ihnen stehen etwa in der Mitte 1 bis mehrere kurz gestielte Blüten in den Achseln kleiner Blätter. Die kleinen, weißlichen Blüten tragen 6 Kronblätter. Der oberständige Fruchtknoten reift zu einer leuchtend korallenroten, *giftigen* Beere.

**Standort:** Schattige Orte in lockerem Gebüsch.

**Verbreitung:** Mittelmeergebiet, eingebürgert in Westfrankreich, Belgien und England.

**Blütezeit:** Januar bis April.

**Allgemeines:** Die Zweige und die daran stehenden Flachsprosse halten lange Zeit ihre grüne Farbe und werden mit den Früchten zu Trockensträußen verarbeitet.

## Meerträubel

*(Ephedra distachya)* Meerträubelgewächse

**Merkmale:** Kleiner bis mittelgroßer, stark verzweigter Strauch. Zweige grün, rutenförmig, mit kleinen, gegenständigen, schuppenförmigen Blättern, die am Grund jeweils miteinander vereinigt sind. Pflanzen getrennt mit jeweils männlichen und weiblichen Blüten. Die weiblichen Blüten klein, zu zapfenförmigen Blütenständen vereinigt. Auch die männlichen Blüten in kleinen aber gestielten Blütenständen. Die Hüllblätter der Blüten werden bei Reife fleischig und bilden schließlich eine rote Scheinbeere. Sie ist ungenießbar.

**Standort:** An trockenen, felsigen Abhängen.

**Verbreitung:** Südeuropa, nach Norden bis Frankreich, Schweiz, Ungarn.

**Blütezeit:** Juni.

**Allgemeines:** Die Samen des Meerträubels sind nicht im Fruchtknoten eingeschlossen.

## Stachelige Stechwinde

*(Smilax aspera)* Stechwindengewächse

**Merkmale:** Ausdauernde, bis 15 m hohe Kletterpflanze. Sproß geflügelt, glatt oder unterschiedlich stachelig-borstig. Blätter wechselständig, basal herzförmig, lanzettlich bis fast dreieckig, trocken-lederig, Stiel unterschiedlich stachelig, an seiner Basis mit 2 Ranken. Männliche und weibliche Blüten getrennt an verschiedenen Pflanzen, klein, grünlich weiß, in den Blattachseln gebüschelt. Die männlichen mit 6 Staubblättern, die weiblichen mit dreiteiligem, oberständigem Fruchtknoten, der zu einer glänzenden roten bis schwärzlichen Beere reift.

**Standort:** Kletterpflanze in Gebüsch und Wald.

**Verbreitung:** Pflanze des Mittelmeergebietes.

**Blütezeit:** Juni, Juli.

**Allgemeines:** Tropische Stechwinden liefern Rohstoffe für verschiedene Heilmittel.

Beeren
nicht eßbar

## Maiglöckchen

*(Convallaria majalis)* Liliengewächse

**Merkmale:** 10–25 cm hohe Pflanze mit unterirdisch kriechendem Wurzelstock. Breitlanzettliche, 10–20 cm lange Blätter, meist zu 2, seltener auch zu 3 neben dem blattlosen Blütenstengel. Weiße, glöckchenförmige Blüten, nikkend, in langgestielter, einseitswendiger Traube. Als Früchte reifen kugelige, rotglänzende Beeren heran.

**Standort:** Lichte Laubwälder, vor allem Buchen- oder auch Eichenwälder, Gebüsche, Felsschutt, alpine Matten bis in über 2000 m Höhe; gern auf lockeren, kalkreichen Böden.

**Verbreitung:** Fast ganz Europa, im Süden auf die Gebirge beschränkt. Kommt in Deutschland zerstreut bis verbreitet vor, ist aber heute nur noch stellenweise häufig.

**Blütezeit:** Mai und Juni.

**Früchte:** *Giftig!* Der Verzehr schon einiger Beeren kann tödliche Folgen haben.

## Aronstab

*(Arum maculatum)* Aronstabgewächse

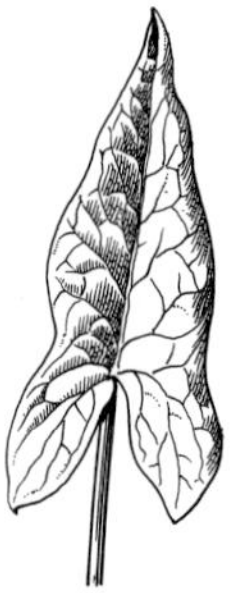

**Merkmale:** 15 bis über 30 cm hohe, unverwechselbare Pflanze. Langgestielte, pfeilförmige Blätter, manchmal dunkel gefleckt, 10 bis 20 cm lang. Kleine Blüten ohne Blütenhülle, an einem Kolben angeordnet, unten weibliche, darüber männliche und über diesen geschlechtslose Blüten. Der ganze Kolben samt Blüten wird von einer 10–25 cm langen, grünlichweißen Hochblattscheide umgeben. Die Früchte sind *giftig.*

**Standort:** Auwälder, feuchte Laubmischwälder und Gebüsche, nährstoffreicher Lehm.

**Verbreitung:** Mittel- und Südeuropa. In Deutschland zerstreut, nach Norden zu selten.

**Blütezeit:** April und Mai.

**Früchte:** Die frühesten im August, meist im September reifenden Beeren ordnen sich in ährenförmigen Fruchtständen an.

## Fächer-Zwergmispel

*(Cotoneaster horizontalis)* Rosengewächse

**Merkmale:** Laubwerfender oder immergrüner, etwa 50 cm hoher Strauch. Äste horizontal ausgebreitet und stark verzweigt. Blätter wechselständig, aber paarweise genähert, bis 2 cm lang, fast kreisförmig oder breit-elliptisch, spitz oder mit ausgesetzter Stachelspitze, Blattrand glatt; Blätter oberseits dunkelgrün und glänzend, unterseits heller und schwach behaart bis kahl, kurz gestielt, verfärben sich im Herbst rot. Rote und weißliche Blüten, allein oder zu zweien in den Blattachseln, 5 Kronblätter, etwa 20 Staubblätter.

**Standort:** Offene, sonnige, steinige Hänge.

**Verbreitung:** China, in Europa verwildert.

**Blütezeit:** Mai, Juni.

**Früchte:** Rote, kugelförmige Beeren, mehligfleischig, ungenießbar, mit 3 Nüßchen.

## Gewöhnliche Stechpalme

*(Ilex aquifolium)* Stechpalmengewächse

**Merkmale:** Strauch oder Baum von 2–10 m Höhe. Immergrüne, ledrige und derbe Blätter, glänzend, am Rand dornig gezähnt, 3 bis 8 cm lang. Eingeschlechtige Blüten weiß, meist 4-, seltener 5zählig; weibliche Blüten zu 1–3, männliche Blüten zu mehreren in den Blattachseln. Korallenrote Steinfrucht, kugelig bis eiförmig.

**Standort:** Laub-, Misch- und Nadelwälder, Gebüsche; gern auf feuchten und sauren Böden; häufig als Zierstrauch angepflanzt.

**Verbreitung:** In weiten Teilen West- und Südeuropas, im Norden bis Südnorwegen. Kommt in Deutschland hauptsächlich im Westen und Nordwesten vor, im Süden außerdem in den Alpen und im Vorland; selten bis zerstreut.

**Blütezeit:** Mai und Juni.

**Früchte:** *Giftig!* Wirken stark abführend.

Beeren nicht eßbar

## Pfaffenhütchen, Spindelstrauch

*(Euonymus europaea)* Spindelbaumgewächse

**Merkmale:** 2–6 m hoher Strauch. Junge Zweige meist 4kantig, manchmal auch geflügelt. Gekreuzt gegenständige Blätter, eiförmig-lanzettlich, spitz, fein gezähnt, etwa 4–10 cm lang. 4zählige Blüten mit länglichen, grünlichweißen Kronblättern, zu 2–6 in den Blattachseln stehend. Die weißen Samen sind von einem orangeroten Mantel umgeben, der erst sichtbar wird, wenn die karminrote, 4kantige Kapsel aufspringt.
**Standort:** Wälder und Waldränder, Gebüsche und Hecken; gern auf feuchten Lehmböden.
**Verbreitung:** Fast ganz Europa. In Deutschland im allgemeinen verbreitet, aber in manchen Gegenden nur zerstreut oder fehlend.
**Blütezeit:** Mai bis Juli.
**Früchte:** *Giftig!* Können in größeren Mengen bei Menschen und Tieren tödlich wirken.

## Gemeiner Seidelbast

*(Daphne mezereum)* Seidelbastgewächse

**Merkmale:** 30–150 cm hoher Strauch mit rutenförmigen, an der Spitze beblätterten Zweigen. Hellgrüne Blätter, verkehrt-länglich-lanzettlich, bis 8 cm lang, erst nach den Blüten erscheinend (außer den an den Zweigenden befindlichen Blattbüscheln). Die rosafarbenen, stark duftenden Blüten sitzen meist zu 3 in den Achseln der vorjährigen und im Herbst abgefallenen Blätter. Alle Pflanzenteile *giftig.*
**Standort:** Laub-, Misch- und Bergwälder, Hochstaudenfluren, Felsschutt; gern auf kalkhaltigen Böden; bis in 2000 m Höhe.
**Verbreitung:** Fast ganz Europa. Im Nordwesten Deutschlands fehlend, sonst zerstreut.
**Blütezeit:** Mitunter schon im Februar, meist aber im März und April, selten bis zum Mai.
**Früchte:** Können für Kinder tödlich sein!

## Persischer Flieder, Glatter Zedrach

*(Melia azedarach)* Zedrachgewächse

**Merkmale:** Über 10 m hoher Baum. Blätter sehr unterschiedlich, die unteren doppelt gefiedert, die oberen weniger stark geteilt, groß, 20–50 cm lang. Blüten zart lila, duftend, in den Blattachseln zu einer lockeren Rispe vereinigt. Einzelblüte zwittrig, 5- oder 6zählig, 10–12 Staubblätter, basal verwachsen, die so entstehende Röhre einseitig aufgeschlitzt. Fruchtknoten auf einem flachen Nektarium aufsitzend. Frucht gelblich braunrot, ungenießbar.
**Standort:** Baum der Kulturlandschaft.
**Verbreitung:** Mittelmeergebiet, in allen wärmeren Teilen der Erde kultiviert, aus Südasien.
**Blütezeit:** Mai–Juni.
**Allgemeines:** Duft und Herkunft äußern sich im Namen **Persischer Flieder.** Die 5eckigen Samen werden zu Rosenkränzen verarbeitet.

## Zweihäusige Zaunrübe, Rote Zaunrübe

*(Bryonia dioica)* Kürbisgewächse

**Merkmale:** Kletterpflanze mit rauhhaarigem und zerbrechlichem Stengel sowie rübenartig verdickter Wurzel. Kann mit Hilfe ihrer spiralfederartigen, unverzweigten Ranken 2–3 m hoch werden. Gestielte, handförmige Blätter mit ganzrandigen oder grob gesägten Abschnitten. Blüten grünlich bis gelblich-weiß; weibliche Blütenstände fast in den Blattachseln sitzend, männliche Blütenstände gestielt. Beeren scharlachrot.
**Standort:** Zäune, Hecken, Gebüsche, Auwälder; gern auf lockerem Kalkboden.
**Verbreitung:** Mittel- und Südeuropa. Im Süden Deutschlands verbreitet bis zerstreut und nur stellenweise häufig, im Norden seltener.
**Blütezeit:** Juni bis September.
**Früchte:** Neben den Wurzeln die *giftigsten* Pflanzenteile; können tödlich sein.

Beeren
nicht eßbar

## Gemeiner Schneeball

*(Viburnum opulus)* Geißblattgewächse

**Merkmale:** 2–4 m hoher Strauch. Gegenständige, im Umriß rundliche Blätter 3- bis 5lappig, mit buchtig gezähnten Lappen. Weiße Blüten in bis 10 cm breiten Trugdolden; innere, 0,5 cm große Blüten, glockenförmig, fruchtbar; äußere, 2 cm große Blüten radförmig ausgebreitet, unfruchtbar – Schauapparat für Kerbtiere. Frucht kugelig, bis 1 cm groß, rot.

**Standort:** Auwälder, feuchte Waldränder und Gebüsche, kalkliebend, bis 1300 m Höhe.

**Verbreitung:** Fast ganz Europa. Kommt in Deutschland verbreitet und meist häufig vor.

**Blütezeit:** Mai bis Juli.

**Früchte:** *Schwach giftig!* Erzeugen Brechreiz!

**Allgemeines:** Aus dem elastischen Holz fertigte man früher Spazierstöcke an.

*Heilpflanze Seite 257.*

## Wolliger Schneeball

*(Viburnum lantana)* Geißblattgewächse

**Merkmale:** 2 bis über 4 m hoher Strauch mit graufilzigen Zweigen. Ungeteilte, eiförmige Blätter, am Rand scharf gezähnt, runzelig, unterseits dichtfilzig, 5–12 cm lang. Weißliche, 5 mm große Blüten in bis zu 10 cm breiter Trugdolde, im Gegensatz zu denen des Gemeinen Schneeballs alle gleich gestaltet. Eiförmige Steinfrüchte zuerst rot, später tiefschwarz.

**Standort:** Steppenheidewälder, felsige Hänge, Gebüsch und Waldränder; besonders auf nährstoff- und kalkreichen Böden sowie an warmen Stellen; bis in Höhen von 1500 m.

**Verbreitung:** Fast ganz Europa, im Norden jedoch nur eingebürgert. Kommt zerstreut in Süddeutschland vor, nördlich selten.

**Blütezeit:** April und Mai.

## Trauben-Holunder

*(Sambucus racemosa)* Geißblattgewächse

**Merkmale:** Bis über 3 m hoher Strauch. Mark der Stengel und Zweige gelbbraun. Unpaarig gefiederte, beiderseits hellgrüne Blätter mit 3–7 länglich-lanzettlichen, gesägten Fiederblättern. Grünlichgelbe, kleine Blüten in eiförmigen oder kegelförmigen Rispen. Reife Beeren scharlachrot.

**Standort:** Bergwälder, Waldränder, Lichtungen, Kahlschläge; auf nährstoffreichen, aber kalkarmen Böden; bis in etwa 2000 m Höhe.

**Verbreitung:** Mitteleuropa, eingebürgert auch in Nordeuropa, im Süden bis Nordspanien und -italien sowie Jugoslawien und Bulgarien. In Deutschland im allgemeinen zerstreut, in Gebirgsgegenden jedoch verbreitet bis häufig.

**Blütezeit:** März bis Mai.

**Früchte:** Reifezeit im Spätsommer. Beeren nur wegen der Samen *giftig,* Saft verwertbar.

## Korallenbeere *(Symphoricarpos orbiculatus)*

Geißblattgewächse

**Merkmale:** 2 bis 3 m hoher, aufrechter, reich verzweigter, starrer Strauch. Blätter gegenständig, fast eirund, ganzrandig, oberseits dunkelgrün, unterseits heller. Im Herbst rötlich gefärbt und dann abfallend. Blüten glockig, klein, weiß und leicht rosa überlaufen, zu mehreren in den Blattachseln. Früchte kugelig, über 5 mm im Durchmesser, purpurrot, lange am Strauch verbleibend, ungenießbar.

**Standort:** In Hecken angepflanzt, bisweilen verwildert.

**Verbreitung:** In Nordamerika heimisch.

**Blütezeit:** Juli bis August, die Beeren reifen im Spätherbst.

**Allgemeines:** Die Korallenbeere ist nahe verwandt mit der bei uns eingebürgerten, ebenfalls nordamerikanischen **Schneebeere.**

Beeren
nicht eßbar

## Rote Heckenkirsche *(Lonicera xylosteum)*

*Blütenbild auf Seite 11* Geißblattgewächse

**Merkmale:** 1–3 m hoher Strauch mit weichhaarigen Zweigen. Beiderseits weichhaarige, breitovale Blätter, 3 bis 6 cm lang, auf der Unterseite graugrün. Auf einem gemeinsamen, 1–2 cm langen Stiel sitzen paarweise die zunächst weißen, später gelben Blüten. Die immer dicht beieinander stehenden oder am Grund verwachsenen Beeren sind glänzend scharlachrot.

**Standort:** Laub- und Mischwälder, Waldränder, Gebüsche, Hecken, Zäune; mag eher trokkenen, kalkhaltigen und humusreichen Untergrund und kommt bis in 1500 m Höhe vor.

**Verbreitung:** Fast ganz Europa. In Deutschland verbreitet, im Nordwesten selten.

**Blütezeit:** Mai und Juni.

**Früchte:** Die *giftigen* Beeren verursachen Erbrechen und Durchfälle.

## Wohlriechendes Geißblatt, Jelängerjelieber *(Lonicera caprifolium)*

Geißblattgew.

**Merkmale:** Windender Strauch. Bis 4 oder 6 m hoch. Bei den gegenständigen Blättern ist das oberste Blattpaar der blühenden Zweige am Grunde scheibenartig miteinander verwachsen. Gelblich-weiße, oft rötlich überlaufende Blüten in kopfigen, jeweils einem Tragblatt aufsitzenden Quirlen. Leuchtend rote Beeren nicht miteinander verwachsen; ungenießbar.

**Standort:** Hecken, Wälder, Feldgehölze; in Gärten häufiger als Zierstrauch angepflanzt.

**Verbreitung:** Stammt ursprünglich aus Südosteuropa. Inzwischen in weiten Teilen West- und Mitteleuropas eingebürgert. In Deutschland nur selten bis zerstreut.

**Blütezeit:** Mai bis Juli.

**Allgemeines:** Wird auch **Echtes** oder **Garten-Geißblatt** genannt.

## Deutsches Geißblatt, Wald-Heckenkirsche

*(Lonicera periclymenum)* Geißblattgewächse

**Merkmale:** Bis 4 oder sogar 6 m hoher, windender Schlingstrauch. Gegenständige Blätter unten kurzgestielt, oben sitzend und nicht miteinander verwachsen; ei-lanzettlich, verkehrt-eiförmig oder oval, 4–10 cm lang. Gelbliche, bis 5 cm lange Blüten in kurzgestielten, blattlosen Köpfen, duftend. Früchte schwach *giftig.*

**Standort:** Waldränder, Laub-, Misch- und Auwälder, buschige Hänge, Hecken.

**Verbreitung:** Hauptsächlich West- und Mitteleuropa, im Norden bis Südskandinavien, im Süden bis Mittelitalien und Griechenland. Kommt in Deutschland zerstreut vor, fehlt aber in höheren Lagen, auf der Schwäbischen Alb und in Südbayern ganz.

**Blütezeit:** Mai und Juni.

## Bittersüßer Nachtschatten *(Solanum dulcamara)*

Nachtschattengewächse

**Merkmale:** 30 bis über 200 cm hoher Halbstrauch mit am Grunde holzigen Stengeln, meist kletternd, selten auch niederliegend. Gestielte Blätter eiförmig-lanzettlich, die obersten häufig spießförmig oder geöhrt. Violette Blüten mit 5 ausgebreiteten Zipfeln, in rispenartigen Trugdolden. Eiförmige, glänzend scharlachrote Beeren.

**Standort:** Auwälder, Ufer, feuchte Gebüsche und Hecken; auf stickstoffreichen Böden.

**Verbreitung:** Fast ganz Europa. Kommt in Deutschland verbreitet vor, findet sich in manchen Gebieten aber nur zerstreut.

**Blütezeit:** Juni bis August.

**Früchte:** Erbrechen, Durchfall und Krämpfe sind einige der Symptome, die nach dem Genuß der *giftigen* Beeren auftreten. Sie schmekken anfangs bitter, dann aber süß (Name!).

Beeren
nicht eßbar

## Einbeere *(Paris quadrifolia)* Liliengewächse

**Merkmale:** 10 bis 40 cm hohe Pflanze mit kahlem Stengel, der oben einen Quirl aus 4 (selten 3 oder 5) Blättern aufweist. Als Ausnahme unter den Liliengewächsen zeigen die bis 10 cm langen, elliptischen Blätter eine Netzaderung, außerdem ist die Blüte meist 4zählig, mit 8- bis 10blättriger Blütenhülle. Die etwa kirschgroße Beere kann dunkelblau oder auch schwarz sein.

**Standort:** Laub-, Misch- und Auenwälder; bevorzugt grundwasserfeuchten und nährstoffreichen Lehmboden.

**Verbreitung:** Fast ganz Europa, außer Südosteuropa. In Deutschland zerstreut bis häufig.

**Blütezeit:** Mai, teilweise auch noch Juni.

**Früchte:** Die im Frühsommer erscheinenden Beeren sind wie alle Pflanzenteile *giftig!* Nach ihrem Genuß treten Durchfälle, Koliken und Schwindelanfälle auf.

## Vielblütige Weißwurz
*(Polygonatum multiflorum)* Liliengewächse

**Merkmale:** 30–70 cm hohe Pflanze mit rundem Stengel und zweireihig wechselständigen Blättern, die mehr oder weniger in einer Ebene ausgebreitet sind. Die eiförmigen oder ovalen Blätter messen 5–12 cm. Röhrig-glockige Blüten, weiß, am Rand grünlich, zu 2–5 in den Achseln der Blätter. Beeren zunächst rot, später schwarzblau.

**Standort:** Schattige Laub- und Mischwälder, gern in Buchen- oder Eichenwäldern, auf lokkeren, humusreichen Lehmböden, kalkliebend.

**Verbreitung:** Fast ganz Europa, im Norden bis Südskandinavien. In Deutschland zerstreut bis verbreitet, stellenweise häufig.

**Blütezeit:** Mai und Juni.

**Vermehrung:** Durch Samen. Bestäubung nur durch langrüsselige Hummeln möglich. Die dunkelblauen Beeren sind *giftig!*

## Wohlriechende Weißwurz
*(Polygonatum odoratum)* Liliengewächse

**Merkmale:** 20–40 cm hoch. Scharfkantiger Stengel, meist bogenförmig überhängend. Zweireihig angeordnete, wechselständige Blätter breit-elliptisch bis oval-lanzettlich, in der Regel etwas aufgerichtet. Weiße Blüten an den Zipfeln berandet, bis 2 cm lang; oft einzeln, manchmal auch zu 2 in den Blattachseln; duftend (Name). Bläulichschwarze Beeren 6 mm Durchmesser.

**Standort:** Lichte Laub- und Mischwälder (Buchen und Eichen), seltener Nadelforste (Kiefern), steinige und buschige Hänge.

**Verbreitung:** Fast ganz Europa. In Deutschland verbreitet bis zerstreut, im Nordwesten selten oder ganz fehlend.

**Blütezeit:** Mai und Juni. **Früchte:** *Giftig!*

**Allgemeines:** Auch als **Gemeine** oder **Echte Weißwurz** oder **Salomonssiegel** bekannt.

## Lorbeer *(Laurus nobilis)* Lorbeergewächse

**Merkmale:** Immergrüner, bis über 10 m hoher Strauch oder Baum, der ein Alter von über 100 Jahren erreichen kann. Lanzettliche, am Rand gewellte Blätter bis 3 cm breit und bis 10 cm lang, beim Zerreiben stark aromatisch riechend. Gelbe Blüten zu 4–6 blattachselständig, die männlichen mit 8–12 Staubblättern, die weiblichen mit einem Fruchtknoten und 2–4 unfruchtbaren Staubblättern.

**Standort:** Gebüsch, Hecken, Hänge, gern auf feuchten Böden; häufiger Zierbaum.

**Verbreitung:** Mittelmeergebiet, im Norden bis zu den Südalpen, hauptsächlich am Gardasee.

**Blütezeit:** März und April.

**Allgemeines:** Im Altertum stand der Lorbeerbaum in hohem Ansehen. Außer Dichtern wurden vor allem siegreiche Heerführer mit Lorbeerkränzen geehrt. *Heilpflanze Seite 260.*

Beeren nicht eßbar

## Ähriges Christophskraut

*(Actaea spicata)* Hahnenfußgewächse

**Merkmale:** 30 bis 60 cm hohe Pflanze ohne Grundblätter. Die langgestielten, doppelt-3zählig gefiederten Stengelblätter erreichen eine Länge von 20 bis 30 cm. Sie verbreiten einen scharfen, unangenehmen Geruch, vor allem, wenn man sie zwischen den Fingern zerreibt. Kleine, weiße Blüten in dichten, eiförmigen Trauben. Frucht eine erst grüne, dann glänzend schwarze Beere.
**Standort:** Schattige Berg- und Schluchtwälder, Laubmischwälder, hauptsächlich auf Kalk.
**Verbreitung:** Fast ganz Europa, jedoch meist auf die Gebirge beschränkt. In Deutschland zerstreut, nur in den Alpen verbreitet.
**Blütezeit:** Mai bis Juli. **Früchte:** *Giftig!*
**Vermehrung:** Durch Samen. Lockt mit reicher Pollenerzeugung vor allem Käfer an, die als Bestäuber dienen.

## Purgier-Kreuzdorn

*(Rhamnus cathartica)* Kreuzdorngewächse

**Merkmale:** Bis 3 m hoher Strauch oder bis 8 m hoher Baum mit schwärzlicher Rinde und aufrechten oder aufsteigenden Ästen. Zweigspitzen meist dornig. Gegenständige, rundliche bis breit-eiförmige Blätter, am Rand fein kerbig gesägt, mit 3–5 bogenförmig zur Spitze hin verlaufenden Nervenpaaren, 3–6 cm lang; Blattstiel 2 bis 4mal so lang wie die Nebenblätter. Unscheinbare, gelblichgrüne Blüten, 4zählig, in Knäueln zu 2–8 in den Blattachseln. 6–8 mm große, blauschwarze Steinbeere; *giftig!*
**Standort:** Lichte, sonnige Wälder, Waldränder, Hecken und Hänge; kalkliebend.
**Verbreitung:** Mittel- und Südeuropa. Im Norden bis Südskandinavien. Kommt in Deutschland verbreitet bis zerstreut vor.
**Blütezeit:** Mai und Juni.

## Kirschlorbeer, Lorbeer-Kirsche

*(Prunus laurocerasus)* Rosengewächse

**Merkmale:** Immergrüner Strauch, bis 6 m hoch. Blätter wechselständig, groß, verkehrt-eiförmig, gesägt, lorbeerartig, nicht abfallend, lederig, glänzend dunkelgrün. Blüten in aufrechten Trauben angeordnet, weiß, mit 5 Kronblättern und einem einsamigen Fruchtknoten. Frucht kugelig bis eiförmig, schwarz. Kern eiförmig, spitz. Früchte ohne Blausäureglykoside, die jedoch in den vom Kern umschlossenen Samen enthalten sind, deshalb *giftig.*
**Standort:** Gebüsche.
**Verbreitung:** Südöstliches Mittelmeergebiet bis Türkei, bei uns als Zierpflanze angebaut.
**Blütezeit:** April bis Mai.
**Allgemeines:** Aus den Blättern wird das Kirschlorbeerwasser destilliert, die Blätter sind roh *giftig.*

## Faulbaum

*(Rhamnus frangula)* Kreuzdorngewächse

**Merkmale:** 1–3 m hoher Strauch mit graubrauner Rinde, die grauweiße Korkwalzen aufweist. Wechselständige, ganzrandige Blätter, rundlich bis eiförmig-elliptisch, 2–5 cm lang. Unscheinbare, 5zählige Blüten grünlich-weiß, zu 2–10 in den Blattachseln. Die kugelige Steinfrucht mißt 5–8 mm; sie ist erst rot, später dunkelblau oder schwarzviolett.
**Standort:** Lichte Laub- und Mischwälder, Waldränder, auch Auwälder und Moore, Erlenwälder und Weidengebüsch; gern auf feuchten oder gar nassen Lehm- und Tonböden.
**Verbreitung:** Fast ganz Europa. In Deutschland verbreitet und meist häufig.
**Blütezeit:** Mai und Juni.
**Früchte:** *Schwach giftig!*
*Heilpflanze Seite 249.*

Beeren nicht eßbar

## Liguster *(Ligustrum vulgare)* Kreuzdorngew.

**Merkmale:** Bis 5 m hoher, dichter Strauch. Gegenständige, ei-lanzettliche Blätter, ganzrandig und lederartig, 5–8 cm lang, nicht selten den Winter grün überdauernd. Kleine, weiße Blüten mit 4zipfeliger, flach ausgebreiteter Krone, in 4–6 cm langen, endständigen Rispen, süß duftend. Frucht eine rundliche, schwarze Beere.
**Standort:** Lichte Laub- und Mischwälder, Waldränder, Gebüsche, sonnige Hänge, Weidegehölz, Auwälder; häufig in Parks und als Hekken gepflanzt. Bevorzugt kalkhaltige Böden; im Gebirge bis in Höhen um 1000 m.
**Verbreitung:** Fast ganz Europa, im Norden bis Südskandinavien. In Deutschland verbreitet bis zerstreut, im Norden seltener.
**Blütezeit:** Juni und Juli.
**Früchte:** *Stark giftig!* Verursachen Darmentzündung, Krämpfe und Erbrechen.

## Gemeiner Efeu *(Hedera helix)* Efeugewächse

**Merkmale:** Auf dem Boden kriechende oder mit Haftwurzeln bis 20 m hoch kletternde, immergrüne verholzende Pflanze (Liane). Blätter der blühenden Triebe ei-rautenförmig und lang-zugespitzt; Blätter der nichtblühenden Triebe 3- bis 5eckig gelappt und 2zeilig gestellt. Unscheinbare, grünliche Blüten in einfachen, halbkugeligen Dolden. Kugelige Früchte zunächst rötlich-violett, später dunkelbraun und schließlich blauschwarz.
**Standort:** Wälder, Felsen, Mauern, Ruinen; gedeiht auf lehmigem und kalkhaltigem Grund besonders gut, wächst aber auf allen Böden.
**Verbreitung:** Fast ganz Europa. In Deutschland verbreitet und meist häufig.
**Blütezeit:** September und Oktober.
**Früchte:** Besonders *giftig!* Ihr Genuß kann für Kinder tödlich sein. *Heilpflanze Seite 255.*

## Wilder Wein, Dreilappige Jungfernrebe *(Parthenocissus tricuspidata)* Weinrebengew.

**Merkmale:** Holzige, rankende Pflanze, bis mehrere Meter hoch. Die Blätter stecken entweder einzeln am Knoten, und ihnen steht dann eine Ranke oder ein Blütenstand gegenüber, oder sie stehen zu zweit. Sie sind handförmig spitz, 3zipflig, glatt glänzend und kräftig, deutlich gestielt. Die Ranken sind verzweigt, zart, sie enden in flachen, runden Haftscheiben. Kleine Blüten in zarten Rispen, grün, 4–5zählig. Die kleinen blauschwarzen, saftigen und schwach bereiften Beeren sind ungenießbar. **Standort:** Laubwaldränder, an Häusern und Bäumen.
**Verbreitung:** Heimisch in Ostasien, bei uns hier und dort verwildert. **Blütezeit:** Juni.
**Allgemeines:** Die **Fünfblättrige Jungfernrebe** *(P. quinquefolia)* hat 6–7 elliptische Teilblättchen.

## Schwarze Krähenbeere *(Empetrum nigrum)* Krähenbeerengewächse

**Merkmale:** 20–50 cm hoher Zwergstrauch mit niederliegend-ausgebreiteten Sprossen, die größere Teppiche bilden können. Glänzende, fast sitzende Blätter, auf der Unterseite mit tiefer Längsfurche, am Rand eingerollt, etwa 3–4mal so lang wie breit, nadelförmig. Unscheinbare, rosafarbene oder purpurne Blüten, eingeschlechtig. Beerenartige, 5 mm große und schwarzglänzende Steinfrucht.
**Standort:** Torfmooere, Heiden, alpine Matten, Dünen, Nadelwälder; braucht sauren, sandigen und lockeren Boden.
**Verbreitung:** Nord- und Mitteleuropa. Kommt in Deutschland im Norden verbreitet, in den Mittelgebirgen zerstreut bis selten vor, sonst fehlend, zurückgehend.
**Blütezeit:** Mai/Juni. **Früchte:** Ungenießbar.

Beeren nicht eßbar

## Roter Hartriegel *(Cornus sanguinea)*

Hartriegelgewächse

**Merkmale:** 2–5 m hoher Strauch mit braungrünen, oft rötlich überlaufenen Zweigen, die im Herbst und Winter blutrot sind. Eiförmige, beiderseits grüne Blätter zwischen 5 und 8 cm lang, mit 3 oder 4, manchmal auch 5 Nervenpaaren. Weiße, 4zählige Blüten in flachen Trugdolden angeordnet. Kugelige, beerenartige, blauschwarze Steinfrüchte.
**Standort:** Laub- und Mischwälder, Gebüsche, Waldränder, Hecken; bevorzugt lehmige und kalkreiche Böden.
**Verbreitung:** In Deutschland im allgemeinen verbreitet, im Norden jedoch nur zerstreut und auf sauren Böden oft ganz fehlend.
**Blütezeit:** Mai und Juni.
**Früchte:** Werden als ungenießbar angesehen. Die Samen können zu einem Öl mittlerer Qualität verarbeitet werden (Seifenherstellung).

## Blaue Heckenkirsche

*(Lonicera coerulea)* Geißblattgewächse

**Merkmale:** 1–1,5 oder auch 2 m hoher Strauch. Ei-rundliche bis längliche Blätter, 2 bis über 5 cm lang. 1,5–2 cm große Blüten jeweils zu zweit auf einem gemeinsamen, höchstens 1 cm langen Stiel; Fruchtknoten und Früchte eines jeden Blütenpaares sind ganz oder zumindest fast ganz miteinander verwachsen. Als Früchte findet man schwarzblau bereifte Beeren; *giftverdächtig*!
**Standort:** Feuchte Bergwälder, moorige Nadelwälder, Zwergstrauchgesellschaften, Hochmoorheiden, Latschenregion; braucht feuchte und saure Böden, meidet Kalk.
**Verbreitung:** Nordeuropa und Gebirge Mitteleuropas. Kommt in Deutschland nur selten bis zerstreut in den Alpen, im Vorland und sehr selten im Bayerischen Wald vor.
**Blütezeit:** Juni und Juli.

## Schwarze Heckenkirsche

*(Lonicera nigra)* Geißblattgewächse

**Merkmale:** 1–2 m hoher, aufrechter und kahler Strauch. Ei-längliche bis breit-eiförmige Blätter, meist kurz zugespitzt. Die blaßroten oder weißlichen Blüten sitzen jeweils paarweise auf einem gemeinsamen, 2–4 cm messenden Stiel. Schwarze, bläulich bereifte Beeren.
**Standort:** Gebirgs- und Schluchtwälder, Bergmischwälder, Gebüsche, Strauchheiden; gern auf feuchten und kalkarmen Böden; im Gebirge bis in 1600 m Höhe.
**Verbreitung:** Mittel- und Südeuropa, jedoch nur in höheren Lagen und im Gebirge. Kommt in Deutschland zerstreut in den Alpen und in den Mittelgebirgen vor, nördlich bis zur Rhön.
**Blütezeit:** April und Mai.
**Früchte:** Die *giftverdächtigen* Beeren erregen meist heftiges Erbrechen und Durchfall.

## Zwerg-Holunder

*(Sambucus ebulus)* Geißblattgewächse

**Merkmale:** 50 bis 200 cm hohe, krautige Pflanze, mit widerlichem Geruch. Gefiederte Blätter mit fein gesägten, lanzettlichen Fiedern; laubige Nebenblätter lanzettlich, gesägt. Kleine, weiße oder rosafarbene Blüten mit roten Staubbeuteln in 7 bis 10 cm großen Trugdolden. Kugelige Frucht 4 mm groß, schwarz.
**Standort:** Waldlichtungen, Wegränder, Kahlschläge, Gebüsche; gern auf feuchten, steinigen Böden; bis in Höhen von 1300 m.
**Verbreitung:** Mittel- und Südeuropa, in Südskaninavien und auf den Britischen Inseln eingebürgert. In Deutschland im Süden zerstreut, im Norden selten, vielfach nur eingeschleppt.
**Blütezeit:** Juni bis August. **Früchte:** *Giftig!*
**Allgemeines:** Wird auch **Zwergblatt** oder **Attich** genannt. *Heilpflanze Seite 260.*

Beeren nicht eßbar

## Tollkirsche

*(Atropa belladonna)* Nachtschattengewächse

**Merkmale:** 50 bis 150 cm hohe, reichästige Pflanze. Ganzrandige, eiförmige Blätter bis über 15 cm lang, im Bereich des Blütenstandes paarweise genähert, wobei jeweils ein Blatt größer ist als das andere. Blüten meist einzeln in den Blattachseln, mit glockiger, 2–2,5 cm langer Krone, die außen braunviolett und innen gelbgrün gefärbt ist. Frucht eine schwarzglänzende Beere.
**Standort:** Laub- und Mischwälder, Kahlschläge, Waldwege, vor allem im Bergland. Gern auf Kalkböden; bis in 1700 m Höhe.
**Verbreitung:** Mittel- und Südeuropa. Kommt in Deutschland zerstreut vor, im Norden selten.
**Blütezeit:** Juni bis August.
**Früchte:** Die etwa kirschgroßen Beeren sind so *giftig,* daß schon 3 oder 4 Stück für Kinder den Tod bedeuten können.

## Mistel *(Viscum album)* Mistelgewächse

**Merkmale:** Immergrüner, 20–80 cm hoher Strauch, der als Halbschmarotzer auf Bäumen wächst. Ledrige, lanzettliche bis spatelige Blätter jeweils zu zweit an den Enden der Gabelzweige. Unscheinbare, gelbliche Blüten in sitzenden, endständigen Trugdolden. Frucht eine beerenartige Scheinfrucht, je nach Wirtspflanze und Unterart verschieden groß und weiß oder gelblich gefärbt.
**Standort:** Je nach Unterart auf Laubbäumen, wie Weiden und Pappeln, Apfel- und Birnbäumen und auf Nadelbäumen.
**Verbreitung:** Mittel- und Südeuropa, im Norden bis Südskandinavien. Kommt in Deutschland selten bis zerstreut vor.
**Blütezeit:** März bis Mai.
**Vermehrung:** Durch Samen. Verbreitung der für uns *giftigen* Beeren vor allem durch Drosseln. *Heilpflanze Seite 253.*

## Schwarzer Nachtschatten

*(Solanum nigrum)* Nachtschattengewächse

**Merkmale:** 10 bis 60 cm hohe Pflanze mit verzweigten Stengeln, die nicht wie die des ähnlichen **Gelben Nachtschattens** dicht bis zottig behaart sind, sondern fast kahl wirken oder höchstens locker behaart sind. Buchtig gezähnte oder ganzrandige Blätter, dreieckig-eiförmig bis lanzettlich. Weiße Blüten mit flach ausgebreiteter, 5zipfeliger Krone, in lockeren Blütenständen angeordnet. Reife Beeren meist schwarz, seltener auch grünlichgelb.
**Standort:** Schuttplätze, Gärten, Äcker; gern auf stickstoffhaltigen Lehmböden sowie an warmen Stellen; bis in Höhen um 1000 m.
**Verbreitung:** Ganz Europa. In Deutschland verbreitet, in höheren Lagen seltener.
**Blütezeit:** Juni bis Oktober.
**Früchte:** *Giftig!*

## Schneebeere *(Symphoricarpos rivularis)*

Geißblattgewächse

**Merkmale:** Kahler, 1–3 m hoher Strauch mit dünnen, vierkantigen Zweigen. Bläulichgrüne, breit-ovale bis rundlich-elliptische Blätter um 4 cm lang, einfach oder gelappt. Rosafarbene, glockenförmige Blüten, etwa 5 mm lang, in endständigen Scheinähren. Als Früchte findet man kugelige, weiße Beeren mit wabig-schaumigem Fleisch.
**Standort:** Oft in Gärten und als Hecken angepflanzt. Verwildert siedelt sich die Schneebeere in Auwäldern, in Gebüschen, an felsigen Stellen und in Bachgehölzen an.
**Verbreitung:** Herkunftsland Nordamerika. In großen Teilen Mitteleuropas seit langem als Kulturpflanze und verwildert anzutreffen, auch in Deutschland. Inzwischen völlig eingebürgert, aber noch verhältnismäßig selten in der freien Natur. **Blütezeit:** Juni bis August.

Beeren
nicht eßbar

Beeren
nicht eßbar

Die Restnatur hochindustrialisierter Länder kann langfristig und sinnvoll nur erhalten werden, wenn die Menschen eine lebendige und bejahende Beziehung zu ihr pflegen. Kräuterkundige trugen sicher noch nie zur Ausrottung oder Gefährdung einer Pflanzenart bei. Wer sich wirklich darum bemüht, Wildpflanzen zu kennen, was ja immer auch heißt, sie an ihren Standorten aufzusuchen, und wer sie im nichtgewerblichen Rahmen nutzt, der ist ihnen auch zugeneigt. Man schützt, was man schätzt.

Keine unserer heimischen als Salat oder Gemüse verwertbaren Wildpflanzen kann man massenhaft verzehren oder gar verkaufen; ein Mißbrauch dieser Art liegt deshalb nicht nahe. Wohl aber ist Mißbrauch denkbar, etwa wenn kleinere Pflanzenbestände eines Biotops vollständig abgeerntet würden. Wildpflanzen, die man einzeln oder nur in kleinen Gruppen findet, schließen vernünftigerweise jede Nutzung aus.

Ein Großteil der im folgenden dargestellten eßbaren Pflanzen wächst vielerorts massenhaft und krautreich, so das hartnäckige Gartenunkraut Geißfuß oder Giersch, so Acker-Senf, Melde- und Kohldistelarten, Schafgarbe, Wiesen-Löwenzahn, Wegerich-Arten, Brennesseln und viele andere. An keinem ihrer Allerweltsstandorte wird man diese Pflanzen auch bei regelmäßiger Entnahme jemals gefährden.

Unsere Feldführerreihe wurde mit europaweitem Geltungsbereich angelegt, sie umfaßt deshalb auch das Mittelmeergebiet. Einige Wildpflanzen dieses warmen Klimaraumes werden dort seit jeher als Gemüse genutzt, erreichen aber südlich oder nördlich der Alpen eine natürliche Grenze ihrer Verbreitung. Hier sind sie deshalb auch ohne menschlichen Einfluß selten oder fehlen ganz. So gehört der Gekielte Lauch in Deutschland zu den botanischen Kostbarkeiten, er ist bei uns vollständig geschützt. Kein wirklicher Naturfreund wird ihn hier pflücken und essen, während er in Südeuropa wie andere Arten der Gattung Allium ohne Gefährdung seiner Art genutzt wird. Weil unsere Naturführer auch in Ländern Südeuropas erscheinen, konnte auf solche, dort zu Recht gebräuchliche Wildgemüsepflanzen nicht verzichtet werden – Texthinweise auf Seltenheit, Gefährdung oder gesetzlichen Schutz der Art informieren den Leser.

Beim Sammeln von Wildgemüse nimmt man zweckmäßigerweise von vielen Pflanzen etwas, so daß sie auch nach einer maßvollen Blatternte weiterwachsen können. Das gilt für einige Massenpflanzen, wie etwa den Löwenzahn, nicht. Bei ihm sticht man mit dem Messer die junge Blattrosette sogar mit einem kleinen Teil der Wurzel aus, was diese vitale Pflanze keineswegs umbringt, sondern zum unverzüglichen Nachtreiben aus der kräftigen Pfahlwurzel veranlaßt.

Die meisten Wildgemüse sammelt man im Frühjahr und Frühsommer. Pflanzengewebe sind dann noch saftig und zart, sie enthalten verhältnismäßig viel Eiweiß, während sie im Hochsommer und Herbst derber und trockener werden. Zu dieser Zeit bilden viele Pflanzen tragfähige Stengel für ihre Blüten- und Samenstände aus. Verdauliche Zucker- und Eiweißverbindungen der grünen Pflanzengewebe verwandeln sich dann in Stützgewebe aus unverdaulicher Zellulose.

Im Frühling haben wir den größten Bedarf an frischem Grün mit seinen Vitaminen, Mineralien und Spurenelementen und wir haben dann auch das stärkste Bedürfnis, in die erwachende Natur hinauszugehen, um teilzuhaben an dem jährlich sich erneuernden Kleid der Erde.

## **Bären-Lauch** *(Allium ursinum)*

Liliengewächse

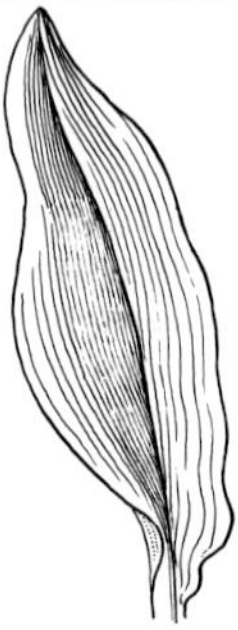

**Merkmale:** Ausdauernde, bis 50 cm hohe Pflanze, die besonders in der Nachblüte aufdringlich nach Lauch riecht. Zwiebel sehr schmal, länglich bis 6 cm lang, meist ohne oder mit nur sehr wenigen Nebenzwiebeln. Die Zwiebelhäute durchsichtig, weißlich oder gelblich, zuletzt bis auf wenige Borsten verschwindend. Der Stengel ist aufrecht, meist 3kantig, nicht hohl, nur ganz unten beblättert. Die 2–3 grundständigen Blätter langgestielt, flach, elliptisch-lanzettlich, spitz, am Grund in den Stiel verschmälert, umgewendet, d.h. die Oberseite dem Boden zugewendet. Die weißen Blüten in flachen, lockeren, 6–20blütigen Scheindolden, die 2–3 Hüllblätter etwa so lang wie die Blütenstiele, eiförmig länglich, zugespitzt, früh abfallend. Blütenstiele aufrecht, gerade, etwa 2 cm lang. Die 6 Blütenhüllblätter in zwei Kreisen, lanzettlich, spitz, aufrecht abstehend. Die 6 Staubblätter halb so lang, nur an der Basis verbunden. Fruchtknoten oberständig, 3blättrig. Fruchtstiele unter der Kapsel stark angeschwollen.
**Standort:** Zerstreut, aber in großen Beständen in schattigen und humusreichen Laubwäldern, Auen, Schluchten, an Bächen, bis in die Voralpen zu finden.
**Verbreitung:** Fast ganz Europa, selten im Mittelmeergebiet. **Blütezeit:** April bis Juni.
**Verwendung:** Die jungen Blätter vor der Blüte geerntet, kleingehackt zu Salaten, Saucen, Suppen und Gemüse. Ihr knoblauchähnlicher Geschmack ist milder als beim Garten-Knoblauch und verursacht, in mäßigen Mengen genossen, keinen lästigen Geruch. Auch die größeren Blätter des Bären-Lauchs bleiben bis zur Blüte fleischig-zart, so daß man sie vorteilhaft als vitaminreiche Rohkost nutzt.
Um die Bestände des nur örtlich massenhaft wachsenden **Wilden Knoblauchs** zu schonen, sollte man jeder Pflanze nur 1–2 Blätter entnehmen.

## **Goldgelber Lauch** *(Allium moly)*

Liliengewächse

Ø

**Merkmale:** Ausdauernd, bis 35 cm hoch, Stengel aufrecht, kantig. Zwiebel fast kugelig, bis 2,5 cm im Durchmesser, trockenhäutig. Die Blätter sind grundständig, länglich-lanzettlich bis lanzettlich, an ihrer Unterseite gekielt, graugrün. Die gelben, außen grünlich gezeichneten Blüten stehen in bis 7 cm im Durchmesser messenden, vielblütigen, eckigen oder kreisförmigen Scheindolden, die entweder keine Brutzwiebeln tragen oder, aber seltener, wenigblütig sind und Brutzwiebeln ausbilden. Hülle 2klappig, kürzer als die Blütenstiele, ausdauernd. Die Blütenstiele sind aufrecht, bis 35 mm lang, aber ungleich. Blütenhülle sternförmig, die 6 Blütenblätter in 2 Kreisen angeordnet, die 3 äußeren elliptisch, die inneren verkehrtlanzettlich, spitz. Die 6 Staubblätter kürzer als die Blütenhülle, Staubfäden gelb, einfach. Fruchtknoten oberständig, 3fächrig, nicht kantig. Kapsel von den ausdauernden und anliegenden Blütenhüllblättern umgeben.
**Standort:** Schattige Gebirgsfelsen.
**Verbreitung:** Südwestliches Frankreich und Ostspanien.
**Blütezeit:** Mai.
**Verwendung:** Die jungen Blätter werden kleingehackt und wie andere Lauchgewächse als Würze zu Salat, Suppen und Gemüsegerichten genommen. Die kräftig nach Knoblauch riechende Zwiebel wird wie dieser gebraucht.
**Allgemeines:** Neben vielen anderen rosarot, dunkelrot oder auch blaublühenden verwandten Arten findet man besonders den Goldgelben Lauch als Zierpflanze in Gärten. Die bekanntesten Kulturarten aber sind die **Küchenzwiebel** *(A. cepa)*, der **Knoblauch** *(A. sativum)*, der **Porree** oder **Winter-Lauch** *(A. porrum)*, der als die mildeste Art gilt, der **Schnittlauch** *(A. schoenoprasum)* und die **Schalotte** *(A. ascalonicum)*.

## Gekielter Lauch *(Allium carinatum)* Ø — Liliengewächse

**Merkmale:** Ausdauernde Pflanze, bis 60 cm hoch. Zwiebeln mit längsfaserigen, meist dunkelfarbigen Häuten. Stengel aufrecht, rundlich. Blätter schmal bis breit linealisch-elliptisch, fast flach, oberseits schwach rinnig, mit stumpfer Spitze, Rand glatt oder ganz fein gezähnt, unterseits mit 3–5 hervortretenden Nerven. Die rosaroten bis dunkelvioletten Blüten stehen in ziemlich großen, lockeren, vielblütigen Scheindolden, die meist Brutzwiebeln tragen. Gelegentlich entwickeln sich in der Scheindolde nur Brutzwiebeln und keine Blüten. Hülle 2klappig, meist länger als die Scheindolde. Die bis 4 cm langen, dünnen Blütenstiele nickend. Die 6 Blütenhüllblätter in zwei Kreisen angeordnet, verkehrt-eiförmig, abgerundet, an den Spitzen zusammenneigend, scharf gekielt. Die 6 Staubblätter fast doppelt so lang wie die Blütenhülle. Fruchtknoten oberständig, 3blättrig. Frucht eine Kapsel.

**Standort:** An steinigen, buschigen Stellen, an Wald- und Wegrändern, auf Heide und Moorwiesen, bis in die alpine Stufe ansteigend.

**Verbreitung:** Zerstreut in Süd- und Westeuropa, in Mitteleuropa selten, nördlich bis Südschweden und den Britischen Inseln.

**Blütezeit:** Juni bis August.

**Verwendung:** Wie Bären-Lauch. Wo die Art selten ist, wie in Mitteleuropa, darf sie **nicht gesammelt** werden.

**Allgemeines:** Gleiche Verwendung finden der **Gemüse-** oder **Kohl-Lauch** *(A. oleraceum)*, dessen Blätter halbstielrund und oberseits rinnig, dessen weißlich grüne oder braunrötliche Blütenhüllblätter etwa so lang wie die Staubblätter sind. Im Elsaß heißt der Gekielte Lauch auch **Katzen-Knoblauch,** in der Schweiz **Wilder Knoblauch** oder **Wilder Schnittlauch.** Der typische Geruch aller dieser Arten ist auf das ätherische Knoblauchöl zurückzuführen.

## Affodil *(Asphodelus ramosus)* — Liliengewächse

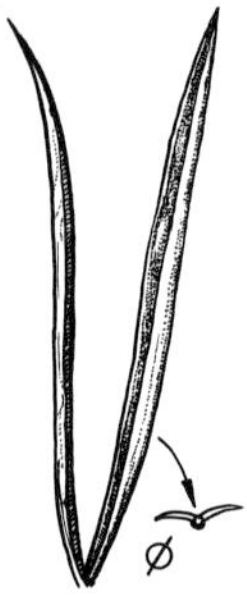

**Merkmale:** Ausdauernde, bis 1,5 m hohe Pflanze mit einem kurzen Wurzelstock und rübenförmigen, fleischig verdickten Wurzeln. Der Stengel ist aufrecht und nicht hohl, blattlos, meist sehr reich verzweigt, wobei die Seitenzweige etwa so lang wie der Haupttrieb sind. Alle Blätter grundständig, schmal-linealisch, bis 40 cm lang und etwa 3 cm breit, flach, am Ende zugespitzt, am Grund häutig-stengelumfassend, leicht gekielt. Die zahlreichen weißlichen oder leicht rosa Blüten stehen in sehr dichten, endständigen Rispen. Tragblätter ausdauernd, blaßgrün oder häutig, später braun werdend. Blütenstiele gegliedert. Die 6 Blütenhüllblätter trichterförmig abstehend, bis 20 mm lang, lanzettlich oder schmal-eiförmig, stumpf. Die 6 Staubblätter lang, Staubfäden am Grund verbreitert. Fruchtknoten oberständig, Griffel fadenförmig. Frucht eine fachspaltige, eiförmige, bis 14 mm lange Kapsel mit 6 schwarzen Samen.

**Standort:** Sonnige, steinige Hänge, offene Wälder, Bergheiden.

**Verbreitung:** Südwestliches Europa, östlich bis in den Südwesten Griechenlands.

**Blütezeit:** Mai.

**Verwendung:** Eine seit dem Altertum hochgeschätzte Pflanze, sowohl in der Heilkunde wie zum Verzehr, wobei Samen, Stengel und Knollen genommen werden können; es waren die sogenannten Kartoffeln der Alten. In Griechenland wird aus den Knollen Zucker gewonnen.

**Allgemeines:** Der Affodil, auch als **Rote Berglilie** oder **Gelbwurzel** bekannt, wird schon von Homer für die Gärten der Unterwelt zitiert. Die Wurzelknollen des **Weißen Affodil** *(A. albus)* werden wie die der oben genannten Art genutzt. Den in ihnen enthaltenen, sehr reichlichen Schleim nimmt man als Klebemittel. Der Weiße Affodil hat unverzweigte oder nur sehr wenig und kurz verzweigte Blütenstände. Er gilt als Sinnbild der Trauer.

## **Strauchiger** oder **Spitzblättriger Spargel** *(Asparagus acutifolius)* — Liliengewächse

**Merkmale:** Ausdauernde, strauchige, unten verholzende Pflanze mit dickem, fleischigem Wurzelstock aus dem die Schößlinge, mit spiralig angeordneten Schuppenblättern besetzt, treiben. Die Stengel sind kantig und verzweigt, die Seitenzweige flaumig behaart. Die Stengel tragen nur kleine, schmale, schuppenförmige Blätter, aus deren Achseln die Scheinblätter wachsen. Diese steif und linealstielrundlich. Die Blütenstiele stehen am Grund der Scheinblätter. Die Blüten sind klein und unscheinbar, meist männliche und weibliche getrennt. Die Blütenhülle ist glockenförmig, 6spaltig, früh abfallend. Die 6 Staubblätter am Grund mit der Blütenhülle verwachsen. Die kurzen Griffel mit 3 abstehenden Narben. Die Frucht ist eine kugelige, wenigsamige rote Beere, die schwarzrunzeligen Samen sind kugelig zusammengedrückt.

**Standort:** In Gebüschen und buschigen Felshängen.

**Verbreitung:** Mittelmeergebiet.

**Blütezeit:** Mai.

**Verwendung:** Die jungen Sprossen als »Spargel«-Gemüse. Aus den Wurzeln wurde ein heilkräftiger Spargelsirup hergestellt. Die Samen dienten auch schon als Kaffeesurrogat.

**Allgemeines:** Bereits von den alten Ägyptern wurde der Spargel hochgeschätzt und kultiviert, in Deutschland wohl erst seit dem 16. Jahrhundert. Am bekanntesten ist der **Speise-Spargel** *(A. officinalis)* mit vielen Kultursorten. Doch auch die im Mittelmeergebiet heimischen, wilden Spargel können alle gegessen werden und haben einen sehr herzhaften Geschmack, z. B.: der **Zartblättrige Spargel** *(A. tenuifolius),* der zuweilen als Zierpflanze in Gärten steht und der dem Speise-Spargel sehr ähnliche *A. maritimus,* im Geschmack etwas bitterlich, mit einem rauhen und holzigeren Stengel.

*Heilpflanze Seite 252.*

## **Strand-Dreizack** *(Triglochin maritima)* — Blumenbinsengewächse

**Merkmale:** Ausdauernde, kräftige, chlorähnlich riechende, bis 75 cm hohe Pflanze. Der kurze dicke und waagerecht liegende oder schief aufsteigende Wurzelstock ist mit den Blattscheiden der abgefallenen Blätter bedeckt und bildet keine Ausläufer. Der aufrechte, fleischige Stengel wird bis 4 mm dick. Alle Blätter grundständig, schmal-linealisch bis halbzylindrisch rinnig, grasartig, fleischig, bis 4 mm dick und am Grund scheidig verbreitert. Die kleinen grünlichen Blüten sind zwittrig und stehen in dichten, vielblütigen, endständigen Trauben. Blütenstiele bis 4 mm lang, aber kürzer als die Frucht. Die 6 Blütenhüllblätter ordnen sich in zwei Kreise, sie werden nach oben hin leicht rötlich; 6 Staubblätter. Die 6 länglichen Fruchtblätter mit 6 kleinen, wulstigen Narben sind einsamig; sie zerfallen in 6 Teilfrüchte. Die Früchtchen aufrecht, länglich eiförmig, bis 6 mm lang, am Grund abgerundet und an ihrer Spitze etwas zusammengeschnürt.

**Standort:** Zerstreut, aber gesellig auf Salzwiesen und am Strand, vereinzelt im Binnenland.

**Verbreitung:** Auf der Nord- und Südhalbkugel verbreitet. In Europa südlich bis Portugal, Nord- und Mittelitalien, Bulgarien; nicht auf den Atlantischen Inseln, allgemein eher in gemäßigten und kälteren Regionen.

**Blütezeit:** Mai bis August.

**Verwendung:** Die jungen Blätter werden vor der Blüte geerntet, ihr Geschmack ist fade salzig, doch nach dem Kochen verschwindet der eigenartige Geruch. Die Pflanze ergibt ein sehr wohlschmeckendes, spinatähnliches Gemüse. In Nordwestdeutschland kennt man sie als **Röhr** oder **Röhlk,** sie wird als Frühjahrskohl gegessen. Auch die Früchte können genutzt werden, die Indianer Nordamerikas verzehren sie geröstet. Wegen des in ihnen enthaltenen Natriumkarbonats wurde die Pflanze in Südeuropa zu Sodabereitung verwendet.

Wild-
gemüse

Wild-
gemüse

## **Große Brennessel** *(Urtica dioica)* 

Brennesselgewächse

**Merkmale:** Ausdauernde, je nach Standort unterschiedlich hohe (von 30 cm bis über 1 m), unverzweigte, gesellig wachsende Staude. Die männlichen und weiblichen Blüten sitzen auf jeweils verschiedenen Pflanzen; man nennt solche Arten zweihäusig. Die Blätter ordnen sich gegenständig und kurz gestielt um den kantigen Stengel. Die Blattfläche ist spitz eiförmig bis herzförmig, grob gezähnt, die Nebenblätter an der Basis des Blattstiels sind schmal. Die Blüten bilden Teilblütenstände in den Achseln der oberen Blätter. Sie richten sich bei den männlichen Pflanzen schräg nach oben und hängen bei den weiblichen nach der Befruchtung herab. Die unscheinbaren Einzelblüten sitzen auf langen Stielen. Die männlichen Blüten enthalten 4 Staubblätter, die vor den etwa gleich großen Blütenhüllblättern stehen. Die weiblichen Blüten tragen ungleich große Blütenhüllblätter. Der Fruchtknoten ist oberständig mit pinselförmiger Narbe und wird bei Fruchtreife von den langen Blütenhüllblättern eingeschlossen.
Die ganze Pflanze trägt Brennhaare.

**Standort:** Typische Unkrautpflanze. Meist in großen Gruppen auf stickstoffreichen Böden wachsend. An Wegrändern, Zäunen, Waldlichtungen und Ufern bis in alpine Stufen.

**Verbreitung:** Auf der ganzen nördlichen Halbkugel.

**Blütezeit:** Juni bis November.

**Verwendung:** Junge Triebe als Spinat, in Kräutersuppen und roh (abgebrüht!) mit Frischkräutern. Frisch oder getrocknet als Tee verwendbar.

**Allgemeines:** Die Große Brennessel ist schon seit alters her eine vielfältig genutzte Pflanze unserer Flora. Neben ihrer Verwendung als Wildgemüse und Heilpflanze hatte sie bis ins 18. Jahrhundert Bedeutung als Faserpflanze (Nessel aus Fasern des Stengelgewebes).
*Heilpflanze Seite 252.*

## **Kleine Brennessel** *(Urtica urens)*

Brennesselgewächse

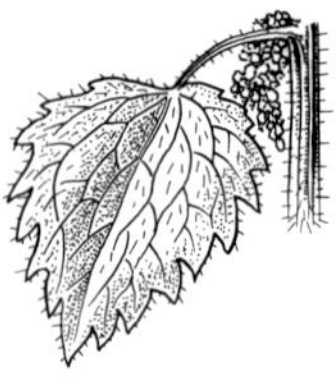

**Merkmale:** Einjähriges, aufrechtes bis aufsteigendes, bis 60 cm hohes Kraut. Völlig und ausschließlich mit Brennhaaren besetzt. Stengel 4kantig. Blätter gegenständig, besonders die unteren lang gestielt, mit lanzettlichen Nebenblättern. Blattfläche von elliptischer bis spitz eiförmiger Gestalt, am Rand ziemlich tief gesägt. Blüten in Teilblütenständen in den Achseln der oberen Blätter angeordnet. Die Blüten sind klein, hellgrün, getrenntgeschlechtig, aber auf einer Pflanze vorkommend. Meist sind mehr weibliche als männliche Blüten auf einer Pflanze anzutreffen. Die Blüte besteht nur aus vier, innen beborsteten Blütenhüllblättern. Bei den männlichen Blüten stehen vier Staubblätter vor den etwa gleich großen Blütenhüllblättern. Die weiblichen Blüten kennzeichnen sich durch ungleich große Blütenhüllblätter. Der Fruchtknoten mit langer, pinselförmiger Narbe ist oberständig und enthält nur einen Samen. Die Frucht wird bei ihrer Reife von den langen Bütenhüllblättern eingeschlossen.

**Standort:** Man trifft die Pflanze bevorzugt auf Unkrautflächen in der Nähe menschlicher Siedlungen an. An nährstoffreichen Orten (z. B. Viehlägern) steigt sie bis zur alpinen Stufe auf. Sie braucht weniger Feuchtigkeit als die große Brennessel und ist im Mittelmeergebiet auch als Ackerunkraut verbreitet.

**Verbreitung:** Auf der gesamten Nordhalbkugel, jedoch wärmere Gebiete bevorzugend und daher in Europa im Mittelmeergebiet häufiger. In Deutschland zerstreut, stellenweise auch fehlend.

**Blütezeit:** Mai bis November, im Süden das ganze Jahr.

**Verwendung:** Das frische Laub ist wie Spinat als Gemüse verwendbar.

**Allgemeines:** Wie die Große Brennessel auch als Heilpflanze gegen Rheumatismus genutzt, jedoch nicht als Faserpflanze geeignet.

## **Großer Sauerampfer** *(Rumex acetosa)* — Knöterichgewächse

**Merkmale:** Ausdauernde, kräftige, bis 100 cm hohe Staude. Wurzelstock verzweigt mit zahlreichen Grundblättern. Sproß aufrecht, gestreift, beblättert, kahl. Blätter deutlich gestielt, pfeilförmig, ganzrandig, mit großer Blattfläche, etwas fleischig. Nebenblätter an der Basis des Blattstieles durchsichtig-häutig, gefranst, den Sproß scheidig umhüllend. Die Stielung der Blätter am Sproß geht nach oben langsam zurück. Blütenstand am Ende des Sprosses, ästig, schlank, rötlich. Blüten eingeschlechtig, klein und unscheinbar. Männliche Blüten mit einer doppelten Blütenhülle aus 6 grünlich-roten Blättern und ebenfalls 6, zu Paaren zusammenstehenden Staubblättern. Die weiblichen Blüten auch mit sechsteiliger Blütenhülle. Die inneren Blütenblätter vergrößern sich besonders zur Fruchtzeit und umschließen die Frucht eng, sie sind rund und tragen an der Basis eine kleine Schwiele. Fruchtknoten mit 3 großen pinselförmigen Narben, die Frucht einsamig (Nuß), 3kantig und bei Fruchtreife schwarz.

**Standort:** Regelmäßig auf Kulturwiesen, feuchteren Unkrautorten, auf Weiden und an Flußufern anzutreffen.

**Verbreitung:** Auf der gesamten Nordhalbkugel, hauptsächlich in Mitteleuropa, in Südeuropa seltener.

**Blütezeit:** Mai bis Juli.

**Verwendung:** Vor allem als Suppengemüse, jedoch auch als Salat und wie Spinat gekocht zu verwenden. Dazu eignen sich die jungen Blätter und die jungen Sproßspitzen am besten vor der Blüte.

**Allgemeines:** Der saure Geschmack des Sauerampfers rührt von seinem Gehalt an Oxalsäure her, der seiner Verwendung in größeren Mengen Grenzen setzt. Der **Kleine Sauerampfer** *(Rumex acetosella)* trockener Standorte auf kalkarmen Böden ist in ähnlicher Weise zu verwenden. *Heilpflanze Seite 254.*

## **Schlangen-Knöterich, Wiesen-Knöterich** *(Polygonum bistorta)* — Knöterichgewächse

**Merkmale:** Ausdauernde, bis knapp 1 m hohe, schlanke Staude. Der basale, unterirdische Sproßteil schlangenartig gewunden, dick, mit Ausläufern. Aus dieser Achse treiben die unverzweigten Blütenstengel seitlich aus. Die Grund- und die Stengelblätter sind länglich-eiförmig, die ersteren gestielt, die letzteren meist sitzend, wechselständig. Die Blattfläche bis über 10 cm lang, am Rand wellig gekerbt, kahl, oberseits dunkelgrün, unterseits blaugrün. Blätter an der Basis mit einer Blattscheide, die den Stengel umfaßt, in eine lange Spitze ausläuft und geschlossen ist. Blüten in dichten, endständigen, bis 8 cm langen Ähren, klein, meist leuchtend rosa. Die Blüten sind zwitterig. Die Blütenhülle besteht aus 5 rosa gefärbten, selten weißen, kleinen (bis 3 mm), elliptischen Blütenhüllblättern. Die 8 Staubblätter überragen die Blütenhülle. Der oberständige Fruchtknoten, deutlich 3kantig und glatt, trägt 3 Griffel. Die Frucht glänzt braun und wird länger als die stehenbleibenden Blütenblätter.

**Standort:** Feuchtigkeitsliebende Pflanze auf nassen Fettwiesen, an Bachrändern, an nährstoffreichen Feuchtplätzen.

**Verbreitung:** Im gemäßigten Teil Eurasiens und Nordamerikas. Im Süden nur im Gebirge.

**Blütezeit:** Mai bis August.

**Verwendung:** Junge Blätter und Stengel werden wie Spinat zur Gemüsezubereitung genutzt.

**Allgemeines:** Der stark Ausläufer treibende Wurzelstock (Rhizom) der Pflanze fördert ihr geselliges Vorkommen an geeigneten Standorten. Gleichzeitig wird durch diese vegetative Vermehrung ihr dauerndes Vorkommen auch in Mähwiesen gewährleistet, von denen sie nur Trockenheit vertreiben kann. Der Schlangen-Knöterich wird hauptsächlich als Grünfutter genutzt, da sein trockenes Laub schnell zerfällt. Die sehr nektarreichen Blüten erlangen als Bienenfutter Bedeutung.

## **Guter Heinrich** *(Chenopodium bonus-henricus)* Gänsefußgewächse

**Merkmale:** Ausdauernde, bis 80 cm hohe, anfänglich schwach weiß bestäubte, geruchlose Pflanze mit mehrköpfiger, fleischig-weißer Pfahlwurzel. Die wenig verzweigten, bogig aufsteigenden Stengel sind kantig; die wechselständigen Blätter langgestielt, in der Knospe längs der Mittelrippe gefalzt, anfangs mehlig bestäubt, später dunkelgrün. Untere Blattstiele geflügelt. Die Blattspreiten sind dreieckig bis spießförmig, ganzrandig eiförmig, ohne Spießecken, am Rand mehr oder weniger buchtig grob gezähnt. Die kleinen grünlichen, unscheinbaren Blüten stehen in büscheligen Ähren, diese gruppieren sich zu einer endständigen, nur unten beblätterten, oft nickenden Rispe. Die Blüten sind zwittrig oder eingeschlechtig weiblich. Blütenhülle 3–5zipfelig, Zipfel am Grunde miteinander verwachsen, länglich lanzettlich, vorn meist verbreitert und lappig bis geschlitzt gezähnt, häutig gesäumt, am Rücken mit einem schwach abgerundeten, krautigen Kiel. Die 5 Staubblätter sind am Grund frei und selten alle in einer Blüte ausgebildet. Der kurze, dicke Griffel hat 2–5 pfriemliche, zottig papillöse Narben. Frucht halb bedeckt und mit der Blütenhülle abfallend, aufrecht, dunkelbraun bis schwarz, Oberfläche mit unterschiedlichen Rillen und Vertiefungen.

**Standort:** Hauptsächlich in der Nähe menschlicher Siedlungen, an Wegen, Viehweiden, Schuttplätzen, auf nährstoff- und stickstoffreichen Böden.

**Verbreitung:** Größte Teile Europas mit Ausnahme des Ostens und einigen südlichen Gegenden.

**Blütezeit:** April bis Oktober.

**Verwendung:** Die jungen Blätter und Sprosse vor der Blüte für Kräutersuppen und spinatähnliches Gemüse. Die jungen Triebe wie Spargel. In England als Spargelspinat bekannt, wobei die Triebe im Dunkeln bleich gezogen werden.

## **Weißer Gänsefuß** *(Chenopodium album)* Gänsefußgewächse

**Merkmale:** Einjähriges, je nach Lebensbedingungen sehr unterschiedlich hohes (wenige Zentimeter bis 2 m), aufrechtes oder auch etwas schlaffes Kraut. Unterschiedlich verzweigt, weiß bestäubt, mit leicht aromatischem Geruch. Stengel flach gekantet und oberhalb der Verzweigungen oft rot gefleckt. Blätter wechselständig, besonders die unteren blaugrün, die Blattfläche schmal bis breiter rhomboidal gestaltet, wenigstens anderthalbmal so lang wie breit, bis 8 cm lang, grob und unterschiedlich gezähnt bis gelappt, der Stiel immer kürzer als die Blattfläche. Die Blüten klein und zu dichten Büscheln vereint. Diese stehen am Sproß ährig, rispig oder auch scheindoldig angeordnet. Die unscheinbare Blütenhülle besteht aus 5 (seltener 4), meist weiß bestäubten Zipfeln, die an ihrer Basis miteinander verwachsen, elliptisch, grünlich, hell berandet und am Rücken stumpf gekielt sind. Der reifen Frucht sind sie dicht angedrückt. Zahl der Staubblätter meist 5, auch sie sind an der Basis ringförmig vereint. Der Fruchtknoten trägt einen kurzen Griffel mit meist 2 Narben. Die Samen sind klein, schwarz, mit einer unterschiedlich skulpturierten Oberfläche.

**Standort:** Als Unkraut häufig in Kartoffel- und Rübenäckern, weniger zahlreich in Getreidefeldern. Oft auf stickstoffreichen Plätzen.

**Verbreitung:** Überall in dem gemäßigten Bereich Europas anzutreffen, im Mittelmeergebiet seltener.

**Blütezeit:** Mai bis August.

**Verwendung:** Gekocht wie Spinat zu verwenden. Früher wurden auch die Samen mit Roggen zum sogenannten Hungerbrot verarbeitet.

**Allgemeines:** Eine recht vielgestaltige, je nach Standort und Region sehr unterschiedliche Pflanze. Ihre Samen reifen innerhalb von 14 Tagen, die Produktion einer Pflanze übertrifft leicht 10 000.

## Spießblättrige Melde, Spieß-Melde *(Atriplex hastata)* Gänsefußgewächse

**Merkmale:** Einjähriges, bis 1 m hohes Kraut, von der Basis her abstehend ästig, in der Jugend mehlig bestäubt, später verkahlend. Blätter normalerweise gegenständig, gestielt. Blattfläche dreieckig und spießförmig mit etwas ausgezogenen Ecken, ganzrandig bis gezähnt, spitz bestachelt. Blütenstand undeutlich am Ende des Sprosses, aus zahlreichen, voneinander getrennten Blütenbüscheln bestehend. Blüten klein und unscheinbar, eingeschlechtig, in den Blütenbüscheln jedoch nebeneinander stehend. Weibliche Blüten ohne Blütenhülle aber von 2 dreieckig-rhomboidalen Vorblättern eingehüllt. Männliche Blüten ohne Vorblätter, mit 3–5 kleinen, basal schwach verwachsenen Blütenhüllblättern und ebenfalls 3–5 basal zusammenhängenden Staubblättern. Fruchtknoten von der Seite abgeflacht. Vorblätter zur Fruchtreife vergrößert. Samen klein, braun.

**Standort:** Bevorzugt feuchte, stickstoffreiche, oft auch salzhaltige Standorte. Zu finden an Gräben und Ufern, auf Müllplätzen und halbtrockenen Schlammböden. An der Küste bis zum Spülsaum des Meeres.

**Verbreitung:** Europa und auf der gesamten Nordhalbkugel. Überall jedoch nur in niederen Lagen.

**Blütezeit:** Juni bis September.

**Verwendung:** Sowohl roh als Salat wie auch gekocht als spinatähnliches Gemüse verwendbar. In Osteuropa wird aus der Pflanze eine Art Sauerkraut bereitet.

**Allgemeines:** Eine je nach Standort vielgestaltige Art. Die nahe verwandte **Garten-Melde** *(Atriplex hortensis)* unterscheidet sich durch rundliche Vorblätter. Sie ist sehr Vitamin-C-reich und wurde besonders im Altertum als Gemüsepflanze gepflegt.

## Gemeiner Queller, Glasschmelz *(Salicornia europaea)* Gänsefußgewächse

**Merkmale:** Ein- bis mehrjähriges, mit seinem prallen Gewebe fast glasig wirkendes, kahles Kraut recht unterschiedlicher Höhe, meist jedoch nicht mehr als 30 cm messend. Stengel aufsteigend bis aufrecht, knotig gegliedert, regelmäßig gegenständig verzweigt, je nach Standort grün, gelblich oder auch häufig rot überlaufen. Blätter gegenständig, schuppig und paarweise scheidig verwachsen, an den Knoten wie ein stumpf zweizipfliger Kragen um den Stengel liegend. Blütenstand eine kompakte Ähre. Blüten jeweils zu dreien zu einem Dreieck angeordnet, flach, in die Sproßachse eingesenkt, klein, zwittrig, Blütenhülle basal verwachsen, 3- bis 4lappig fleischig. 1 oder 2 Staubblätter. Fruchtknoten mit 1 oder 2 Narben. Bei Fruchtreife löst sich die deckelförmige Blütenhülle von der Blütenbasis, die Samen fallen aus, und im Sproß bleiben grubige Vertiefungen.

**Standort:** Pionierpflanze, die in Reinbeständen auf stark salzhaltigen Schlickböden am besten gedeiht. Im Binnenland auf Salzstandorten.

**Verbreitung:** In Europa an den Küsten mit wenigstens zeitweise freiliegenden Schlickböden. Im Binnenland vereinzelt, in Salzgebieten Südwestasiens stärker verbreitet.

**Blütezeit:** August und später.

**Verwendung:** Sauer eingelegt, als Salat und als Suppengemüse.

**Allgemeines:** In Mitteleuropa gibt es etwa drei nahe verwandte Arten, deren Unterscheidung sehr schwierig ist, da neben erblichen Eigenschaften auch die Umwelt die Gestalt der einzelnen Pflanzen stark beeinflußt. Alle Sippen sind jedoch in ähnlicher Weise zu verwenden. Als Pionierpflanze spielt der Queller eine wichtige Rolle bei der Landgewinnung an Flachküsten. Es ist regelmäßig die erste Pflanze, welche die Besiedelung beginnt. Früher wurden die Bestände zur Gewinnung von Pottasche übermäßig genutzt.

## Kali-Salzkraut *(Salsola kali)*

Gänsefußgewächse

**Merkmale:** 25–60 cm, selten bis 1 m hohe, einjährige, kahle bis zerstreut rauhhaarige Pflanze. Stengel locker verzweigt, krautig, graugrün (im Süden auch gelblich), bisweilen rötlich überlaufen. Blätter, mit Ausnahme der unteren gegenständigen, wechselständig, schmal pfriemlich, flach bis rund im Querschnitt, etwas stechend, bis 4 cm lang. Tragblätter der jeweils zu 1–3 zusammenstehenden, unscheinbaren Blüten abstehend. Diese zwittrig, von zwei langen, an der Spitze in einer Borste auslaufenden Vorblättern überragt. In ährigen lockeren Blütenständen angeordnet. Kronblätter grünlich, zu 5 oder selten zu 4, eiförmig zugespitzt, nicht abfallend und nach der Blüte außen zunehmend quergekielt. Meist 5 Staubblätter, an der Basis ringförmig verwachsen. Narben länger als der Griffel, Fruchtknoten flach kugelig.

**Standort:** Auf salzigen Sandflächen in Küstennähe, bisweilen auch als Unkraut auf nicht salzhaltigen Sandböden des Binnenlandes.

**Verbreitung:** In ganz Europa (auch in den Tropen) an entsprechenden Standorten verbreitet, im Norden jedoch auf die Küsten beschränkt. Der Verbreitungsschwerpunkt ist Vorderasien und das südliche Zentralasien. In Deutschland neben der Küste in den Sandgebieten der oberrheinischen Tiefebene. Die Art ist in Ausbreitung begriffen.

**Blütezeit:** Je nach Region Juli bis September.

**Verwendung:** Die jungen Blätter und ganzen Pflanzen werden im Frühjahr geerntet und als Gemüse oder Salat verwendet; sie sind reich an Alkalisalzen.

**Allgemeines:** Die Art wird in drei Unterarten aufgeteilt, von denen zwei auch in Mitteleuropa vorkommen, während die dritte (im Laub mehr gelbliche) auf das Mittelmeergebiet beschränkt ist. Alle Unterarten werden gleich verwendet. Sie wurden früher zur Erzeugung von Pottasche und Soda verascht.

## Grünlicher Fuchsschwanz *(Amaranthus lividus)*

Fuchsschwanzgewächse

**Merkmale:** Einjährige, bis 80 cm hohe Pflanze. Die grünlichen, weißlichen oder rötlichen Stengel niederliegend bis aufrecht. Die Blätter sind grün oder rötlich, in der Mitte oft mit einem hellen oder dunklen Fleck, die Nerven der Unterseite weiß. Die Blattstiele halb so lang wie die Blattspreite oder länger, diese rhombisch bis rundlich eiförmig, stumpf oder ausgerandet, am Grund keilförmig verschmälert, am Rand oft wellig. Blüten in dichten Knäueln blattachselständig oder eine endständige, dichte, mehr oder weniger blattlose Ähre bildend. Vorblätter eiförmig mit breitem Grund, spitz, weißhäutig, höchstens halb so lang wie die Blütenhülle. Männliche und weibliche Blüten, 3zählig, Blütenhüllblätter länglich-linealisch bis spatelförmig. Fruchtknoten oberständig, 1fächrig. Frucht breit ellipsoidisch, zusammengedrückt, schwach runzelig ohne grüne Nerven, dünnhäutig und unregelmäßig aufreißend. Samen linsenförmig, glänzend braun-schwarz.

**Standort:** In wärmeren Gegenden auf Äckern, zerstreut.

**Verbreitung:** Aus den Tropen eingeschleppt und stellenweise eingebürgert, Südeuropa.

**Blütezeit:** Juni bis September.

**Verwendung:** Die Blätter werden in Italien, Frankreich und anderen Ländern als Gemüse gegessen, meist wie Spinat zubereitet, daher auch manchmal **Spinat-Fuchsschwanz** genannt. Die Samen nimmt man wie Hirse.

**Allgemeines:** Die Fuchsschwanzgewächse sind hauptsächlich subtropisch und tropisch verbreitet, vor allem in Amerika und Afrika, in Europa gibt es nur eingebürgerte oder vorübergehend eingeschleppte Arten. Manche werden als Zierpflanzen kultiviert, z. B.: der **Echte Fuchsschwanz** *(A. caudatus)* mit hängenden Blütenständen. Die 2 Arten mit aufrechten Blütenständen *(A. cruentus* und *A. hypochondriacus)* gehören zu den ältesten Kulturpflanzen.

Wild-
gemüse

Wild-
gemüse

## Taubenkropf-Leimkraut *(Silene vulgaris)* Nelkengewächse

**Merkmale:** Ausdauernde, buschige, am Grund etwas verholzende, etwa 60 cm hohe Pflanze mit fleischig dicker Wurzel. Die meist aufrechten und verzweigten Stengel sind kahl oder unten behaart, oft grau- oder blaugrün, wechselständig beblättert; die blaugrünen, bis 12 cm langen Blätter eiförmig bis lanzettlich, kahl und am Rand bewimpert, die oberen Blätter viel kleiner, manchmal schuppenförmig. Die zwittrigen oder eingeschlechtigen Blüten stehen in einem gabelig verzweigten Blütenstand mit einem meist wickeligen Endabschnitt. Der eiförmige bis kugelige Kelch ist aufgeblasen, bleich grünlichweiß, manchmal rötlich überlaufen, mit 20 gut sichtbaren Nerven, die netzig verbunden sind, ausdauernd und mit kurzen dreieckigen Kelchzähnen. Die Kronblätter weißlich, selten rosa überhaucht, gestielt, 2spaltig, ohne Nebenkrone. Fruchtknoten oberständig mit 3 Griffeln. Die gestielte Kapsel bis 14 mm lang, fast kugelig und mit 6 Zähnen, wird vom Kelch umschlossen.

**Standort:** Häufig auf trockenen Wiesen, kalkreichen Geröllfluren, auf Kulturland, bis ins Hochgebirge ansteigend.

**Verbreitung:** Ganz Europa.

**Blütezeit:** Mai bis September.

**Verwendung:** Die jungen Blätter und Sprosse werden zu Suppen, Salaten und für kohl- oder spinatähnlich zubereitete Gemüse genommen, daher auch der Name **Feld-** oder **Wiesen-Spinat.** Die Wurzeln setzte man früher in der Heilkunde ein. Die Pflanze wird gern vom Wild gefressen.

**Allgemeines:** Bedingt durch die verschiedenen Standorte der Pflanze sind einige Merkmale sehr veränderlich, wie die Wuchsform, die Ausbildung der Wurzel und der Blätter. Der Gattungsname Leimkraut bezieht sich auf eine drüsig klebrige Behaarung der oberen Stengelabschnitte mancher Arten.

## Vogel-Sternmiere *(Stellaria media)* Nelkengewächse

**Merkmale:** Einjähriges, bisweilen auch zweijähriges, bis 30 cm hohes, oft niedrigeres, flächendeckendes Kraut. Stengel dünn, liegend bis aufsteigend, rund, unterschiedlich behaart, reich verzweigt, bei Bodenberührung wurzelnd. Blätter gegenständig, spitz-eiförmig, die unteren gestielt, die oberen sitzend, kahl oder schwach gewimpert. Blüten in lockeren Scheindolden. Blütenstiele nach der Blüte zurückgeschlagen, sich später wieder aufrichtend. Blüten klein, bis 5 mm im Durchmesser, mit stumpf-eiförmigen, hell berandeten Kelchblättern und etwa gleich großen weißen Kronblättern. Diese tief in jeweils zwei zungenförmige Abschnitte geteilt. 3–5 Staubblätter (bisweilen mehr), basal mit Nektardrüsen, oben mit trüb violetten Staubbeuteln. Der kugelige Fruchtknoten trägt 3 bogig abstehende Griffel. Frucht eine Kapsel, länger als der Kelch, mit 6 Klappen öffnend. Samen klein, nierenförmig, braun bis schwarz.

**Standort:** Überall auf Schutt- und Unkrautflächen, in Äckern, Feldern und Gärten. Unter geeigneten Bedingungen bis in die alpine Stufe aufsteigend.

**Verbreitung:** Ein Unkraut eurasiatischer Herkunft, das heute weltweit verbreitet ist.

**Blütezeit:** Blüht mit Ausnahme der strengsten Wintermonate das ganze Jahr über.

**Verwendung:** Auf Grund seines milden Geschmacks in Suppen, als Gemüse und auch als Salat verwendbar. Ab März stehen genügend junge und frische Triebe zur Verfügung.

**Allgemeines:** Bisweilen treten Pflanzen auf, denen die Blütenblätter fehlen. Wie alle Unkräuter ist auch die **Vogelmiere** ein Stickstoffanzeiger. Auffallend ist ihre Eigenschaft, fast das ganze Jahr zu blühen und zu fruchten. Neben ihrer Verwendung als Wildgemüse wird die Vogelmiere auch verfüttert, sie heißt deshalb bisweilen **Hühnerdarm.**

## Scharbockskraut *(Ficaria verna)*

Hahnenfußgewächse

**Merkmale:** Ausdauernde, mehrstengelige, bis 30 cm hohe Pflanze mit faserigen Wurzeln und keulenförmigen, fleischigen Wurzelknollen. Die Stengel liegend, manchmal wurzelnd oder aufsteigend, verzweigt, wechselständig beblättert, in den Blattachseln bilden sich häufig längliche, weiße Brutknospen. Die fleischigen, glänzenden Blätter sind grasgrün, breit herz-nierenförmig, mit gekerbtem Rand, kahl, die langen Blattstiele entwachsen einer breiten Scheide. Die großen, goldgelben Blüten stehen einzeln, endständig, auf langen Stielen. Die drei Blütenhüllblätter sind kelchartig, grün, eiförmig; die 8–12 blumenblattartigen Nektarblätter etwa doppelt so lang, schmal-eiförmig, glänzend, mit langer Nektarschuppe, die zahlreichen Staubblätter gelb. Auf der borstigen Blütenachse stehen die behaarten, ringsum gekielten Früchte.

**Standort:** Häufig an feuchten und schattigen Stellen, auf Wiesen, an Quell- und Bachufern, in Obstgärten, Gebüschen; bis in die Voralpen.
**Verbreitung:** Europa. **Blütezeit:** März bis Mai.
**Verwendung:** Man erntet die Blütenknospen und die jungen Blätter vor der Blüte, später werden die Blätter scharf und sogar giftig. Man verwendet sie bei Kräutersuppen und zu einem würzigen Salat. Die Blütenknospen, Blätter und Stengelspitzen kann man zu Gemüse kochen. Die Blütenknospen, in Essig eingelegt, ergeben eine kapernähnliche Beilage zu Fleischgerichten. Die Stärke enthaltenden Wurzel- und Brutknollen dagegen sollen erst nach der Blüte geerntet werden. Man kocht sie zu Gemüse. Wegen ihres Vitamin-C-Gehaltes setzte man die Blätter früher gegen Skorbut ein (Name!).
**Allgemeines: Der Kriechende Hahnenfuß** *(R. repens)* mit kriechenden Ausläufern, dreizähligen Blättern und dreispaltigen, unregelmäßig gezähnten Fiedern ist ebenso eßbar.
*Heilpflanze Seite 254.*

## Sumpf-Dotterblume *(Caltha palustris)*

Hahnenfußgewächse

**Merkmale:** Ausdauernde Sumpfpflanze mit kräftiger Wurzel, bis 30 (60) cm hoch. Der grüne Stengel hohl, kahl, am Grund oft rot überlaufen, kriechend und wurzelnd oder aufsteigend, nach oben reich verzweigt und mehrblütig. Blätter rundlich-herzförmig, gekerbt bis gezähnt, die grundständigen langgestielt, die Stengelblätter allmählich kürzer gestielt bis sitzend und insgesamt etwas kleiner. Blüten groß, bis 5 cm im Durchmesser, dottergelb, glänzend, unterseits oft grünlich. 5 Blütenhüllblätter, eiförmig, zum Grund hin gestielt, Honigblätter fehlend. Die zahlreichen Staubblätter mit gelben Staubbeuteln. Die 5–8 Fruchtknoten mit einem kurzen Griffel. Die Balgfrüchte sternförmig ausgebreitet, mehrsamig, kurzgeschnäbelt, queradrig, aufrecht oder gekrümmt.
**Standort:** Häufig und verbreitet an feuchten Stellen, im Gebüsch, in Sumpfwiesen, Gräben, an Bächen, Weihern; bis in die alpine Region.
**Verbreitung:** Größte Teile Europas, doch selten in der Mittelmeerregion.
**Blütezeit:** März bis Juni, vereinzelt noch einmal Juli bis Oktober.
**Verwendung:** Die Sumpf-Dotterblume gehört mit zu den ersten Frühlingsboten, doch dürfen die Blätter nicht gegessen werden, da sie ein unbekömmliches Alkaloid enthalten. Auch das Vieh frißt die Pflanze nicht. Die bekömmlichen, rundlich-vierkantigen Blütenknospen werden in Salzwasser, Essig oder Öl eingelegt. Als Kapernersatz kann man die Blütenknospen auch des Löwenzahns, des Gemeinen Besenginsters, auch die Wurzelknollen des Scharbockskrautes und die Früchte der Kapuzinerkresse auf gleiche Weise einlegen.
**Allgemeines:** Die Sumpf-Dotterblume bildet eine sehr formenreiche Gruppe, ihre veränderlichen Merkmale sind hauptsächlich die auffallende Wuchsform und Größe, die stattliche Blattgröße und die Balgfrucht.

## Acker-Rettich, Acker-Hederich *(Raphanus raphanistrum)* Kreuzblütler

**Merkmale:** Einjährige, krautige Pflanze mit dünner, spindelförmiger Wurzel. Stengel werden 15–150 cm hoch, von aufrechtem, geschlängeltem Wuchs, verzweigt und grün beblättert, im allgemeinen besonders am Grund rauh behaart und bläulich bereift. Die Grundblätter und unteren Sproßblätter sind gestielt, leierförmig gefiedert mit 4–5, zur Spitze hin größer werdenden Seitenlappen, diese eiförmig, stumpf oder spitz, unregelmäßig gezähnt und mit einem großen Endabschnitt. Die oberen Blätter wachsen wechselständig, sind länglich-lanzettlich und spitz gezähnt, meist ungeteilt und verschmälern sich zum Grund hin stielförmig. Die in endständigen, lockeren Trauben ohne Tragblatt angeordneten 15–25, oft hängenden großen Blüten sind hellgelb bis weiß oder violett. Die 4 Kelchblätter stehen aufrecht, sind länglich-elliptisch, stumpf, 5–10 mm lang, am Grunde seitlich sackförmig vorgewölbt und häufig purpurn überzogen. Die 4 Kronblätter genagelt, etwas doppelt so lang wie der Kelch. 6 Staubblätter, 2 kurze und 4 lange. Fruchtknoten oberständig, 2fächrig, Griffel 4 mm lang mit winziger Narbe. Fruchtstiele aufrecht abstehend, 1–3 cm lang. Die Frucht ist eine aufrechte Gliederschote; das untere Glied klein und samenlos, dann linealisch mit 2–10 Samenfächern und kurz schnabelförmig endend.

**Standort:** Häufiges Ackerunkraut, auch an Wegen und Schutthalden, kalkfliehend, liebt eher lockere Sand- und Lehmböden.

**Verbreitung:** Ursprünglich wohl aus dem Mittelmeergebiet stammend, jetzt in ganz Europa verbreitet, im hohen Norden selten oder ganz fehlend. **Blütezeit:** Juni bis Oktober.

**Verwendung:** Vor der Blüte sammelt man die jungen Blätter und Sprosse, welche nach Abkochen in Salzwasser als Gemüse oder würzende Beigaben gegessen werden. Die Samen können zu Senf verarbeitet werden.

## Acker-Senf *(Sinapis arvensis)* Kreuzblütler

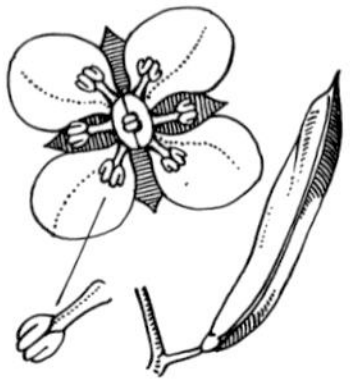

**Merkmale:** Einjähriges, bis 80 cm hohes Kraut mit dünner Pfahlwurzel; das frische Grün läuft an sehr warmen Trockenlagen manchmal an der Oberseite violett an. Stengel aufrecht, meist verzweigt und beblättert, meist am Grunde rauhhaarig und nach obenhin verkahlend. Blätter bis 20 cm lang, gewöhnlich rauh behaart; die unteren verkehrt-eiförmig, gestielt, leierförmig gefiedert mit einem großen, unregelmäßig gezähnten Endabschnitt; die oberen Blätter kleiner, kurzgestielt bis sitzend und eiförmig-länglich, meist ungeteilt, aber scharf und unregelmäßig gezähnt. Die mittelgroßen, schwefelgelben bis weißlichen Blüten stehen kurzgestielt in dichten, endständigen Blütenständen, die sich nach der Blüte strecken. 4 Kelchblätter, waagerecht abstehend, meist kahl, nach Aufblühen die Ränder eingeschlagen. 4 Kronblätter, fast doppelt so lang wie der Kelch. 6 Staubblätter, 2 kurze und 4 lange, Fruchtknoten oberständig, 2fächrig, sitzend. Fruchtstiele abstehend, kurz und nach oben verdickt. Schote waagerecht abstehend oder sogar nach unten gebogen, schlank, bis ca. 4 mm lang, Fruchtklappen aufgewölbt, mit 3–5 deutlichen Nerven, über den Samen höckerig vorgewölbt.

**Standort:** Verbreitetes Ackerunkraut, besonders im Sommergetreide, doch auch in Gärten, an Wegen und auf Schuttplätzen.

**Verbreitung:** Ursprünglich aus dem Mittelmeergebiet stammend, jetzt in ganz Europa heimisch, im Norden seltener.

**Blütezeit:** Mai bis September (Herbst).

**Verwendung:** Die jungen Blätter werden als Gemüse gekocht.

**Allgemeines:** Die Samen des **Weißen Senfs** *(S. alba)* haben einen hohen Ölgehalt, dessen Qualität dem besten Speiseöl gleichkommt. Die Schote des Weißen Senfs ist borstig behaart, der Schnabel seitlich zusammengedrückt. *Heilpflanze Seite 263.*

Wild-
gemüse

## Echte Brunnenkresse *(Nasturtium officinale)* Kreuzblütler

**Merkmale:** Die meist im Wasser lebende Pflanze ist ausdauernd, kahl oder nur spärlich behaart, 60–100 cm groß. Die Stengel verzweigen sich, sie sind hohl, kriechen im unteren Teil und bilden zahlreiche Nebenwurzeln aus; im oberen Teil aufstrebend oder schwimmend. Die Blätter sind wechselständig angeordnet, gefiedert und von scharfem Geschmack. Die Blattfiedern, an den unteren Blättern 1–3, an den oberen 5–9 oder mehr, sind rundlich oder breit-eiförmig. Blütenstand end- und achselständig, Blüten weiß, bis lila verfärbend, Staubbeutel gelb. Die 4 Kronblätter lang genagelt, etwa doppelt so lang wie die 4 Kelchblätter, diese abstehend. Fruchtknoten 2fächrig, oberständig. Schote aufrecht, gerade oder gekrümmt, 13–18 mm.
**Standort:** Fließende Gewässer, Quellen oder Gräben mit klarem Wasser, Kulturen.
**Verbreitung:** Fast weltweit. Nördliche Ausdehnung in Europa bis Schottland, Südschweden und bis etwa zum 55. Breitengrad in der Sowjetunion.
**Blütezeit:** Mai bis September.
**Verwendung:** Die Erntezeit währt von Oktober bis Mai. Das junge Kraut schmeckt bitter scharf und würzig, es eignet sich bestens als Salatzusatz, für Kräuterquark und als Brotbelag. Die Samen werden wie schwarzer Pfeffer verwendet. Ihr hoher Vitamingehalt machte die Brunnenkresse als Antiskorbutikum bekannt. Sie wird für Frühjahrskuren empfohlen.
**Allgemeines:** Die Brunnenkresse zeigt unterschiedliche standortbedingte Wuchsformen. *Flachwasserform:* krautiger Stengel, Luftblätter mit 3–4 Fiederpaaren; *Tiefwasserform:* runder schwimmender Stengel, meist nicht blühend, Blätter mit nur 1–2 Fiederpaaren; *blühreife Jugendform:* mit nur ungeteilten Blättern; *Landform:* krautiger Stengel, ungeteilte Blätter mit höchstens 1–2 Fiederpaaren.
*Heilpflanze Seite 254.*

## Echtes Barbarakraut *(Barbarea vulgaris)* Kreuzblütler

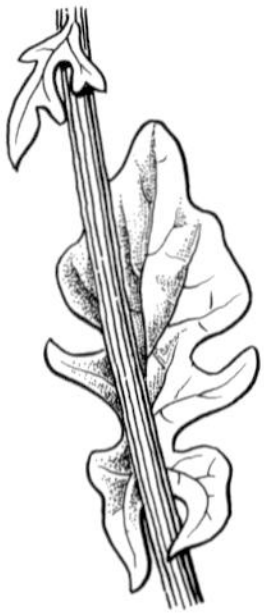

**Merkmale:** Einjährige oder ausdauernde, kahle, krautige, bis zu 1 m hohe Pflanze von kresseartigem Geschmack. Stengel aufrecht, beblättert und verzweigt. Blätter dunkelgrün und glänzend, am Stengel wechselständig angeordnet. Grundblätter rosettig, leierförmig gefiedert, mit 2–5 Paaren seitlicher, länglicher Fiedern und einer eiförmig rundlichen Endfieder; die obersten Blätter stengelumfassend, ungeteilt und mit gezähntem Rand. Die kleinen gelben Blüten stehen in endständigen, tragblattlosen, gedrängten Trauben, die sich nach der Blüte strecken. 4 Kelchblätter, nur die äußeren am Grund gesackt. 4 Kronblätter, fast doppelt so lang wie der Kelch, genagelt. 6 Staubblätter, 2 kurze und 4 lange, Nektardrüsen. Fruchtknoten 2fächrig, oberständig. Schoten 4kantig, aufrecht abstehend, auf dünnen, 4–6 mm langen Stielen, Fruchtklappen mit deutlichem Mittelnerv, Griffel 2–3 mm lang, Narbe leicht 2lappig. Eine Samenreihe je Fach.
**Standort:** Liebt feuchte Böden, auf Wiesen, Äckern, Ufern, Sand- und Kiesböden häufig.
**Blütezeit:** April bis Juli.
**Verbreitung:** Fast ganz Europa mit Ausnahme einiger Inseln (Azoren, Balearen, Sardinien, Kreta und Spitzbergen).
**Verwendung:** Erntezeit Winter bis Frühjahr. Die jungen Blätter geben im Frühjahr einen vorzüglichen, milden, etwas bitteren Salat. Die im Winter geernteten Blätter werden gekocht als Gemüse genommen. Die Pflanze war als Mittel gegen Skorbut gebräuchlich.
**Allgemeines:** Das **Frühlings-Barbarakraut** *(B. verna)* aus dem südwestlichen Europa, dessen obere Stengelblätter auch gefiedert und dessen Schoten sehr dünn sind (kaum dicker als die Fruchtstiele), zeichnet sich durch einen angenehmeren milderen Geschmack aus und wird deswegen besonders in Frankreich und England genutzt und sogar angebaut.

## **Gemeines Hirtentäschel** *(Capsella bursa-pastoris)* Kreuzblütler

**Merkmale:** Ein- oder meist zweijähriges, sehr formenreiches, bis 50 (100) cm hohes Kraut mit spindelförmiger, verholzender Wurzel. Stengel einfach oder abstehend verzweigt, feingerillt. Die zahlreichen Grundblätter rosettig angeordnet, gestielt, schmal länglich, ungeteilt oder gezähnt bis gefiedert, mit Abschnitten, die breit länglich gezähnt oder schmal zugespitzt sein können. Stengelblätter wechselständig, sitzend, stengelumfassend mit breiten Öhrchen, ungeteilt bis fiederteilig. Die obersten Stengelblätter sind schmal länglich und ganzrandig. Blütenstand traubig, ohne Tragblätter, anfangs dicht gedrängt wie eine Dolde erscheinend, die sich in der Frucht stark traubig verlängert, Stiele abstehend. Den kleinen, weißen Blüten entströmt kein Duft. Die 4 Kelchblätter stehen aufrecht ab, die 4 Kronblätter (selten fehlend) werden etwa doppelt so lang wie die Kelchblätter, sie sind verkehrt-eiförmig, in kurzen Nagel verschmälert. 6 Staubblätter, 2 kurze und 4 lange, Fruchtknoten 2fächrig, oberständig, Griffel kurz mit flacher Narbe. Die sehr charakteristische Frucht ist ein vielsamiges Schötchen, dreieckig bis verkehrt herzförmig, zusammengedrückt, meist länger als breit, netzig geädert, mit schmalem Rand, dieser gerade oder leicht gewölbt, mit bis zu 12 Samen je Fach.

**Standort:** Verbreitetes kulturbegleitendes Unkraut, wächst auf jedem Boden, bevorzugt allerdings lockeren, nährstoffreichen Grund.

**Verbreitung:** Ganz Europa, in den Alpen bis 3000 m Höhe.

**Blütezeit:** Je nach Gegend das ganze Jahr.

**Verwendung:** Die jungen Rosettenblätter ißt man als Salat oder Gemüse.

**Allgemeines:** Die Samen werden wie Senf genutzt, aus ihnen wurde auch ein gut brennendes Öl gepreßt.

*Heilpflanze Seite 254.*

## **Weißer Meerkohl** *(Crambe maritima)* ⊗ Kreuzblütler

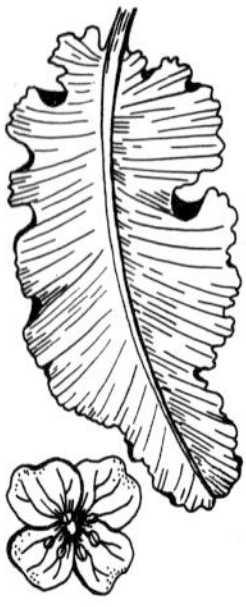

**Merkmale:** Üppige, ausdauernde, kahle Pflanze, 30 bis 75 cm, mit rübenförmiger, mehrköpfiger Wurzel und aufrechtem, von der Basis an verzweigtem Stengel. Er ist fleischig, rund und glatt, 2–3 cm im Durchmesser. Auch die Blätter sind fleischig, groß, blaugrün, buchtig gezähnt bis unregelmäßig gefiedert. Die unteren Blätter sind langgestielt, bis zu 60 cm lang, eiförmig-länglich, mit 4–5 Blattabschnitten, gewellt. Nach oben hin verschmälern sich die Blätter, die obersten sind lanzettlich-linealisch. Die sehr auffallenden traubigen, in Frucht stark gestreckten Blütenstände tragen die großen weißen Blüten auf 1–2 cm langen abstehenden Stielen. Die 4 Kelchblätter stehen ab, sie sind länglich, mit breitem weißem Hautrand, 3–3,5 mm lang, und nur die inneren am Grund gesackt. 4 Kronblätter, 6–10 mm lang, verkehrt-eiförmig, am Grunde kurz keilförmig verengt, Nagel grünlich. 6 Staubblätter, 2 kurze und 4 lange, diese im oberen Teil mit einem zahnförmigen Anhängsel versehen. Staubbeutel gelb, Honigdrüsen. Fruchtknoten oberständig, 2fächrig, 2gliederig, ohne Griffel, Narbe flach. Die Frucht ist eine Gliederschote, aufrecht auf abstehenden Stielen, das untere Glied stielförmig, 1–4 mm lang und samenlos, oberes eiförmig bis rundlich, 7–12 mm lang, einsamig, nicht aufspringend, hart und dickwandig.

**Standort:** Meeresstrand, Dünen und Vordünen, bei uns recht selten.

**Verbreitung:** Küsten der Ostsee, des Atlantik und Schwarzen Meeres, manchmal angebaut.

**Blütezeit:** Mai bis Juli.

**Verwendung:** Die ganz jungen Sprossen geben ein feines, spargelähnliches Gericht. Die jungen Blätter werden als Gemüse genommen.

**Allgemeines:** Die Pflanze steht in Mitteleuropa unter Naturschutz und darf hier nicht gesammelt werden. In England und Frankreich wird sie als Gemüsepflanze angebaut.

## **Gemeine Pfeilkresse** *(Cardaria draba)* — Kreuzblütler

**Merkmale:** Gelblich-grüne Staude, 15–90 cm hoch, kahl oder spärlich behaart, mit längerer Pfahlwurzel, die durch zahlreiche Verzweigungen obere Seitensprosse ausbildet. Sie dienen der vegetativen Verbreitung. Stengel aufrecht, nach oben hin verzweigt, leicht kantig und meist kurz behaart, wie auch die Blätter. Diese sind länglich-elliptisch, bogig gezähnt. Die unteren Blätter sind gestielt, mit keilförmigem Grund; sie welken noch vor der Blüte ab. Die oberen sind ungestielt, stengelumfassend mit herzpfeilförmigem Grund. Die kleinen, weißen wohlriechenden Blüten stehen in dichten, tragblattlosen Doldenrispen. 4 Kelchblätter, schräg abstehend, stumpf und mit breitem Hautrand. 4 Kronblätter, etwa doppelt so lang wie der Kelch, genagelt. Platte verkehrt-eiförmig. 6 Staubblätter, 2 kurze und 4 lange, einfach, 6 Nektardrüsen, die seitlichen halbmondförmig, Fruchtknoten oberständig, 2fächrig mit 2–4 Samenanlagen. Die traubigen Fruchtstände sind locker verlängert mit langen, abstehenden Fruchstielen. Die herzförmig aufgeblasenen Schötchen springen nicht auf, sie sind randlos und mit langem Griffel. Die Schötchen enthalten oft nur einen Samen, etwa eiförmig und wenig zusammengedrückt, glatt braun, bei Feuchtigkeit verschleimend.

**Standort:** Hauptsächlich in trockenen und warmen Gebieten, auf Schutt, an Wegrändern, Bahndämmen, zerstreut, aber dann in Gruppen auftretend.

**Verbreitung:** Ursprünglich wohl aus Südeuropa stammend, aber jetzt in fast ganz Europa als Unkraut verbreitet, in den Alpen bis 2000 m aufsteigend.

**Blütezeit:** Mai bis September.

**Verwendung:** Das scharf schmeckende Kraut dient als würzende Zugabe für Salate und Kräuterquark. Die scharfen Samen werden als Würze wie Pfeffer genommen.

## **Wiesen-Schaumkraut, Kuckucksblume** *(Cardamine pratensis)* — Kreuzblütler

**Merkmale:** Ausdauernde, formenreiche, krautige Pflanze bläulich bereift, etwa 20 bis 70 cm hoch mit einem kurzen kriechenden Wurzelstock. Die aufrechten, meist unverzweigten Stengel sind hohl, mehr oder weniger rund und feingerillt. Die Blätter entwickeln unterschiedliche Formen, sie sind spärlich behaart, manchmal tragen sie Brutknospen. Die Grundblätter ordnen sich rosettig an, sind langgestielt, mit 1–7 Fiederpaaren, diese eiförmig rundlich bis nierenförmig mit großer, 3lappiger Endfieder, Stengelblätter nur kurz gestielt bis sitzend mit schmal-länglichen Abschnitten. Die weiß oder blaßvioletten, dunkelgeäderten Blüten stehen auf langen, abstehenden Stielen in tragblattlosen gedrängten Trauben, die sich in der Frucht verlängern. Kelchblätter gelblich grün, mit weißem Hautrand, 3–4 mm lang. Kronblätter 4,8–10 mm lang, genagelt, 6 einfache Staubblätter, 2 kurze und 4 lange, Staubbeutel gelb, 4 Nektardrüsen. Fruchtknoten 2fächrig, oberständig. Die bis 40 mm lange Schote ist schmal, verlängert durch den 1–2 mm langen Griffel mit breiter Narbe. Fruchtstiele aufrecht abstehend, zur Fruchtzeit verdickt. Samen eiförmig länglich, gelbbraun, in feuchtem Zustand nicht schleimig.

**Standort:** Verbreitet auf feuchten frischen Wiesen, in Au- und Laubmischwäldern, auch in Flachmooren und Gebirgswiesen.

**Verbreitung:** In Mitteleuropa weit verbreitet, in den Alpen bis 2600 m ansteigend.

**Blütezeit:** April bis Juli.

**Verwendung:** Junge Blätter, Sprosse und Knospen roh in Salaten, der Geschmack ist leicht bitter.

**Allgemeines:** Die Larve der Schaumzikade saugt an den Blättern der Pflanze und scheidet dabei einen weißen Schaum aus, auch Kuckucksspeichel genannt. Er könnte für den Namen der Pflanze verantwortlich sein.

## Echtes Löffelkraut *(Cochlearia officinalis)* Kreuzblütler

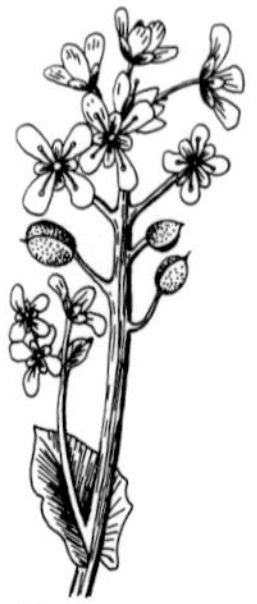

**Merkmale:** Wintergrünes, zwei- oder mehrjähriges, bis 50 cm hohes, meist etwas fleischiges, kahles Kraut. Die spindelförmige, faserige Wurzel treibt mehrere, auch nicht blühende Stengel. Diese aufsteigend bis aufrecht, kantig gefurcht, beblättert, manchmal verzweigt. Die in lockerer Rosette stehenden Grundblätter sind langgestielt, nierenförmig, mit geschweiftem Rand, die Stengelblätter eher eiförmig mit sparsam grob gezähntem Rand, die obersten stengelumfassend. Die großen, weißen, wohlriechenden Blüten stehen in lockeren, anfangs etwas hängenden Trauben auf langen Blütenstielen. Die 4 Kelchblätter sind schmal-elliptisch mit weißem Hautrand. Die 4 Kronblätter gestielt, länglich verkehrt-eiförmig, die 6 Staubbeutel gelb. Die seitlichen Äderchen der Blütenblätter stehen frei oder laufen zu jeweils einem Netz seitlich der Mittellinie zusammen. Schötchen auf abstehenden Stielen, eiförmig bis kugelig und an beiden Seiten abgerundet, mit kurzem bleibendem Griffel. Die netznervigen Fruchtklappen wölben sich leicht auf. Die rotbraunen Samen sind rundlich, wenig zusammengedrückt.

**Standort:** Sowohl auf feuchten, salzigen Böden an der Küste und des Binnenlands als auch auf moorigen und kalkigen Torfböden.

**Verbreitung:** An den Küsten Nord-Westeuropas sowie in den Alpen und Gebirgen.

**Blütezeit:** April bis Juni, die Gebirgsformen bis August.

**Verwendung:** Die frischen grünen Blätter haben einen scharfen, rettichähnlichen Geschmack und werden roh auf Butterbrot, mit reichlich Sahne als Salat, gekocht als Gemüse, oder in kleinen Mengen als Würze zu allerlei Gerichten genommen. Durch den hohen Vitamin-C-Gehalt galt das Löffelkraut als wirksames Antiskorbutikum und war beliebt für Frühjahrskuren. Aus den Samen wurde der heilkräftige Löffelkrautgeist gepreßt.

## Gemeiner Frauenmantel *(Alchemilla vulgaris)* Rosengewächse

**Merkmale:** Robuste, sehr formenreiche, bis 50 cm hohe, oft gelblich-grüne Halbrosettenstaude. Aus einem kriechenden, nur kurz verzweigten Wurzelstock von aromatisch nelkenähnlichem Geruch wächst eine sterile Blattrosette hervor. Die aufrechten oder aufsteigenden Stengel entspringen den Achseln der Grundblätter, sind kahl bis mehr oder weniger zottig behaart, aber nie seidig schimmernd. Die recht derben Blätter sind rundlich nierenförmig, gelappt, und auch im erwachsenen Zustand noch etwas gefaltet; die 9–11lappigen Abschnitte abgerundet und unregelmäßig spitz gezähnt. Blattunterseite so wie die Blattstiele dicht bis abstehend behaart. Die Stengelblätter sind nur wenig kleiner als die Grundblätter, doch ihre Nebenblätter sind gezähnt. Die unscheinbaren, kleinen, grünen, zwittrigen Blüten stehen in einem oft sehr reichblütigen Blütenstand. Die Blütenstiele sind mehr oder weniger kahl. Die 4 Kelchblätter bleiben meist kürzer als der krugförmige Blütenboden, die 4 Außenkelchblätter wiederum kürzer als der Kelch, Kronblätter fehlen.

**Standort:** Häufig und verbreitet auf Heiden, frischen feuchten Wiesen, in Gebüsch und Wäldern, auch auf Felsen der alpinen Stufe.

**Verbreitung:** Mittel- und Westeuropa, bis nach Südschweden und Mittelgriechenland.

**Blütezeit:** Mai bis September, auch später.

**Verwendung:** Gesammelt werden die jungen Blätter, welche frisch zu Salaten, Gemüse und als Würze genommen werden, die trockenen Blätter auch der blühenden Pflanze ergeben einen vielfältig anzuwendenden Heiltee.

**Allgemeines:** In der Mitte der an einen ausgebreiteten Frauenmantel erinnernden Blätter findet man morgens oft einen silberglänzenden Wassertropfen, zusammengelaufen von den am Blattrand ausgeschiedenen Tröpfchen.
*Heilpflanze Seite 257.*

Wild-
gemüse

Wild-
gemüse

## Großer Wiesenknopf *(Sanguisorba officinalis)* Rosengewächse

**Merkmale:** Aufrechte, kahle, bis 1 m hohe Halbrosettenstaude, mit einer dunkelbraunen, kräftigen, verzweigten und mit dicken Fasern besetzten Wurzel. Stengel aufrecht, oben gabelig verzweigt und wenig beblättert, hohl, gerillt, und etwas glänzend wie auch die Blattoberseite. Blätter langgestielt, mit häutigen, teilweise angewachsenen Nebenblättern, unpaarig gefiedert, mit 3–7 Fiederpaaren, diese bis 5 cm lang, gestielt, eiförmig bis eiförmig-länglich, am Grund herzförmig, mit jederseits mindestens 12 scharf-spitzen Zähnen. Die 3–4 Stengelblätter sind kleiner und haben nur 3–4 Fiederpaare. Die unscheinbaren, kleinen, zwittrigen Blüten stehen in langgestielten, aufrechten, dichten, kugeligen bis walzlichen, 1–3 cm langen Köpfchen. Die 4 Kelchzipfel sind stumpf, dunkelbraunrot, Außenkelch und Blütenkrone fehlen. Bei den 4 Staubblättern sind die roten, abstehenden Staubfäden etwa so lang wie der Kelch, die Staubbeutel klein und gelb. Der Fruchtknoten ist unterständig, der Griffel trägt eine pinselförmige Narbe. Der vergrößerte, 4kantige und schmalgeflügelte, glatte, trockene Blütenboden umschließt bei Reife das Nüßchen.

**Standort:** Auf trockenen und feuchten Wiesen, sehr verbreitet bis in die subalpine Stufe.

**Verbreitung:** Größte Teile Europas, mit Ausnahme des Nordens, im Mittelmeergebiet ausschließlich in den Gebirgen vorkommend.

**Blütezeit:** Juni bis September, Oktober.

**Verwendung:** Geerntet werden die jungen Blätter und Triebe vor der Blüte, sie ergeben Gemüse, Salat oder Kräutersuppen. Im Elsaß gehören sie zu den Kräuterbüscheln, die am Himmelfahrtstage geweiht werden.

**Allgemeines:** In der Familie der Rosengewächse stellt die Entwicklung und Gestaltung des Blütenbodens ein ganz besonderes Merkmal dar.

## Kleiner Wiesenknopf *(Sanguisorba minor)* Rosengewächse

**Merkmale:** Aufrechte, kahle, mehr oder weniger behaarte, bis etwa 1 m hohe Halbrosettenstaude mit einem kräftigen, verholzenden Wurzelstock. Einer oder mehrere Stengel, aufrecht oder aufsteigend, dünn, rund oder kantig, höchstens am unteren Teil behaart, verzweigt, beblättert, oft dunkellila überlaufen. Blätter unpaarig gefiedert mit 3 bis 12 Fiederpaaren, diese sind rundlich bis elliptisch, mehr oder weniger gleichgroß, kahl, netznervig, grobgezähnt mit jederseits 3–9 Zähnen. Nebenblätter klein, größtenteils mit den Blattstielen verwachsen. Die Blütenköpfchen sind zahlreich und langgestielt, rundlich bis eiförmig, 1–3 cm im Durchmesser. Die Blüten öffnen sich von unten nach oben, wobei die unteren Blüten meist männlich, die mittleren zwittrig und die obersten meist weiblich sind. Die Blütenstiele sind kurz, mit je einem Deckblatt und 2 Vorblättern. Der Kelch ist becherförmig, die 4 braunrot gefärbten Zipfel fallen nach der Blüte ab. Außenkelch und Blütenkrone fehlen.

**Standort:** Zerstreut auf trockenen Wiesen und steinigem Grund, an Dämmen und Wegrändern, nur vereinzelt bis in die subalpine Stufe gelangend.

**Verbreitung:** Ursprünglich aus dem Mittelmeergebiet, in Süd-, West- und Mitteleuropa bis Südschweden und Mittelrußland verbreitet.

**Blütezeit:** Je nach Lage April bis Juli.

**Verwendung:** Die frisch aromatisch riechenden Wurzeln und Blätter ergeben ein gutes Gemüse. Die Blätter können wie Spinat oder Salat verarbeitet werden und sind beliebt als Würze, besonders für Suppen, Gurken, Wein oder Branntwein; sie gehören auch zu den Hamburger Aalkräutern.

**Allgemeines:** Der Kleine Wiesenknopf, auch **Becherblume** genannt, ist sehr veränderlich, besonders in seiner Größe, Wuchsform und in der Oberfläche des Blütenbodens.

Wild-
gemüse

## Bach-Nelkenwurz *(Geum rivale)*

Rosengewächse

**Merkmale**: Halbrosettenstaude mit einem kurzen, dicken, dunkelbraunen, innen weiß-rötlichen Wurzelstock. Die bis etwa 50 cm hohen Stengel sind aufrecht oder aufsteigend, drüsig behaart, nach oben hin verzweigt und oft braunrot überlaufen. Rosettenblätter langgestielt, unterbrochen leierförmig gefiedert mit 3–6 Paaren ungleicher Fiedern. Die Endfieder ist groß, rundlich, tiefeingeschnitten oder gelappt. Die oberen Stengelblätter sind nur noch 3geteilt. Nebenblätter der Grundblätter mit dem Blattstiel zu einer Scheide verwachsen. Die blaßgelben bis rosafarbenen Blüten stehen in 3–5blütigen, nikkenden Köpfchen auf langen, drüsig behaarten Stielen. Die 5 anliegenden Kelchblätter sind braunrot, dreieckig-lanzettlich, lang zugespitzt und drüsig behaart wie die 5 linealischen, kürzeren Außenkelchblätter. Die aufrechten Kronblätter sind etwa so lang wie der Kelch, am Grund verschmälert, verkehrt-herzförmig, lang ausdauernd. Endständige Griffel. Die haarigen Früchtchen tragen an der Spitze den hakigen Griffelrest und sitzen auf dem gestielten Blütenboden.

**Standort**: Verbreitet in Auen- und Bruchwäldern, auf humusreichen feuchten Wiesen, an Quellen, Ufern und Flachmooren, bis in die subalpine Stufe ansteigend, kalkliebend.

**Verbreitung**: Meiste Teile Europas, in der Mittelmeerregion, auf allen Inseln und im Ungarischen Flachland fehlend.

**Blütezeit**: April, Mai bis Juli, selten noch einmal im Herbst blühend.

**Verwendung**: Die Bach-Nelkenwurz wird ähnlich der Echten Nelkenwurz als Blattgemüse verwendet. Gebrauchswert und Heilwirkung sind geringer als bei der Echten Nelkenwurz.

**Allgemeines**: Der aus der Schwäbischen Alb stammende Name **Heilands-** oder **Himmelsbrot** rührt da her, daß Kinder gern die nektarreichen Blüten aussaugen.

## Echte Nelkenwurz *(Geum urbanum)*

Rosengewächse

**Merkmale**: Ausdauernde, mit steriler Blattrosette überwinternde, etwa 1,3 m hohe, behaarte Halbrosettenstaude mit kurzem, vorn verdicktem, walzlichem Wurzelstock. Dieser ist geringelt, braun-gelblich, innen fleischfarben bis lila. Die Stengel entspringen der Achsel eines Grundblattes, sind aufrecht, manchmal unten bogig, dünn, feinkantig, verzweigt und beblättert. Die Grundblätter sind kurzgestielt, unterbrochen leierförmig gefiedert mit 1–5 Paaren ungleicher, grob doppelt gesägter Fiedern und einem großen, rundlichen, tiefgelappten Endabschnitt. Die Stengelblätter sind groß, 1–5geteilt oder 3teilig mit großen rundlich-nierenförmigen und unregelmäßig gezähnten Nebenblättern. Die leuchtendgelben Blüten auf langen, aufrechten, drüsig behaarten Stielen sind zu wenigblütigen, lockeren Blütenständen vereint. Kelchblätter dreieckig länglich, zugespitzt und später zurückgeschlagen, Außenkelchblätter etwa halb so lang, schmal-lanzettlich und beiderseits behaart. Kronblätter rundlich-länglich, basal kaum verschmälert, flach abstehend und bald abfallend. Die haarigen Früchtchen stehen ungestielt in kugeligen Köpfchen, an der Spitze mit hakigem Griffelrest.

**Standort**: Häufig an feuchten Standorten, Wäldern, Hecken, auch an Mauern und auf Schuttplätzen, bis in die Alpentäler verbreitet.

**Verbreitung**: Größte Teile Europas bis auf den äußersten Norden.

**Blütezeit**: Mai bis Oktober.

**Verwendung**: Die jungen, im Frühjahr geernteten Blätter als Salat oder nach Abkochen in Salzwasser als Gemüse. Die Wurzeln erntet man im Herbst oder Frühjahr, sollte sie aber nur in kleinen Mengen als Gewürz verwenden.

**Allgemeines**: Den bitter schmeckenden Wurzeln wurde große Heilkraft zugesprochen, daher der Name **Benediktenkraut**, das heißt »gesegnetes Kraut«. *Heilpflanze Seite 249.*

## **Rote Fetthenne** *(Sedum telephium)* Dickblattgewächse

**Merkmale:** Ausdauerndes, äußerst kräftiges, bis 60 cm hohes Kraut mit rübenförmiger Wurzel und wechselständigen Blättern. Sproß aufrecht und unverzweigt oder im oberen Bereich ästig. Blätter flach, dicklich, lanzettlich, randlich gezähnt, basal verschmälert. 2–7 cm lang, frisch grün. Blüten klein, sternartig, dicht gehäuft in rispigen Blütenständen. Einzelblüte hell bis dunkel purpurrot, mit 5 schmalen, unverwachsenen Kronblättern und 10 Staubblättern. Kelchblätter klein und unscheinbar, basal etwas zusammenhängend. Kein einheitlicher Fruchtknoten ausgebildet, sondern in 5 Fruchtblätter aufgeteilt. Frucht aus trockenen, aufspringenden Bälgen.

**Standort:** Trockene und feuchte, nicht zu schattige, oft steinige Stellen an Ufern, Busch- und Waldrändern.

**Verbreitung:** Mitteleuropa bis Skandinavien, im Mittelmeergebiet nur in den nördlichsten Teilen. **Blütezeit:** Juli bis September.

**Verwendung:** Die jungen saftigen, würzig schmeckenden Blätter werden Kräutersalaten zugegeben. Für eine alleinige Verwendung schmecken sie zu streng. Weniger als Kochgemüse geeignet.

**Allgemeines:** In der Gestalt ähnlich ist die in gleicher Weise verwendete **Große Fetthenne** *(S. maximum),* die sich durch gelblich-grüne Blüten und blau bereifte Blätter auszeichnet. Sie wird bisweilen kultiviert, gelangt in Mitteleuropa jedoch nicht jedes Jahr zur Blüte. Von der rasenbildenden **Tripmadam** *(S. reflexum)* mit dicklichen, nadelförmigen und stachelspitzigen kleinen Blättern, goldgelben Blüten und Kronblättern, die viel länger als der Kelch sind, werden nichtblühende Sprosse als Salat oder als Beigabe in Kräutersuppen verwendet. Mancherorts ist die »Tripmadam-Suppe« geschätzt. Diese Art kommt in Mittel- und Nordeuropa an trockenen und kiesigen Standorten vor.

## **Wechselblättriges** oder **Gold-Milzkraut** *(Chrysosplenium alternifolium)* Steinbrechgew.

**Merkmale:** Locker rasig wachsendes, bis 20 cm hohes, zartes, unterirdisch ausdauerndes Kraut mit basaler Blattrosette und im Boden liegenden Ausläufern. Stengel aufrecht, mit wenigen wechselständigen Blättern, 3kantig, kahl bis locker behaart. Blätter nierenförmig, besonders die unteren lang gestielt, grob gekerbt, an ihrer Basis herzförmig, die Blattfläche bis über 2 cm lang und ebenso breit oder breiter. Die Stengelblätter deutlich kleiner und nur kurz gestielt; alle locker behaart und tief grün. Blüten in einer Ebene zur Trugdolde vereint, klein, von gelbgrünen, den Laubblättern gleichenden Tragblättern umgeben. Blüten klein, nur mit 4 kurzen, eiförmigen Kelchzipfeln, ohne Blütenblätter. Im Inneren der Blüte 8 kurze Staubblätter sowie ein kreisförmiges, gelbes Nektarium. Fruchtknoten mit der Blütenbasis halb verwachsen, fast unterständig, mit 2 Griffeln. Die reife Frucht ist eine einfächrige Kapsel.

**Standort:** An schattigen, feuchten, oft fluß- oder bachnahen Orten.

**Verbreitung:** In Mittel- und Nordeuropa, an geeigneten Standorten bis über die Baumgrenze steigend. In Südeuropa fehlend.

**Blütezeit:** März bis Mai.

**Verwendung:** Das zarte Kraut wird als Salat verwendet. Es kann an seinen feuchten Standorten schon sehr früh gesammelt werden.

**Allgemeines:** Das ähnliche **Paarblättrige Milzkraut** *(Chr. oppositifolium)* hat eine mehr westliche und leicht nach Süden verschobene Verbreitung. Es wird besonders in Frankreich als Salat verwendet. Obwohl Kronblätter fehlen, wird das Milzkraut durch Insekten bestäubt. Der im Inneren der Blüte gebildete Nektar lockt sie an, wie auch der flache, ausgebreitete Blütenstand, in dem die gelblichen Hochblätter die Funktion der Blütenblätter übernommen haben.

Wild-
gemüse

Wild
gemüse

## **Echte Geißraute** *(Galega officinalis)*

Schmetterlingsblütler

**Merkmale:** Ausdauernde, krautige, intensiv grüne, kahle oder spärlich behaarte, bis 1 m hohe Pflanze mit langer Pfahlwurzel und einem kurzen, mehrköpfigen Wurzelstock. Die zahlreichen aufrechten, meist unverzweigten Stengel sind hohl, gerieft, wechselständig beblättert. Die Blätter kurzgestielt, unpaarig gefiedert mit meist 11–17 Fiederpaaren. Fiedern elliptisch bis lanzettlich, abgerundet oder zugespitzt, mit einem deutlichen Endstachel. Die kleinen Nebenblätter sind frei, halbpfeilförmig. Die etwas nickenden Blüten stehen in vielblütigen, blattachselständigen, langgestielten Trauben. Die Blütenstiele sind dünn, mit 2pfriemlichen, ausdauernden Tragblättern. Der Kelch ist glockig verwachsen, die 5pfriemlichen Zähne werden länger als die Röhre. Die 5 Kronblätter der Schmetterlingsblüte sind weiß bis auf die bläuliche Fahne, diese ist ebenso lang wie das stumpfe Schiffchen, die Flügel bleiben etwas kürzer. Alle 10 Staubblätter sind verwachsen. Die kahlen, rotbraunen Hülsen stehen schräg aufrecht.

**Standort:** Auf feuchten Wiesen, an Flußufern, allgemein nährstoffreiche und warme Böden liebend, als Futter- und Zierpflanze angebaut und häufig verwildert.

**Verbreitung:** Vorwiegend in östlichen, mittleren und südeuropäischen Regionen.

**Blütezeit:** Juli, August bis in den Herbst.

**Verwendung:** Die jungen Blätter werden in südeuropäischen Ländern als Salat gegessen. Früher galt die Pflanze als beliebtes Heilmittel bei Fieber, Pest und Bissen von Giftschlangen, wurde auch bei Tieren angewandt. Schon um 1600 findet man sie in deutschen Gärten.

**Allgemeines:** Der Name Geißklee deutet auf seine Verwendung als Futterpflanze hin. Mit dem Namen Raute wurden früher alle Pflanzen mit zerteilten Blättern bezeichnet; ihnen schrieb man große Heil- und Zauberkräfte zu.
*Heilpflanze Seite 251.*

## **Knollen-Platterbse** *(Lathyrus tuberosus)*

Schmetterlingsblütler

**Merkmale:** Ausdauernde, krautige, kahle oder fast kahle Kletterpflanze mit unterirdisch kriechenden Ausläufern und haselnußgroßen, verdickten Wurzelknollen. Stengel niederliegend oder kletternd, bis etwa 1,2 m lang, unverzweigt oder verzweigt, 4kantig aber nicht geflügelt. Die Blattstiele sind kantig, Blätter mit einem Fiederpaar und in einer kräftigen, verzweigten Ranke auslaufend. Fiederblättchen elliptisch bis länglich, stumpf oder mit kurzer Spitze, schwach parallelnervig. Nebenblätter etwa so lang wie die Blattstiele, schmal halbpfeilförmig. Die großen, karminroten, wohlriechenden Blüten stehen in 2–7blütigen, lockeren, blattachselständigen Trauben. Die lanzettlichen Tragblätter sind so lang wie die Bütenstiele. Kelch glockig verwachsen, die 5 Zähne nicht gleich groß, Die Fahne der Schmetterlingsblüte ist breiter als lang, ausgerandet, die Fügel sind kürzer, das stark gekrümmte Schiffchen umfassend. Von den 10 Staubfäden sind 9 zu einer Rinne verwachsen, der Griffel ist auf der Oberseite flaumig behaart.

**Standort:** In Getreidefeldern, an Wegrändern, Fluß- und Bahndämmen, allgemein wärmeliebend und auf schweren Kalkböden.

**Verbreitung:** Größte Teile Europas, doch nicht im Norden und äußersten Süden.

**Blütezeit:** Juni bis August.

**Verwendung:** Die Wurzelknollen oder »Erdeicheln« sind hart, dunkelbraun; sie enthalten Stärke und Zucker. Roh gegessen, sind sie von herbem Geschmack, gekocht werden sie auf vielerlei Art wie Kartoffeln zubereitet oder wie Kastanien geröstet. Man kann aus ihnen auch ein gutes Speiseöl gewinnen. In der Heilkunde werden sie zum Beispiel bei Ruhr und Durchfällen genommen.

**Allgemeines:** Die Wurzelknollen erreichen ihre volle Größe im 3. oder 4. Jahr und wachsen nach ihrer Ablösung zu neuen Pflanzen heran.

## Wiesen-Klee, Rot-Klee *(Trifolium pratense)* Schmetterlingsblütler

**Merkmale:** Ausdauernde, formenreiche, krautige, mehr oder weniger weißlich behaarte Pflanze mit kräftiger, sehr langer Pfahlwurzel und zahlreichen Nebenwurzeln. Den gestauchten Hauptsproß umgibt eine Blattrosette, aus deren Achseln die aufrechten, bis 50 cm hohen Stengel entspringen. Diese sind oft nur kurz verzweigt, gerillt bis kantig, etwas zusammengedrückt, behaart und oft rot überlaufen. Die 3zähligen Blätter sind langgestielt, die obersten Stengelblätter fast sitzend. Die Blättchen kurzgestielt, verkehrt-eiförmig, länglich-lanzettlich bis fast rund, an beiden Seiten abgerundet oder am Ende leicht ausgerandet, unterseits behaart, oberseits oft verkahlend, leuchtend grün mit helleren oder rötlich braunen Flecken, am Rand gewimpert. Nebenblätter dreieckig in einer dünnen scharfen Spitze endend, die oberen breit mit dem Blattstiel verwachsen. Die karmin- bis fleischroten, seltener gelblichen oder weißen Büten sitzen in vielblütigen, kugeligen bis eiförmigen Köpfchen. Kelch röhrig-glockig, oft rötlich überlaufen, 10nervig, anliegend behaart, der unterste Zahn deutlich länger. Die Kronblätter der Schmetterlingsblüte mit ihrer Basis und den Staubblättern an einer nektarführenden Röhre verwachsen. Hülse eiförmig mit verdickter Spitze, dünnhäutig.

**Standort:** Verbreitet auf Fettwiesen, Feldern, lichten Wäldern, auf nährstoffreichen und gut drainierten Böden, bis über 3000 m Höhe ansteigend.

**Verbreitung:** In ganz Europa mit Ausnahme des äußersten Nordens.

**Blütezeit:** Mai bis September, manchmal bis Spätherbst.

**Verwendung:** Die jungen Blätter werden als Gemüse, etwa wie Spinat zubereitet. In Irland und Schottland bereitet man aus den getrockneten Blüten ein sogenanntes Stampfbrot, es heißt »Thambrak«.

## Gelbe Spargelbohne *(Tetragonolobus maritimus)* Schmetterlingsblütler

**Merkmale:** Ausdauernde, kahle, aber auch mehr oder weniger behaarte, krautige Pflanze. Die meist niederliegenden bis aufsteigenden Stengel werden bis etwa 40 cm lang, sind rund, spärlich behaart, besonders im unteren Teil fein rotbraun gefleckt, vom Grund an verzweigt und wechselständig beblättert. Blätter kurzgestielt, dreizählig. Blättchen verkehrt-eiförmig bis lanzettlich, am Ende spitz zulaufend, am Rand gewimpert, sehr kurz gestielt bis sitzend. Nebenblätter eiförmig spitz oder abgerundet. Die großen, schwefelgelben Blüten stehen einzeln in den Blattachseln auf bis zu 15 cm langen Blütenstielen, die Blätter weit überragend. Kelch röhrig-glockig verwachsen, die Röhre fein rötlich gefleckt, die 5 Kelchzähne gleichgroß und kürzer als die Röhre, schmal-lanzettlich, am Rand gewimpert. Die Schmetterlingsblüte bis 30 mm lang, mit einer großen, auffallenden, vorragenden, verkehrt-eiförmigen bis herzförmigen Fahne, die am Grund von den rötlichen Äderchen gezeichnet ist. Die wesentlich kürzeren Flügel umfassen das eingekrümmte Schiffchen. Staubfäden zu einer geschlossenen Röhre verwachsen, Griffel an der Spitze einseitig häutig, während der Fruchtreife bleibend. Hülse im Schnitt quadratisch, bis etwa 5 mm lang, 4kantig, kahl mit glatten Fruchtflügeln.

**Standort:** Auf feuchten Wiesen und an Gräben, auf kalkhaltigen Böden in den Alpen bis auf 2000 m ansteigend.

**Verbreitung:** Mittel- und Südeuropa, nördlich bis Südschweden, doch meist nicht im Mittelmeergebiet

**Blütezeit:** Mai bis Juli.

**Verwendung:** Die jungen Hülsen und Samen ergeben ein wohlschmeckendes Gemüse.

**Allgemeines:** **Die Rote** oder auch **Englische Spargelbohne** *(T. purpureus)* mit meist aufrechten Stengeln, paarweise stehenden, dunkelroten Blüten wird ebenso gern gegessen.

## Gemeiner Portulak *(Portulaca oleracea)* Portulakgewächse

**Merkmale:** Einjährige, kahle, fleischige, etwa 30 cm hohe Pflanze. Die von Grund an verzweigten Stengel sind niederliegend oder aufsteigend, glänzend und oft rot überlaufen. Die fleischigen, glänzend dunkelgrünen Blätter wechselständig angeordnet, nach oben hin fast gegenständig und gehäuft, sitzend, länglich verkehrt-eiförmig, mit keilförmigem Grund. Nebenblätter borstig. Die kleinen weißen oder gelblichen, schnell vergehenden Blüten einzeln oder bis zu dreien, meist endständig in den Gabelästen oder Blattachseln. Kelch 2spaltig, stumpfgekielt, nach der Blüte abfallend. Meist 5 Kronblätter, verkehrt-eiförmig, am Grunde leicht verwachsen, 7–12 Staubblätter. Fruchtknoten halbunterständig, 1fächerig, Griffel 3–6spaltig, fadenförmig. Kapsel verkehrt-eiförmig, mit einem Deckel öffnend, die schwarzen Samen nierenförmig und kurzwarzig.

**Standort:** In Gärten, auf Äckern, an Wegen, Bahndämmen, ursprünglich als Kulturpflanze angebaut, verwildert und mancherorts eingebürgert.

**Verbreitung:** Hauptsächlich im südlichen und mittleren Europa.

**Blütezeit:** Juli bis Oktober.

**Verwendung:** Die ganze, vor der Blüte gesammelte, schwach salzig schmeckende Pflanze wird zu Salat, Gemüse oder Kräutersuppen verwertet. In Salz oder Essig eingelegte Blätter (man kann auch Wein nehmen) eignen sich als Wintervorrat. In der Heilkunde bei Entzündungen und als Antiskorbutikum gebräuchlich.

**Allgemeines:** Von dem Portulak, auch **Gemüse-Portulak** oder **Bürzelkraut** genannt, wird eine kräftigere, aufrecht wachsende Unterart als Gemüse angebaut *(P. oleracea ssp. sativa)*. Der **Großblütige Portulak** *(P. grandiflora)* ist eine beliebte Zierpflanze. Die Arten dieser Familie sind hauptsächlich im westlichen und andinen Amerika verbreitet.

## Wald-Sauerklee *(Oxalis acetosella)* Sauerkleegewächse

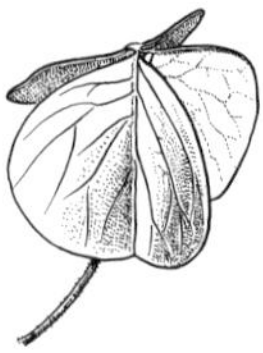

**Merkmale:** Ausdauernde, schwach behaarte, etwa 15 cm hohe Pflanze, mit einem waagerecht kriechenden und unbegrenzt wachsenden, zarten Wurzelstock der von den zahnähnlichen, rötlichen, fleischig verdickten Resten der abgefallenen Blätter bedeckt wird. Blätter grundständig, bis 10 cm lang gestielt, 3zählig, kleeartig. Die Blättchen sind unterseits dunkelrot überlaufen, sehr kurz gestielt, verkehrt-herzförmig, ausgerandet, kahl oder auf der Unterseite spärlich behaart. Blattstiele behaart, am Grund fleischig verbreitert. Nebenblätter klein, eiförmig, spitz. Blüten einzeln auf einem spärlich behaarten, die Blätter überragenden Stiel grundständig aus den Blattachseln treibend. Die 5 Kelchblätter sind frei, länglich-eiförmig, stumpf, außen behaart, die 5 Kronblätter weiß oder rosa, mit violetten Adern und einem gelben Fleck am Grund, verkehrt-eiförmig, an der Basis leicht miteinander verbunden. Staubblätter 10, die inneren kürzer als die 5 fadenförmigen Griffel. Die späteren Blüten haben kürzere Stiele, oft keine Kronblätter, bleiben geschlossen und bestäuben sich selbst. Fruchtknoten oberständig.

**Standort:** Verbreitet in feuchten, humusreichen Laub- und Nadelwäldern, Gebüschen, Mooren, auf alten Baumstrünken, bis in die subalpine Stufe ansteigend.

**Verbreitung:** Größte Teile Europas, im Süden seltener.

**Blütezeit:** April, Mai, hier und da im Herbst ein zweites Mal blühend.

**Verwendung:** Die säuerlich schmeckenden Blätter werden im Frühjahr als Beigabe zu Salaten, Kräutersuppen und Gemüse gesammelt. Kinder essen die Blätter (und den Wurzelstock) gern als Erfrischung roh. Für den Winter können die Blätter mit Zucker eingelegt werden. Früher wurden sie zur Gewinnung von Oxalsäure genommen. In größeren Mengen kommt ihnen Giftwirkung zu.

Wild-
gemüse

Wild-
gemüse

## **Gemeine Nachtkerze** *(Oenothera biennis)* Nachtkerzengewächse

**Merkmale:** Zweijährige, bis 1,5 m hohe Pflanze, mehr oder weniger behaart, mit rübenförmiger, fleischiger Wurzel. Im 1. Jahr treibt sie nur eine dem Boden angedrückte Blattrosette. Der aufrechte beblätterte Stengel verzweigt sich höchstens in seinem oberen Teil; er ist kantig, drüsig und spärlich behaart, nicht rotgefleckt. Die Grundblätter sind länglich verkehrt-eiförmig, stumpf, in einen langen Stiel verschmälert, oft rot überlaufen. Die sehr kurzgestielten, abstehenden, reingrünen Stengelblätter sind länglich-lanzettlich, mit kleiner Spitze, fein gezähntem Rand und spärlich behaart. Die großen, gelben, wohlriechenden Blüten stehen einzeln in den Blattachseln eines aufrechten Blütenstandes, sie öffnen sich abends, die unteren immer vor den oberen, und verwelken am nächsten Morgen. Die 4 lanzettlichen, lang zugespitzten Kelchblätter erreichen zwei Drittel des röhrenförmigen Achsenbechers, in der Knospe aneinandergepreßt, später zurückgeschlagen. Die 4 kurzbreit-gestielten, verkehrt-ei- bis herzförmigen Kronblätter sind wesentlich länger als die 8 Staubblätter, Fruchtknoten unterständig, Griffel 4teilig.

**Standort:** Bahndämme, Wegränder, Flußufer, Kies- und Sandgruben, Steinbrüche und Mauern, bis in die alpine Stufe ansteigend.

**Verbreitung:** Ursprünglich aus Nordamerika eingeschleppt, jetzt in fast ganz Europa verbreitet, seltener im äußersten Norden und Süden.

**Blütezeit:** Juni bis September.

**Verwendung:** Im Herbst oder Frühjahr, bevor der Blütensproß treibt, wird die Wurzel geerntet und auf vielerlei Weise zubereitet: gekocht und geschnitten als Salat oder wie Schwarzwurzeln als Gemüse. Blätter ungenießbar.

**Allgemeines:** Die sehr rasche Verbreitung der Art ist wohl mit auf ihren Gebrauch als Gemüse zurückzuführen, davon zeugen die früher üblichen Namen **Rapunzel** und **Rapontika.**

## **Wald-Weidenröschen** *(Epilobium angustifolium)* Nachtkerzengewächse

**Merkmale:** Ausdauernde bis zu 2 (2,5) m hohe Pflanze mit einem dicken verholzenden Wurzelstock. Die Sproßknospen, am Grund des letztjährigen Sprosses angelegt und dicht mit schuppigen Blättern geschützt, überwintern unterirdisch und wachsen dann zu den aufrechten, wechselständig dicht beblätterten und selten verzweigten Stengeln heran. Stengel rund oder leicht kantig, oft rot überlaufen. Die weidenähnlichen oder nur kurzgestielten Blätter sind schlaff, lanzettlich, bis 3,5 cm lang, unterseits blaugrün, mit gut entwickelten Seitennerven, am Rande zurückgerollt und mit sehr kleinen Zähnen besetzt. Die Hochblätter haben eine pfriemliche Spitze. Die zahlreichen großen, purpurroten, selten weißen Blüten stehen in langen, endständigen, pyramidenförmigen Trauben, Blütenknospen nickend. Die 4 lineal-lanzettlichen, außen rötlichen Kelchblätter sind fast so lang wie die Krone. Die 4 gestielten Kronblätter verkehrt-eiförmig bis rundlich, die unteren etwas kleiner als die oberen. Die 8 Staubblätter zusammenneigend. Fruchtknoten unterständig. Griffel erst herabgebogen, Narbe 4teilig. Die lange schmale, fachspaltige Kapsel oft rötlich. Die zahlreichen, glatten, länglichen Samen sind mit einem Haarschopf versehen.

**Standort:** Gesellig an Wegrändern, Waldschlägen und Brandstellen, auf sandigen und felsigen Hängen, auf torfigen Äckern, an Bahndämmen, bis in die alpine Stufe ansteigend.

**Verbreitung:** Ganz Europa, im Süden seltener.

**Blütezeit:** Juni bis September.

**Verwendung:** Die jungen Blätter bereitet man als Salat oder als kohlähnliches Gemüse. Die jungen, etwas süßlichen Stocksprossen und Triebe ergeben, vor der Blüte geerntet und wie Spargel zubereitet, ein vorzügliches, nahrhaftes Gemüse. Die Blätter werden getrocknet und zu Tee gekocht. Die Samenwolle kann recht brauchbar versponnen werden.

## **Feld-Mannstreu** *(Eryngium campestre)* Doldengewächse

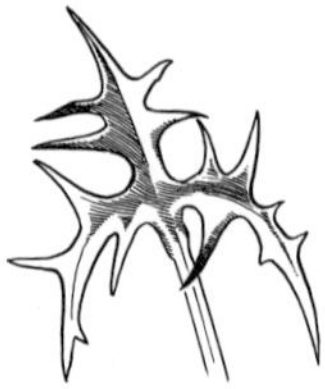

**Merkmale:** Die ausdauernde, distelartige, gelblich-grüne Pflanze wirkt durch die sparrigen Äste oft halbkugelförmig buschig. Die braune Wurzel ist dick pfahlförmig, holzig, geringelt. Der aufrechte Stengel, 70 (100) cm hoch, ist beblättert, dick und fein gerillt. Blätter starr, lederig, 5–20 cm lang, Spreite beiderseits weißlich netzig genervt. Grundblätter, oft ausdauernd, an der jungen Pflanze noch ungeteilt länglich, an der blühenden Pflanze langgestielt, etwa breit-eiförmig im Umriß, handförmig-fiedrig bis 2–3fach geteilt. Blüten weißlich oder blaß-grünlich, in etwa 15blütigen, zu fast kugeligen, gestielten Köpfchen zusammengedrängten Dolden. Die endständigen Dolden sind 3–6strahlig, die überragenden Seitenstrahlen noch vielfach doldig verästelt. 5–7 Hüllblätter, lineal-lanzettlich, einfach oder mit 1–2 Dornenpaaren und Enddorn versehen, linealische Hüllchenblätter, ganzrandig bis auf die äußersten, die in einen langen Dorn enden. Fruchtknoten unterständig.

**Standort:** Trockene, steinige, dürre Wiesen, Wegränder, Bahndämme, Ufer, in lichten Gehölzen zerstreut auftretend.

**Verbreitung:** Mittel- und Südeuropa, bis nach Südengland, Norddeutsches Flachland.

**Blütezeit:** Juli bis September.

**Verwendung:** Die jungen Sprosse im Frühling als Salat, die süßlichen, scharf-würzigen Wurzeln als nahrhaftes Gemüse. *Örtlich kleine Bestände schließen eine solche Nutzung aus!*

**Allgemeines:** Gleiche Verwendung finden die **Flachblättrige Mannstreu** *(E. planum)* und die **Stahlblaue Mannstreu** *(E. amethystinum).* Die an den Küsten verbreitete **Stranddistel** *(E. maritimum) steht unter Naturschutz!* Die trockenen Pflanzen der Feld-Mannstreu lösen sich vom Spätsommer bis zum nächsten Frühjahr von den Wurzeln und werden dann vom Wind als »Laufdisteln« übers Land gerollt, wobei sie ihre Früchte ausstreuen.

## **Zahnstocher-Ammei** *(Ammi visnaga)* Doldengewächse

**Merkmale:** Robuste, ein- oder zweijährige, verzweigte, kahle Pflanze, bis 1 m hoch, mit möhrenförmiger Wurzel. Von den wechselständigen Blättern sind die unteren einfach gefiedert, die oberen bis zu 3fach gefiedert. Fiedern immer schmal-länglich bis nadelförmig, ganzrandig, zugespitzt. Doppeldolden groß und vielstrahlig (bis etwa 150). Strahlen während der Blütezeit abstehend, dünn und schon an der Ansatzstelle verbreitert und verdickt, im Fruchtstand aufrecht, dick, starr und verholzt, dieser nestartig zusammengezogen. Hüllblätter 1–2fach gefiedert und etwa so lang wie die Strahlen, Hüllchenblätter ungeteilt. Blüten weiß bis gelblich weiß, zwittrig, Kelch ungezähnt. Kronblätter ungleich groß, verkehrt-eiförmig, tief eingeschnitten, mit eingeschlagenem Mittelzipfel. Fruchtknoten unterständig. Frucht 2–2,5 mm lang, breit-eiförmig-elliptisch, kaum länger als breit, seitlich schwach zusammengedrückt.

**Standort:** Auf offenen, zum Teil vom Menschen beeinflußten Stellen, eingeschleppt.

**Verbreitung:** Hauptsächlich südeuropäisches Mittelmeergebiet, atlantische Inseln und Portugal, weiter im Norden eingebürgertes Unkraut.

**Blütezeit:** Je nach Gegend Juli bis Oktober.

**Verwendung:** Die Wurzeln der Pflanze können wie Möhren zubereitet werden. Die verholzten Doldenstrahlen sind in südlichen und orientalischen Ländern als Zahnstocher von würzigem Geschmack beliebt. Auch ist die Zahnstocher-Ammei eine alte ägyptische Heilpflanze, deren stark gefäßerweiternde Wirkung von neuen Forschungsergebnissen bestätigt wurde. Sie wird heute wieder angebaut.

**Allgemeines:** Der Fruchtstand ähnelt dem der Möhre. Ein besonderer Verbreitungsmechanismus ist dem Trockenklima angepaßt: Die Doldenstrahlen schließen sich bei Trockenheit und breiten sich bei Regen aus, um dann die Früchte zu streuen.

## Kleine Bibernelle *(Pimpinella saxifraga)* — Doldengewächse

**Merkmale:** Ausdauernde, bis 60 cm hoch werdende Pflanze mit grundständiger Blattrosette, selten kahl, meist dicht flaumhaarig, insgesamt sehr formenreich durch unterschiedliche Größe, Blatteilung, Behaarung und Blütenfarbe. Wurzel spindelförmig, verzweigt, geringelt von unangenehm scharfem, bocksartigem Geruch. Stengel aufrecht, rund, nicht hohl, fein gerillt, verzweigt, im oberen Teil fast blattlos. Untere Blätter langgestielt, unpaarig gefiedert, mit 3–7 Fiederpaaren, diese sitzend, ungeteilt-eiförmig, mit gekerbtem oder gezähntem Rand, bis 2fach gefiedert und mit linealischen Abschnitten an den oberen Blättern; diese sitzend auf den etwas häutigen Scheiden. Dolden 6–25strahlig, klein, Hülle und Hüllchen fehlend oder nur vereinzelt vorhanden. Blüten klein, weiß, gelblichweiß, selten rosa oder rötlich, sowohl zwittrig wie männlich. Kelchsaum ungezähnt. Kronblätter verkehrt-eiförmig, an der Spitze leicht ausgerandet, mit einem eingeschlagenen Läppchen. Fruchtknoten unterständig, Griffel während der Blüte kürzer als dieser.

**Standort:** Meist auf trockenen, sonnigen, mageren Flächen, auf Wiesen, Hügeln, steinigen Abhängen und Schutthalden, Ufern und Straßenrändern, auch auf Äckern, bis in die subalpine Stufe zu finden.

**Verbreitung:** Größte Teile Europas mit Ausnahme des südlichsten und der Inseln.

**Blütezeit:** Juni, Juli bis Oktober.

**Verwendung:** In erster Linie finden die jungen, süßlich scharf schmeckenden Blätter als Würze von Suppen – z.B. Hamburger Aalsuppe – Verwendung, für Saucen und als Gemüse, besonders in der mediterranen Küche.

**Allgemeines:** Die in den meisten Teilen größere **Große Bibernelle** *(P. major)*, deren Stengel bis oben hin beblättert ist und zur Blütezeit seitliche sterile Rosetten aufweist, findet gleiche Verwendung. *Heilpflanze Seite 255.*

## Echter Fenchel *(Foeniculum vulgare)* — Doldengewächse

**Merkmale:** Zweijährige oder ausdauernde, an der Basis manchmal verholzende Staude, bis 2 (2,5) m hoch, kahl, seegrün, nach oben hin bläulich bereift, von angenehm würzigem Geruch. Wurzel spindelförmig, weißlich. Stengel aufrecht, üppig verzweigt, rund, feingerillt, die älteren hohl. Der Umriß der 3–4fach gefiederten Blätter ist dreiekkig-länglich, die einzelnen Fiedern sind fadenförmig, spitz endend und stehen meist nicht alle in einer Ebene. Untere Blätter gestielt, mittlere und obere auf der Blattscheide sitzend, diese bis 6 cm lang, schmal aufrecht mit häutigem Rand. Große Doppeldolden, bis 15 cm im Durchmesser, mit 12–15 ungleich langen Strahlen. Hülle und Hüllchen meist fehlend. Die kleinen gelben Blüten sind meist zwittrig, nektarreich. Kronblätter gleich, breiteiförmig, am Ende mit einem schmaleren, eingewellten Lappen.

**Standort:** Meernahe Regionen des Mittelmeergebietes, sonst in Kultur oder verwildert an Bahndämmen, Weinbergen, auf Schutt.

**Verbreitung:** Heimisch in Süd- und Südwesteuropa, verwildert auch in Mitteleuropa.

**Blütezeit:** Juli bis Oktober.

**Verwendung:** Seit alters her als Gewürz-, Gemüse- und Heilpflanze bekannt. Die jungen Stengel und Blätter werden als Gemüse gegessen. Die alten Römer schätzten sie in Essig und Salz eingelegt. Die Früchte werden als Küchengewürz auch zum Einmachen genommen.

**Allgemeines:** Die verschiedenen Formen des Fenchels nutzt man im Mittelmeerraum unterschiedlich: der **Gemüse-** oder **Zwiebel-Fenchel,** dessen untere Blattscheiden verdickt sind, wird als Gemüse angebaut; von dem **Esels-** oder **Pfeffer-Fenchel** werden Stengel und Blätter gegessen; die Früchte des **Gewürz-Fenchels** geben das süße Fenchelöl und die des **Butter-Fenchels** das ätherische Fenchelöl. *Heilpflanze Seite 250.*

## Echter Nadelkerbel, Venuskamm *(Scandix pecten-veneris)* Doldengewächse

**Merkmale:** Einjähriges, formenreiches, nach Koriander riechendes Kraut, bis 50 cm hoch, mit einer dünnen, hellfarbenen, spindeligen Wurzel, und einem oder mehreren Stengeln. Diese aufrecht oder aufsteigend, verzweigt, rund, fein gerillt, fast kahl oder mit abstehend steifen Haaren. Untere Blätter langgestielt, Blattscheiden schmal mit weißem Hautrand, die oberen sitzend auf kurzen, etwas aufgeblasenen und am Rand gewimperten Scheiden. Blattspreite 2–3fach gefiedert, mit linealischen, spitzen Abschnitten, nur manchmal zerstreut borstig. Dolden nur 1–3strahlig, durch Übergipfelung scheinbar blattgegenständig. Hüllblätter fehlen oder sind nur selten vereinzelt vorhanden, mehrere Hüllchenblätter, einfach oder unregelmäßig geteilt, kerbig gezähnt, oft abstehend behaart und weißhautrandig. Die kleinen Blüten sind weiß, zwittrig oder männlich, Kelchzähne fehlen. Kronblätter länglich mit eingeschlagenem Läppchen, die äußeren oft größer, strahlend. Fruchtknoten unterständig. Frucht meist groß und kräftig, 15 bis 80 mm lang, geschnäbelt.

**Standort:** Auf offenen Flächen, bevorzugt Kalk- und Lehmböden, häufiges Ackerunkraut.

**Verbreitung:** Aus dem Mittelmeergebiet stammend, auch im westlichen und mittleren Europa bis England und Südschweden zu finden.

**Blütezeit:** April bis Juli, manchmal im November und Dezember noch einmal blühend.

**Verwendung:** Die jungen, süßlich und scharf schmeckenden Blätter als Gemüse. Seit alters her in der Heilkunde bekannt.

**Allgemeines:** Die aufrecht stehenden Früchte dieser Pflanze sind sehr charakteristisch und erinnern an die des Reiherschnabels *(Erodium)*. Die Fruchtschnabelhälften krümmen sich bei Reife elastisch und springen dann ruckartig auseinander. Die borstige Behaarung der Schnäbel fördert die Verbreitung durch Tiere.

## Duftende Süßdolde, Myrrhenkerbel *(Myrrhis odorata)* Doldengewächse

**Merkmale:** Ausdauernde, 1 bis 2 m hohe, weich behaarte Staude von aromatischem Anisgeruch. Wurzel dick, braun, knorrig und mehrköpfig. Stengel aufrecht, hohl, rund, nach oben hin verzweigt, Äste manchmal quirlig stehend, kahl oder besonders an den Knoten zottig-haarig. Blätter groß, weich, die jungen graufilzig-zottig, dreieckig im Umriß, 2–4fach gefiedert, mit eiförmig-lanzettlichen, tief gezähnten Blattabschnitten, die unteren gestielt, die oberen auf den deutlichen Blattscheiden sitzend, kleiner und weniger zerteilt. Die Dolden sind flach, 4–20strahlig, Hülle fehlend, 5–7 gewimperte Hüllchenblätter. Die Enddolden tragen meist zwittrige und männliche Blüten, die später aufblühenden Seitendolden meist nur männliche. Stiele der zwittrigen Blüten dicht kurz behaart, die der männlichen kahl. Kelchrand undeutlich, Kronblätter weiß, am äußeren Rand des Blütenstands etwas größer, strahlend, Fruchtknoten unterständig. Die besonders auffallende Frucht steht auf aufrechten, aneinandergedrückten Stielen, sie ist dunkelbraun und glänzend, 15–25 mm lang, eiförmig länglich, schnabelförmig, mit deutlichen Rippen, die zur Spitze hin borstig behaart sind.

**Standort:** Alpine Waldwiesen, sonst aus Kulturen verwildert, auf Schutt, an Zäunen, gern auf Kalkböden.

**Verbreitung:** Alpen, Pyrenäen, Apennin und westlicher Balkan, bis 1900 m ansteigend.

**Blütezeit:** Mai bis Juli.

**Verwendung:** Wegen ihres angenehmen Anisgeruchs und -geschmacks schätzt man die jungen Blätter als Gemüse und Gewürz; die Pflanze wird auch für Frühjahrskuren empfohlen. Blätter, Früchte und Wurzeln verwendete man früher sowohl in der Tierheilkunde wie in der Volksheilkunde; sie ließen sich sehr vielseitig anwenden. Deshalb fand man die Pflanze häufig in Bauern- und Klostergärten.

## Gewöhnlicher Geißfuß, Giersch, Zipperleinkraut *(Aegopodium podagraria)*

Doldengewächse

**Merkmale:** Ausdauernde, bis 1 m hohe, krautige Pflanze, fast kahl; eine ganz kurze Behaarung ist nur unter der Lupe sichtbar, mit langen dünnen, unterirdisch wuchernden Ausläufern, Rhizom halmdick, an den Knoten leicht verdickt. Stengel aufrecht, nach oben ästig verzweigt, hohl, kantig gefurcht. Die Grundblätter sind langgestielt, Blattstiele 3kantig, länger als die Blattspreite, diese im Umriß dreieckig ungeteilt oder einfach 3schnittig, bei den mittleren und oberen Laubblättern doppelt 3zählig, mit gestielten, eiförmig länglichen, 4–8 mm langen, gezähnten Blattabschnitten. Die Seitenabschnitte 1. Ordnung sind oft nur 2spaltig; sie ähneln dadurch einem Ziegenfuß. Die obersten, kleineren Blätter sitzen auf den Blattscheiden, sie sind nur einfach 3zählig bis ungeteilt. Die recht großen Dolden haben 10–20 gleichlange Strahlen, Hüll- und Hüllchenblätter fehlen meist. Blüten weiß, selten rosa oder rötlich, zwittrig oder männlich, diese dann besonders auf den Seitendolden. Kelch ungezähnt. Kronblätter verkehrt-herzförmig.

**Standort:** An Hecken, in lichten Wäldern und Gebüschen, auf feuchtem Grund, auch an Flußläufen, in Gärten ein lästiges Unkraut.

**Verbreitung:** In fast ganz Europa verbreitet, seltener in südlichen Gegenden.

**Blütezeit:** Je nach Lage Mai bis September.

**Verwendung:** Zu einem spinatähnlichen Gemüse werden die jungen, vor der Blüte geernteten Blätter, Stengel und Blattstiele bevorzugt. Die älteren Blätter haben einen der Petersilie ähnlichen Geschmack und dienen eher zum Würzen. Besonders in Nordwestdeutschland gehört die Pflanze zu den »Neunerlei-Kräutern« und wird für die Grüne Suppe genommen.

*Heilpflanze Seite 252.*

## Gewöhnlicher Pastinak *(Pastinaca sativa)*

Doldengewächse

**Merkmale:** Zweijährige, 60–100 cm hohe, mehr oder weniger behaarte Pflanze mit ausgeprägtem Möhrengeruch. Die Wurzel ist weißlich, rübenförmig. Stengel aufrecht, im oberen Teil verzweigt, die obersten Äste quirlig oder gegenständig, kantig, gefurcht bis fein gerillt und weichzottig behaart. Die wechselständigen Blätter glänzen oberseits und sind meist einfach gefiedert. Die einzelnen Fiedern zu 3–7 Paaren, mit einem oft 3lappigen Endabschnitt sind eiförmig bis länglich, am Rand unregelmäßig gekerbt. Blattstiele zart, kurz, bis undeutlich an den obersten Blättern. Die leuchtendgelben Blüten stehen in mittelgroßen, ziemlich flachen Doppeldolden, mit 5–12 ungleich langen Strahlen, die Enddolde oft größer als die sie überragenden Seitendolden, Hüll- und Hüllchenblätter abfallend. Blüten klein, 5zählig, zwittrig, doch besonders in den Seitendolden häufiger rein männlich. Fruchtknoten unterständig, Frucht breit-elliptisch und stark zusammengedrückt, 5–7 mm lang mit breiten Flügeln.

**Standort:** Wiesen, Wegränder, Gräben, Schutthalden, mit Vorliebe auf trockenen bis mäßig feuchten Lehmböden.

**Verbreitung:** In ganz Europa mit Ausnahme der arktischen Gebiete, im Norden meist als Kulturpflanze. **Blütezeit:** Juni bis September.

**Verwendung:** Die dicken fleischigen Wurzeln sind schon seit dem Altertum als eßbar bekannt. Verwendet werden vorzugsweise die Wurzeln der einjährigen Pflanze, im Herbst oder Frühwinter geerntet. Der Geschmack ähnelt dem der Möhre, ist aber süßlicher; die Wurzeln werden wie diese zubereitet. Frische Wurzeln und junge Triebe nimmt man zum Würzen. Der bittere Geschmack der Wurzeln ist durch Abkochen in Salzwasser zu mildern. Der Nährwert des Pastinaks liegt höher als der von Möhren.

## Wiesen-Bärenklau *(Heracleum sphondylium)* Doldengewächse

**Merkmale:** Zweijährige oder kurzlebige Staude, von unangenehmem Geruch, 30 bis 150 cm hoch. Der aufrechte Stengel ist 4–20 mm dick, gefurcht, borstenhaarig, nach oben hin ästig verzweigt, wechselständig beblättert. Blattscheiden stark aufgeblasen. Die unteren Blätter bis 60 cm lang, langgestielt, gefiedert mit 5(–9) Paaren großer, breit-eiförmiger, meist tiefgelappter Blattabschnitte; diese breiter oder schmal, stumpf oder spitz, auf der Oberseite weich bis derb borstenhaarig oder kahl. Die großen, flachen, zusammengesetzten Dolden, bis 20 cm im Durchmesser, sind 15–20strahlig. Doldenstrahlen ungleich lang und kantig. Wenige oder ganz fehlende Hüllblätter, Hüllchenblätter meist vorhanden, schmal. Die Blüten sind weiß, selten rosa oder grünlich, meist zwittrig, die äußeren mit teilweise vergrößerten Kronblättern. Die unscheinbaren Kelchzähne sind breit-dreieckig, kurz. Der unterständige Fruchtknoten trägt eine Behaarung.

**Standort:** Im Flachland verbreitet, auf Wiesen, an Weg-, Gebüsch- und Waldrändern.

**Verbreitung:** In ganz Europa mit Ausnahme der nördlichsten Regionen und des Mittelmeergebietes.

**Blütezeit:** Juni bis Oktober, in milden Lagen sogar im Januar, nach dem Schnitt manchmal rötlich blühend.

**Verwendung:** Die jungen Blätter und Sprosse werden vor der Blüte geerntet und in Salzwasser gekocht. Man ißt sie als Salat oder Gemüse, sie sind von mildem Geschmack. Die Wurzeln dienten in Kamtschatka zur Herstellung von Zucker und Wein. Aus den hohlen Stengeln basteln Kinder allerlei Spielzeug.

**Allgemeines:** Die sehr vielgestaltige Pflanze bringt geographisch unterschiedliche Formen hervor. Die Berührung kann eine Rötung der Haut hervorrufen. Als Zierpflanze äußerst prächtig.

## Wiesen-Kerbel *(Anthriscus sylvestris)* Doldengewächse

**Merkmale:** Robuste zweijährige oder ausdauernde, formenreiche Pflanze, bis 1,5 (2,1) m hoch, unangenehm süßlich riechend. Die kräftige Wurzel ist pfahlförmig, dick und verzweigt, geringelt. Am Grund werden zahlreiche Seitenknospen angelegt, die rasch zu kräftigen bewurzelten Pflanzen heranwachsen. Stengel aufrecht, hohl, kantig gefurcht, am unteren Teil borstig behaart, nach oben hin ästig verzweigt, die oberen Äste oft gegen- oder quirlständig. Blätter in Größe und Form sehr veränderlich. 2–3fach gefiedert, Abschnitte am Rande angedrückt gewimpert mit einem spitzen Endstachel. Die zwittrigen oder männlichen Blüten sind mattweiß, grünlich oder gelblich und stehen in 4–15strahligen, langgestielten Dolden. Die Dolden endständig an Stengel und Ästen, oft quirlig angeordnet und vor der Blüte überhängend. Doldenstrahlen kahl, Hülle meist fehlend, Hüllchenblätter zahlreich, länglich oval, etwa so lang wie die Doldenstrahlen, am Ende lang zugespitzt und zurückgeschlagen. Kelch ungezähnt, Kronblätter ungleich groß, verkehrt-eiförmig, oben mit einem kurzen, breiten Läppchen, dieses nur wenig eingeschlagen, am Grund keilförmig zusammengezogen. Fruchtknoten unterständig. Frucht bis 10 mm lang, schmal-eiförmig, länglich, glatt oder mit borstigen Höckern, sehr kurz geschnäbelt.

**Standort:** Gern auf nahrhaften, feuchten, schattigen Böden, fette Wiesen überwuchernd, an Gebüschen und Hecken, Gärten, bis in die subalpine Stufe.

**Verbreitung:** In Nord- und Mitteleuropa, im Mediterrangebiet nur in den Gebirgen.

**Blütezeit:** April bis August.

**Verwendung:** Wurzel und Blätter mancherorts als Gemüse, doch soll man die scharfschmeckende Wurzel nur zwischen Herbst und Frühjahr ernten und vor Genuß in Salzwasser abkochen, da sie sonst unbekömmlich ist.

## **Echtes Lungenkraut** *(Pulmonaria officinalis)* Rauhblattgewächse

**Merkmale:** Ausdauernde, rauhhaarige Pflanze mit einem waagerecht kriechenden, ziemlich dünnen Wurzelstock. Die Blütensprosse erscheinen im März fast gleichzeitig mit der Grundrosette. Sie sind bis 30 cm hoch, frischgrün, locker borstig behaart, unverzweigt und wechselständig beblättert. Die sich während der Blüte- und Fruchtzeit entwickelnden Rosetten- oder Sommerblätter sind deutlich weiß gefleckt oder auch ungefleckt, bis 10 cm lang, eiförmig, zugespitzt, am Grund schwach herzförmig, plötzlich in den bis zu 15 cm langen, ungeflügelten Stiel verschmälert; oft überwinternd. Die Spreite ist fiedernervig: oberseits sehr dicht rauh behaart, unterseits blaugrünlich und schwächer behaart. Die Stengelblätter sind eiförmig bis lanzettlich, die unteren mit geflügelten kurzen Stielen, die oberen sitzend. Die rosa, später violetten Blüten stehen in endständigen, reichblütigen Doppelwickeln, diese dicht und lang drüsig behaart. Blütenstiele kurz, an der Frucht bis 6 mm lang. Kelch röhrig-glockig, bis zu etwa ein Drittel in 5 Zähne gespalten, stark behaart, später vergrößert und etwas aufgeblasen, die Zähne dreieckig, gerade, manchmal blau überlaufen. Die Blütenkrone ist trichterförmig, kahl, mit einem Haarring in der Röhre. Die 5 Staubblätter in der Mitte der Röhre angewachsen, nicht herausragend. Fruchtknoten oberständig, 2blättrig, Griffel ungleich lang. Die Nüßchen eiförmig, aufrecht, schwach weich behaart und später kahl.

**Standort:** In feuchten, lichten Laub-, seltener Nadelwäldern, Gebüschen, schattigen Ufern, auf kalkarmen und -reichen Böden.

**Verbreitung:** In Europa von Südschweden und den Niederlanden bis Norditalien und Bulgarien. **Blütezeit:** März bis Juni.

**Verwendung:** Die jungen Rosettenblätter zu gemischten Salaten, Gemüse oder Suppen.
*Heilpflanze Seite 255.*

## **Gemeine Ochsenzunge** *(Anchusa officinalis)* Rauhblattgewächse

**Merkmale:** Ausdauernde, selten zweijährige, rauhhaarige, bis 80 cm hohe Pflanze, mit kräftiger, mehrköpfiger, schwarzberindeter Pfahlwurzel. Der aufrechte, kräftige Stengel stumpfkantig, reich beblättert, meist unverzweigt. Blätter spiralig angeordnet, lanzettlich, die oberen linealisch, stengelumfassend; zugespitzt, meist ganzrandig, oft gewellt und beiderseits behaart. Die karminroten, selten weißen oder gelben, später dunkelblau violetten Blüten in blattachselständigen und endständigen, dichten, reichblütigen, pyramidenförmigen und nach der Blüte verlängerten Doppelwickeln. Blütenstiele sehr kurz, in der Frucht aber bis 5 mm lang. Die Tragblätter sind ebenso lang wie der Kelch oder länger. Der Kelch bis zu seiner Hälfte oder fast bis zum Grund in 5 lanzettliche, spitze, rauhbehaarte Zipfel gespalten, zur Fruchtzeit verlängert. Die Blütenkrone ist 5zählig, trichterförmig. Die gerade weiße Röhre ist so lang wie der Kelch oder länger; am Grund des Kronsaumes 5 nebenkronartige, dreieckig-eiförmige und an ihrem Rand grob papillöse Schlundschuppen. Die 5 Staubblätter sind in der oberen Hälfte der Kronröhre angewachsen; sie reichen bis zu den Schlundschuppen, Fruchtknoten oberständig, 2blättrig, in 4 einsamige Nüßchen zerfallend. Nüßchen schief-eiförmig, bis 4 mm lang, wulstig und fein warzig, hellbraun.

**Standort:** Verbreitet auf Äckern, an Wegrändern, Trockenrasen, auch auf Schutt.

**Verbreitung:** Große Teile Europas, doch nicht im äußersten Norden, in Teilen des Westens und des Mittelmeergebiets.

**Blütezeit:** Mai bis September.

**Verwendung:** Vor der Blüte erntet man die jungen Blätter und Sproßspitzen, um sie als Gemüse zu essen; besonders in Irland und Schweden beliebt. Die ganze Pflanze wurde früher in der Heilkunde verwendet. Mit den Blüten kann man grün färben.

## **Sumpf-Ziest** *(Stachys palustris)* Lippenblütler

**Merkmale:** Ausdauernde, aufrechte, fast geruchlose, 30 bis 120 cm hohe Pflanze, krautig, mehr oder weniger behaart, aber ohne Drüsen. Vorwiegend im Herbst entwickeln sich die weißlichen, knollig verdickten Ausläufer. Die Stengel sind einfach oder verzweigt, bis 6 mm dick, kantig, kreuzgegenständig beblättert. Die länglichen bis lanzettlichen Blätter laufen spitz zu, sie sind am Grund herzförmig, kurz behaart, Rand feingekerbt; die unteren kurzgestielt, die obersten sitzend und sonst nur etwas kleiner. Die fast sitzenden hellpurpurfarbenen Blüten stehen in 5–10blütigen Scheinquirlen, diese zu Scheinähren vereinigt, unten locker, oben sehr dicht angeordnet. Kelch röhrig, glockig verwachsen, 6–8 mm lang, nicht drüsig, die 5 Zähne gleich, etwa so lang wie die Kronröhre, Blütenkrone 12–15 mm, 2lippig, flaumhaarig, Röhre gerade, Oberlippe klein, schwach gewölbt, Unterlippe doppelt so lang, 3lappig, dunkel gezeichnet. 4 Staubblätter, abwärts gebogen, die vorderen länger als die hinteren. Fruchtknoten oberständig, Teilfrüchte verkehrt-eiförmig.

**Standort:** Verbreitet auf feuchtem Grund, wie Ufer, Gräben, an Flüssen, auch als Unkraut auf Äckern und an Bahndämmen, bevorzugt auf kalkarmen Böden.

**Verbreitung:** In fast ganz Europa, selten im Mittelmeergebiet.

**Blütezeit:** Juni bis September.

**Verwendung:** Die verdickten fleischigen Wurzelausläufer sind etwas mehlig und wohlschmeckend, Zubereitung wie Kartoffeln oder Spargel, mit Vorliebe im Dezember oder Januar zu verspeisen. In England angebaut.

**Allgemeines:** Nahe verwandt ist die **Japanknolle** oder der **Knollen-Ziest** *(St. sieboldii)* mit ganzrandigen Blättern und perlschnurartig verdickten Ausläufern; diese sind weißlich, weich und gut verdaulich. 1887 wurde die Art in Frankreich eingeführt.

## **Großblütige Braunelle** *(Prunella grandiflora)* Lippenblütler

**Merkmale:** Ausdauernde, krautige Pflanze, bis 60 cm hoch, spärlich weiß und weich behaart, mit dicklichem, mehr oder weniger verlängertem Rhizom. Stengel aufsteigend und meist unverzweigt, gerillt. Blätter an den nicht blühenden Sprossen rosettig angeordnet, an den blühenden in 2–6 Paaren, elliptisch bis elliptisch-länglich, ganzrandig oder gekerbt, deutlich langgestielt, Blattspreite 3–5 cm lang, schwach behaart. Blüten 5zählig, 20–25 mm lang, dunkelviolett bis rotviolett, selten rosa oder weiß, in meist 6blütigen Scheinquirlen, diese zu dicht endständigen kopfigen Ähren vereint. Hochblätter nieren-herzförmig, spitz zulaufend, weißhautrandig gewimpert. Kelch zweilippig, röhrig-glockig, Zähne gekielt, die der Oberlippe fast gleich, die der Unterlippe breit-lanzettlich, kurz gewimpert. Blütenröhre länger als der Kelch, leicht gekrümmt, weißlich und mit einem Haarring, Oberlippe stielartig abgesetzt, gewölbt, Unterlippe kürzer, 3lappig, Mittellappen gefranst. 4 Staubblätter, etwa gleich groß, mit einem abgerundeten Fortsatz unter der Spitze. Teilfrüchte länglich, etwa 2 mm lang.

**Standort:** Trockenrasen und Waldränder, bevorzugt Kalkböden, vor allem im Süden verbreitet, vereinzelt bis zur Baumgrenze ansteigend.

**Verbreitung:** Fast nur in Europa, doch nicht in den nördlichsten Gebieten und auf den Inseln.

**Blütezeit:** Juni bis August, vereinzelt später.

**Verwendung:** Die jungen Blätter und Triebe werden roh oder gekocht zu Salaten, Gemüsen und Suppen zusammen mit anderen Wildkräutern genommen. Man kennt von alters her zahlreiche Anwendungen in der Heilkunde, heute nur noch geringe Bedeutung als Heilpflanze.

**Allgemeines:** Die sehr ähnliche, aber in allen Teilen kleinere **Kleine Braunelle** *(P. vulgaris)* ist außer durch ihre geringere Größe durch eine gerade Blütenröhre gekennzeichnet und wird wie die **Große Braunelle** verwendet.

## Gundermann, Gundelrebe *(Glechoma hederaceum)* Lippenblütler

**Merkmale:** Ausdauerndes, aromatisch duftendes Kraut, fast kahl oder behaart, mit büscheligen Wurzeln. Die sterilen Sprosse immergrün, kriechend und an den Knoten wurzelnd, die blütentragenden Stengel aufsteigend bis aufrecht, verästelt, bis etwa 50 cm hoch, meist niedriger, treiben nach der Blüte oberirdische, über 1 m lange Ausläufer. Blätter kreuzgegenständig, oberseits dunkelgrün, manchmal rötlich, netzig, nierenförmig bis rundlich herzförmig, stumpf oder leicht spitz, mit gekerbtem Rand, gestielt; Stiele länger an den kriechenden Sprossen. Scheinquirle blattachselständig, 2–5blütig, Tragblätter borstig. Blüten deutlich gestielt, blauviolett, selten rötlich, mit rötlichen Punkten auf der Unterlippe. Kelch röhrig, glockenförmig verwachsen, schwach 2lippig, rauh behaart, manchmal mit kleinen gelben Drüsen besetzt. Blütenkrone verwachsen, 2lippig, 2–4mal so lang wie der Kelch, kahl oder schwach behaart, Blütenröhre gerade, sich zum Ende bauchig öffnend und dort bärtig, Oberlippe flach, Unterlippe 3lappig. 4 Staubbeutel, die hinteren länger, parallel unter der Oberlippe stehend, Staubbeutel im rechten Winkel zueinander. Fruchtknoten oberständig. Frucht vom Kelch umschlossen, Teilfrüchte glatt, gelblich.

**Standort:** Meist auf feuchtem Grund; Wiesen, Wälder und freie Flächen, zuweilen auch auf Mauern und auf Bäumen, bevorzugt allgemein nährstoffreichen und schattigen Boden.

**Verbreitung:** Fast ganz Europa, im Mittelmeergebiet eher im Bergland.

**Blütezeit:** April bis Juni, oft auch im Herbst.

**Verwendung:** Durch seinen scharf-würzigen Geschmack eignet er sich als Beigabe zu Suppen, Gemüse und Kartoffelgerichten sowie zu Salaten oder Quarkspeisen, sollte vornehmlich im Frühling gesammelt werden. Die Blüten können eine Maibowle bereichern.

*Heilpflanze Seite 255.*

## Wiesen-Salbei, Wilder Salbei *(Salvia pratensis)* Lippenblütler

**Merkmale:** Ausdauernde, aromatisch duftende, bis 100 Zentimeter hohe Halbrosettenstaude, matt dunkelgrün, nach oben drüsig-klebrig behaart, unten drüsenlos, mit verholzender, sehr langer, mehrköpfiger Pfahlwurzel. Stengel aufrecht, zumindest zur Spitze ästig verzweigt, hohl, 4kantig gerillt und abstehend behaart. Blätter einfach, großenteils rosettig, langgestielt, eiförmig bis länglich mit herzförmigem Grund, Rand gekerbt oder gezähnt, Blattspreite unterseits netznervig runzelig, abstehend behaart bis verkahlend. Die wenigen Stengelblätter sind kleiner, sitzend. Die leuchtend dunkelblauen bis blauvioletten, kurzgestielten Blüten stehen in den Hochblattachseln in 4–6blütigen Scheinquirlen, die zu einem mehr oder weniger verzweigten Blütenstand vereinigt sind. Blüten 5zählig, zwittrig oder weiblich. Kelch 7–11 mm lang, 2lippig, glockig, mit stark hervortretenden Nerven, haarig oder drüsig-haarig, Unterlippe deutlich länger als die Oberlippe. Krone der zwittrigen Blüten 20–30 mm lang, Röhre den Kelch überragend und ohne Haarring, Oberlippe sichelförmig abgeflacht, Unterlippe 3lappig herabgeschlagen. Weibliche Blüten kleiner. 2 Staubblätter. Fruchtknoten oberständig mit langem Griffel. Teilfrüchte bei Reife vom Kelch umwachsen, eiförmig bis kugelig, schwarzbraun, bei Feuchtigkeit verschleimend.

**Standort:** Typisch für trocken-sonnige Böden, häufig auf Kalkböden, auf Trockenwiesen, an Wegrändern, Gebüschen, Bahn- und Flußdämmen; bis in Höhen von über 1500 m.

**Verbreitung:** In ganz Europa, nördlich bis England, Norddeutschland und Mittelrußland.

**Blütezeit:** Mai bis August, vereinzelt bis Oktober.

**Verwendung:** Frische oder getrocknete Blätter als feines Gewürz für Fleisch und Fisch. Dem Wein oder Bier zugesetzt, soll es diese berauschender machen.

## **Weiße Taubnessel** *(Lamium album)*

Lippenblütler

**Merkmale:** Aufrechte, nicht unangenehm riechende Staude, 20–80 cm hoch, an der Basis locker verzweigt, mehr oder weniger behaart, unterwärts verkahlend und oft violett überlaufen, mit einem kurzen Wurzelstock und unterirdisch verzweigten und wurzelnden Ausläufern. Stengel 4kantig, dicklich mit kreuzständig angeordneter Beblätterung. Blätter gestielt, beiderseits locker behaart, eiförmig bis eiförmig-länglich, spitz zulaufend, mit scharf gesägtem bis gekerbt gesägtem Rand, Blattstruktur netz-runzelig. Oberste Blätter kürzer gestielt, oft länger zugespitzt. Die großen, gelblich weißen, sitzenden Blüten sind zweiseitig symmetrisch und stehen in dichten, 6–16blütigen, etagenförmig angeordneten Scheinquirlen. Kelch glockig verwachsen, zerstreut behaart und am Grund manchmal violett, die 5 Kelchzähne etwa so lang wie die Blütenröhre, spitz. Die 5 verwachsenen Kronblätter bilden eine nach oben gekrümmte Röhre, innen mit einem schrägen Haarring versehen, Oberlippe ganz oder leicht gekerbt; die Unterlippe ist etwas länger und trägt an ihren Seitenlappen 2–3 kleine Zähne. 4 Staubblätter, die vorderen länger als die hinteren, Staubbeutel bärtig. Fruchtknoten oberständig. Teilfrüchte dreieckig.

**Standort:** Häufig an Wegen, Zäunen, Hecken, in Wäldern und auf Schutt, im allgemeinen nahrhaft gedüngten Boden vorziehend.

**Verbreitung:** Große Teile des gemäßigten Europas, mit Ausnahme des Südens.

**Blütezeit:** April bis Oktober, oft eine zweite Blüte im Herbst und bis in den Winter.

**Verwendung:** Die jungen Blätter und Triebe werden als Salat und Gemüse, besonders in Schweden und Norddeutschland, geschätzt. Die weichgekochten Wurzeln sind als Salat verwendbar. Aus dem Kraut wurde ein gelber Farbstoff gewonnen, dem man Zauberkräfte nachsagte. *Heilpflanze Seite 257.*

## **Bach-Ehrenpreis, Bachbunge** *(Veronica beccabunga)*

Rachenblütler

**Merkmale:** Ausdauernde, kahle, bis etwa 50 cm hohe, saftige Pflanze. Die erst am Boden kriechenden Stengel wurzeln oft an den Knoten und steigen dann auf, sie sind rund und kahl; die dicken, glänzenden und kahlen Blätter gestielt, rundlich-eiförmig bis breit-elliptisch, stumpf, fast ganzrandig oder leicht gekerbt bis gezähnt. Die hell- bis dunkelblauen Blüten stehen in lockeren, blattachselständigen, schiefabstehenden Trauben, diese sind etwa dreimal so lang wie das gegenüberliegende Blatt Die linealischen Tragblätter sind etwa halb bis doppelt so lang wie die Blütenstiele. Kelch 4teilig, in Frucht mehr oder weniger zurückgeschlagen. Blütenkrone radförmig, bis 7 mm im Durchmesser, mit sehr kurzer Röhre, die 4 Kronzipfel fast gleich groß, der oberste etwas größer. Die 2 Staubblätter mit lang herausragenden Staubfäden, Fruchtknoten oberständig. Die 2blättrige Kapsel auf waagerecht abstehenden Stielen ist herzförmig, fast kugelig, mit schmalflügeligen Kanten.

**Standort:** Verbreitet und häufig an Bächen, Gräben, Quellen, bis in die Voralpen, manchmal sogar die alpine Region erreichend.

**Verbreitung:** Fast ganz Europa.

**Blütezeit:** Mai bis August.

**Verwendung:** Die jungen Stengel und Blätter werden genommen, die Blätter auch noch von der blühenden Pflanze. Nach gründlichem Waschen roh als Salat oder auf Butterbrot oder gekocht als Gemüse, im allgemeinen gern mit anderen Kräutern gemischt, um den bitteren Geschmack zu mildern.

**Allgemeines:** Die Wasserform des Bach-Ehrenpreis hat reichästige flutende Stengel mit kleinen, fast sitzenden und ganzrandigen Blättern. Der **Wasser-Ehrenpreis** oder die **Kleine Bachbunge** *(V. anagallis-aquatica)* findet die gleiche Verwendung wie der Bach-Ehrenpreis. Er hat oft reich verzweigten Stengel.

Wild-
gemüse

Wild-
gemüse

## **Breit-Wegerich, Großer Wegerich** *(Plantago major)* — Wegerichgewächse

**Merkmale:** Mehrjährige, bis 30 cm hohe Pflanze, je nach Bodenbeschaffenheit sehr veränderlich, mit grundständiger, dem Boden fast ganz anliegender Blattrosette und einem kurzen, faserigen Wurzelstock. Die langen Blattstiele etwa so lang wie die Blattspreite, diese breit-eiförmig, ganzrandig oder sparsam gezähnt, kahl oder spärlich behaart, mit 5–7 parallelen Nerven. Aus den Blattachseln treiben die aufrechten, blattlosen, runden und spärlich behaarten Blütenschäfte, diese etwa so lang wie die endständigen, dichten, länglich walzigen Blütenähren und die Blätter. Die unscheinbaren, kleinen Blüten sind gelblich grün, 4zählig, aus Kelch und röhriger Blütenkrone bestehend, mit 4 langen Staubblättern und oberständigem Fruchtknoten. Die eiförmige Deckelkapsel trägt meist 8 ovale, kantige, bräunliche Samen. Die Samenschale quillt und verschleimt bei Feuchtigkeit, dadurch haftet sie, zum Beispiel an den Füßen von Menschen und Tieren.

**Standort:** Häufig auf festen, vielbetretenen, aber auch nährstoffreichen Böden, auf Wegen und Schuttplätzen.

**Verbreitung:** Ganz Europa.

**Blütezeit:** Juni bis Oktober.

**Verwendung:** Die frischen jungen Blätter, so wie Spitzwegerich als Salat oder Gemüse, die getrockneten Blätter als Tee. Der Breit-Wegerich ist ein verbreitetes Volksheilmittel; er wirkt unter anderem bei Insektenstichen, Geschwüren und Verstauchungen.

**Allgemeines:** Ähnlich dem Breit-Wegerich ist der **Mittlere Wegerich** *(P. media).* Im Bild auf Seite 127 links unten. Die sehr kurzgestielten Blätter sind breit-elliptisch, zugespitzt, 5–9nervig, der sehr lange Blütenschaft ist rund und glatt, die Blätter weit überragend, der ährige Blütenstand kurz, bei Fruchtreife auf mehr als doppelte Länge gestreckt. Seine Verwendung entspricht den anderen Arten.

## **Spitz-Wegerich** *(Plantago lanceolata)* — Wegerichgewächse

**Merkmale:** Ausdauernde, sehr veränderliche, bis 50 cm hohe Pflanze mit grundständiger Blattrosette und kräftiger, faseriger Wurzel. Die schräg aufwärts strebenden Blätter sind lanzettlich bis lineal-lanzettlich, allmählich in den breiten, am Grund wollig behaarten Stiel übergehend. Blattspreite mit 3–7 parallelen Nerven, kahl oder anliegend behaart, ganzrandig oder sparsam gezähnelt. Aus den Blattachseln treiben die aufrechten, blattlosen, 5furchigen, anliegend behaarten Blütenschäfte, die Blätter weit überragend. Die unscheinbaren Blüten stehen in kugeligen oder kurzwalzigen, dichten, endständigen Ähren, schubweise von unten nach oben aufblühend. Die kahlen braunen Tragblätter lang zugespitzt, mit trockenhäutigem Rand, am Grunde weißlich. Der 4zählige, trockenhäutige Kelch ist 3spaltig, die hinteren Kelchblätter sind frei, die 2 vorderen verwachsen, alle mit einem gewimperten Kiel. Die bräunlich weiße Blütenkrone bis 3 mm lang, mit kahler Röhre. Die 4 weißlichen Staubfäden mit gelben Staubbeuteln überragen bis zu 3mal die Blütenkrone. Fruchtknoten oberständig. Die 2samige Deckelkapsel ist eiförmig, die Samen sind länglich, gelbbraun bis schwärzlich.

**Standort:** Häufig auf Wiesen, Grasplätzen, Schutt, an Wegrändern, bis in die Voralpen.

**Verbreitung:** Fast ganz Europa.

**Blütezeit:** Mai bis September.

**Verwendung:** Die jungen, vor der Blüte geernteten, etwas bitterlich schleimigen Blätter werden nach gründlichem Waschen und Entfernen der unterseits zähen Nerven (wie das Abziehen der Bohnenfäden) roh als Salat, zu Quarkspeisen oder gekocht als Gemüse und für Kräutersuppen genommen; oft mit anderen, milderen Kräutern gemischt. Der aus frischen Blättern gepreßte »Spitzwegerichsaft« gilt als Hustenmittel. *Heilpflanze Seite 256.*

*Ähnlich:* **Mittlerer Wegerich** *(P. media).*

Mittlerer Wegerich

Spitz-Wegerich

## Rapunzel, Ackersalat, Nissel-Salat *(Valerianella locusta)* Baldriangewächse

**Merkmale:** Einjähriges, bis etwa 30 cm hohes Kraut mit grundständiger Blattrosette. Der aufrechte Stengel fast von der Basis an gabelig verzweigt, in den Gabeln unterhalb der Blütenköpfchen keine Blüten tragend, kantig, kahl, nur an den Kanten leicht behaart. Die Grundblätter spatelig, die Stengelblätter gegenständig, verkehrteilanzettlich bis lanzettlich und am Grund mit zwei stumpfen Zähnen. Alle Blätter meist ganzrandig, kahl oder am Rand leicht gewimpert. Die kleinen bläulichen, zweiseitigen Blüten stehen in gedrungenen, köpfchenförmigen Trugdolden am Ende der verzweigten Stengel. Die länglichen, grünen Tragblätter sind nicht gewimpert oder berandet. Kelch 1–5zähnig, sowohl zur Blüte wie in der Frucht kaum merklich entwickelt. Blütenkrone trichterförmig, nicht gespornt, sondern nur am Grund leicht ausgesackt, 3 Staubblätter. Fruchtknoten unterständig, 3blättrig, doch nur ein Fach Samen tragend. Die Frucht ist ein Nüßchen, bis 5 mm lang, meist seitlich etwas zusammengedrückt, durch den schwach entwickelten Kelchsaum kurz und breit bespitzt.

**Standort:** Auf Grasplätzen, an Wegrändern, Bahndämmen, auf Acker- und Gartenland, auch in Getreidefeldern und Gebüschen, auf lehmigen Böden, bis in die Alpentäler aufsteigend.

**Verbreitung:** In ganz Europa, bis auf den äußersten Norden.

**Blütezeit:** April, Mai, Juli und August.

**Verwendung:** Man verwendet die jungen Rosetten vor dem Austreiben des Blütenstengels im zeitigen Frühjahr oder Herbst hauptsächlich als Salat, weniger in Suppen oder als Gemüse (etwa wie Spinat zubereitet).

**Allgemeines:** Rapunzel, auch **Gemeiner Feldsalat** genannt, wird sehr gern in Gärten angebaut. Seine Kultur ist wohl erst seit dem 17. Jahrhundert bekannt. Er wird im Herbst gesät.

## Spornblume *(Centranthus ruber)* Baldriangewächse

**Merkmale:** Ausdauernde, aufrechte, krautige, bis 1 m hohe kahle Pflanze, mit kurzer holziger Wurzel. Stengel gegenständig beblättert, rund. Die blaugrünen Blätter sind kahl, die unteren kurzgestielt, breit-eiförmig lanzettlich, stumpf, wenig gezähnt, die mittleren und oberen sitzend, am Grund verschmälert oder herzförmig, ganzrandig. Die kleinen purpurfarbenen, seltener weißen oder rosa Büten stehen in anfangs dichten, vielblütigen Rispen. Der Kelch ist oberständig, die 5 Zipfel sind während der Blüte eingerollt. Blütenkrone zweiseitig, stieltellerförmig, die bis 10 mm lange Röhre eng und am Grund in einen dünnen Sporn verlängert; die 5 Zipfel etwas ungleich groß, einer nach oben gerichtet, die 4 anderen abwärts. Nur 1 Staubblatt in der Kronröhre, Fruchtknoten unterständig, 3blättrig, mit nur einem fruchtbaren Fach, der Griffel ragt erst wenig, dann bis 6 mm aus der Blütenröhre hervor. Die einsamige Schließfrucht wird von den Kelchzipfeln gekrönt, die zu federig behaarten, am Grund leicht miteinander verbundenen Strahlen auswachsen.

**Standort:** Bei uns selten, an heißen und sonnigen Stellen, in Mauern und Felsspalten, in Gärten kultiviert und zuweilen verwildert oder eingebürgert.

**Verbreitung:** Heimisch in den Mittelmeerländern, vereinzelt bis Irland und England.

**Blütezeit:** Mai bis Juli.

**Verwendung:** Die jungen Blätter ergeben einen sehr guten Salat und werden besonders auf Sizilien gern gegessen; man kann sie wie Rapunzel zubereiten.

**Allgemeines:** Die gleiche Verwendung gilt für die **Schmalblättrige Spornblume** *(C. angustifolius)*, die bis Südtirol anzutreffen ist. Der Nektar der Spornblume befindet sich in dem langen Sporn, der nur durch die Blütenröhre erreichbar ist, also nur für langrüsselige Insekten wie Schmetterlinge und Bienen.

## Acker-Glockenblume *(Campanula rapunculoides)* Glockenblumengewächse

**Merkmale:** Ausdauernde, bis 1 m hohe Pflanze mit kriechenden, dünnen, runden unterirdischen Ausläufern und büscheliger Wurzel. Die aufrechten, meist unverzweigten Stengel wechselständig beblättert, kahl oder kurz rauh behaart, stumpfkantig. Die Blätter meist kurzbehaart und unterseits grün, die unteren gestielt herzförmig-dreieckig, spitz, gekerbt, die untersten zur Blütezeit oft schon welk. Die oberen Stengelblätter kurzgestielt, ei-länglich, lanzettlich, spitz, unregelmäßig gezähnt. Die glockigen, blauvioletten, selten weißen Blüten sehr kurz gestielt in den Achseln der nach oben hin kleiner werdenden Blätter stehend, in einer einseitswendigen, endständigen Traube. Kelch röhrig verwachsen, die 5 Zähne länglich-lineal, spitz und zurückgeschlagen, kahl oder gewimpert. Blütenkrone glockig trichterförmig bis 3 cm lang, fast bis zur Mitte 5spaltig mit kahlen Zipfeln. Die 5 Staubblätter frei. Fruchtknoten unterständig, Griffel behaart. Die langgestielte Kapsel fast halbkugelförmig, sich am Grund mit 3 Löchern öffnend. Die zahlreichen länglichen Samen leicht wulstig.

**Standort:** Verbreitet auf Äckern, Feldern, an buschigen und steinigen Stellen, bis in die Voralpen reichend.

**Verbreitung:** Ganz Europa, nicht in den arktischen und südlichsten Gebieten.

**Blütezeit:** Juni bis September.

**Verwendung:** Man erntet die jungen Blätter vor der Blüte, die Wurzeln im Herbst oder im Frühjahr. Die Blätter geben einen vorzüglichen Salat, der ähnlich wie Rapunzel schmeckt. Die Wurzel ist von süßlich mildem Geschmack; sie wird gekocht und mit den Blättern zu Salat genommen oder so wie Rapontika verarbeitet. In England und Frankreich wird die Art angebaut.

**Allgemeines:** Die für die ganze Gruppe charakteristischen Milchsaftgefäße der vegetativen Organe machen die Blätter und Wurzeln besonders schmackhaft.

## Nesselblättrige Glockenblume *(Campanula trachelium)* Glockenblumengewächse

**Merkmale:** Ausdauernde, bis 1 m hohe Pflanze mit dicker, rübenförmiger Wurzel. Der unverzweigte, wechselständig beblätterte Stengel ist aufrecht, scharfkantig und steif behaart. Die unteren Blätter langgestielt, der Stiel etwa doppelt so lang wie die Spreite, diese herz-eiförmig, die oberen Blätter sitzend, eilanzettlich bis lanzettlich. Alle Blätter sind brennesselartig, rauh behaart und grob doppelt gesägt. Die blauvioletten oder hellblauen, großen, strahligen, glockenförmigen Blüten sind kurzgestielt und stehen einzeln oder zu dreien in den Blattachseln der oberen Stengelblätter, in einer endständigen Traube zusammengefaßt. Jeder Blütenstiel hat am Grund zwei Hochblätter. Kelch röhrig verwachsen, oberständig, die 5 Kelchzipfel eiförmig, länglich, spitz, zurückgeschlagen, am Rande zottig, in jeder Kelchbucht eine vorspringende Falte. Blütenkrone glockig trichterförmig, bis 4 cm lang, die 5 Zipfel eiförmig und gewimpert. Die 5 Staubblätter frei, Staubfäden am Grund etwas verbreitert und behaart. Fruchtknoten unterständig, Griffel behaart. Kapsel rundlich, durch seitliche Poren öffnend.

**Standort:** Häufig in Gebüschen und lichten Wäldern, am Rand von Weinbergen, an buschigen und steinigen Stellen, bis Voralpen.

**Verbreitung:** Fast ganz Europa.

**Blütezeit:** Juli bis September.

**Verwendung:** Geerntet werden die zarten Blätter und die Wurzeln im Herbst oder Frühjahr. Die Blätter geben ein gutes Gemüse, die gekochten Wurzeln einen Salat. Galt früher als Heilkraut gegen Halsschmerzen.

**Allgemeines:** Ähnlich wohlschmeckend und beliebt: Rapunzel-Glockenblume *(C. rapunculus)*, Marien-Glockenblume, eine Gartenpflanze *(C. medium)*, Borsten-Glockenblume *(C. cervicana)*, Pfirsich-Glockenblume *(C. persicifolia)*, Alpen-Glockenblume *(C. alpina)*, Breitblättrige Glockenblume *(C. latifolia)*.

## Ährige Teufelskralle *(Phyteuma spicatum)*

Glockenblumengewächse

**Merkmale:** Ausdauernde, krautige, milchsaftführende, bis 80 cm hohe Pflanze mit fleischiger, dicker, rübenförmiger Wurzel. Die aufrechten, unverzweigten Stengel sind kahl und wechselständig beblättert. Untere Blätter langgestielt, stumpf oder spitz, herzförmig, etwa so lang wie breit, häufig schwarzbraun gefleckt. Die Stengelblätter sind kürzer gestielt und schmaler, die obersten lanzettlich sitzend, alle Blätter kahl. Die Blütenähre ist anfangs fast kugelig, später zylindrisch bis etwa 6 cm lang, am Grund von linealischen Hüllblättern umgeben. Die gelblich-weißen, selten hellblauen, leicht nach Vanille duftenden, großen, sitzenden Blüten sind vor dem Aufblühen krallenförmig gekrümmt. Die 5 schmalen Kelchzipfel bis zum Grund frei. Blütenkrone röhrig-zylindrisch, tief 5spaltig. Staubfäden am Grund verbreitert, die dünnen, linealischen Staubbeutel miteinander verwachsen und den Pollen nach innen auf die Fegehaare des Griffels entlassend. Fruchtknoten unterständig, 2fächrig, Griffel mit zwei dünnen zurückgerollten Narben.

**Standort:** Hauptsächlich in Laubwäldern, doch auch in Fichtenwäldern und Gebüschen, auf jedem Boden, die blaublühenden Formen oft über 1400 m steigend.

**Verbreitung:** In Mitteleuropa verbreitet, bis Südengland, Südnorwegen, Mittelitalien, Westrußland, nicht auf der Iberischen Halbinsel.

**Blütezeit:** Mai bis August.

**Verwendung:** Die jungen Blätter können als Salat oder wie ein kohlähnliches Gemüse gegessen werden. Besonders beliebt aber ist die fleischige, möhrenförmige Wurzel. Sie enthält Kohlehydrate als Reservestoffe.

**Allgemeines:** Viele der sonst noch üblichen Namen dieser Pflanze nehmen Bezug auf ihre Eßbarkeit, wie etwa **Salat-Rapunzel, Wald-Rapunzel, Milchwurzel, Butterwurz,** oder auf die Gestalt, wie **Gottesfingerchen.**

## Weg-Malve *(Malva neglecta)*

Malvengewächse

**Merkmale:** Ein- bis mehrjährige Pflanze mit meist niederliegenden, sonst aufsteigenden, 30 bis 50 cm langen Stengeln. Im Umriß rundliche, seltener auch herz- oder nierenförmige Blätter mit 3–5 gerundeten Lappen, am Rand gezähnt; die oberen Blätter sind höchstens bis zwei Drittel handförmig eingeschnitten. Rosafarbene oder blaßlila bis weißliche Blüten, gebüschelt in den Blattachseln sitzend; tief ausgerandete, 8–10 mm lange Kronblätter 2–3mal so lang wie der Kelch, am Grund auf beiden Seiten dichtborstig; Fruchtstiele abwärts gebogen, Teilfrüchte nur schwachrunzelig oder glatt, an den Kanten deutlich abgerundet.

**Standort:** Feldraine, Wegränder, Bahndämme, Schuttplätze, Straßenböschungen, Mauern, Ödland. Liebt stickstoffreichen Boden und wächst daher gern an Kompostlagerstätten, in verwilderten Gärten und Feldern und findet sich sogar zwischen Pflastersteinen. Bis 1900 m Höhe.

**Verbreitung:** Fast ganz Europa. Kommt in Deutschland verbreitet, stellenweise auch häufig vor, gebietsweise aber nur zerstreut.

**Blütezeit:** Im allgemeinen Juni bis September, nicht selten jedoch bis in den November.

**Verwendung:** Die jungen Blätter und Triebe werden vor der Blüte geerntet und als Salat und Gemüse gegessen, die getrockneten Blätter zu Tee genommen. Die flachen, noch frischen Früchte essen Kinder als »Katzenkäse« roh. Die Blüten erntet man nur an trockenen Tagen, sie sind sehr schleimhaltig und werden daher in der Heilkunde gebraucht.

**Allgemeines:** Auch unter zahlreichen anderen Namen bekannt, beispielsweise als **(Kleine) Käsepappel, Gänse-Malve** oder **Kleine Malve.** Ihre Bezeichnung *Pappel* könnten die Malven ihrem Gehalt an klebrigem, *»pappendem«* Schleim verdanken.

*Heilpflanze siehe Wilde Malve Seite 230.*

Wild-
gemüse

Wild-
gemüse

## Gänseblümchen *(Bellis perennis)* Köpfchenblütler

**Merkmale:** Ausdauernde, niedrige, bis 15 cm hohe, rosettige Pflanze. Stengel aufrecht, blattlos, rund, mit einem einzigen Blütenköpfchen. Blätter alle grundständig, einnervig, eiförmig, mit breitem geflügeltem Stiel, grob gezähnt und locker behaart. Köpfchen eine blütenähnliche Scheinblüte; aus zahlreichen kleinen Einzelblüten zusammengesetzt. An seiner Basis mit einreihig angeordneten, grünen, kelchartigen, zungenförmigen Hüllblättern. Die äußere Blütenreihe aus zahlreichen weißen, unterseits unterschiedlich stark purpurn gefärbten, zungenförmigen, sich teilweise deckenden Randblüten. Sie gehen in eine kurze Röhre über, die auf einem unterständigen Fruchtknoten sitzt, und weisen keine Staubblätter auf. Der zentrale Teil des Köpfchens besteht aus zahlreichen gelben, röhrenförmigen, 5zipfeligen, zwittrigen Blüten, die zu einem scheibenförmigen Gebilde zusammengefaßt sind. Im Inneren tragen diese 5, zu einer Röhre vereinigte Staubblätter, an der Basis unterständige Fruchtknoten ohne Flugorgane. Diese bilden die kleine Frucht.

**Standort:** Auf Wiesen und Parkflächen häufig, durch vegetative Vermehrung auch in Gruppen. Bisweilen bis zur alpinen Stufe.

**Verbreitung:** Überall in Mitteleuropa und im westlichen Teil Südeuropas. Dort in den Gebirgen und an der Küste.

**Blütezeit:** März bis November.

**Verwendung:** Die jungen Blätter können sehr vielfältig zubereitet werden. Sie dienen sowohl roh als Salat wie gekocht als Gemüse und gelten als sehr bekömmlich. Marinierte Blütenknospen ergeben ein Gewürz.

**Allgemeines:** Von der Wildart stammen die unter der Bezeichnung **Maßliebchen** bekannten Gartenformen mit größeren, rötlicheren Köpfen ab. Die Art ist mittlerweile in den gemäßigten Teilen Amerikas eingebürgert.

*Heilpflanze Seite 255.*

## Margerite, Wiesen-Wucherblume *(Chrysanthemum leucanthemum)* Köpfchenblütler

**Merkmale:** Ausdauerndes, bis 1 m hohes, fast kahles, dunkelgrünes Kraut. Stengel aufrecht, einfach oder verzweigt. Blätter wechselständig, kräftig, verkahlend, grob gezähnt bis gelappt, im Umriß zungenförmig, die unteren gestielt, die oberen sitzend. Köpfchen einzeln am Ende des Stengels oder eines Seitenzweiges, bis 6 cm breit, durch ihre Größe auffallend. An der Basis mit einer kelchartigen Hülle aus dachig angeordneten, grünen, dunkler berandeten Hüllblättern. Am Rand des Köpfchens meist etwa 20 weiße, zungenförmige, am Ende 3zähnige, bis 2 cm lange, weibliche Blüten. Im Zentrum des Köpfchens zahlreiche, streng riechende, zwittrige, goldgelbe Röhrenblüten. Diese 5zipfelig, mit Staubblättern und Fruchtknoten. Fruchtknoten immer unterständig, in den Randblüten mit reduziertem, krönchenförmigem Flugorgan. Frucht bis 3 mm lang, bräunlich.

**Standort:** Sehr gesellig auf Wiesen, an Bahndämmen und ähnlichen Standorten, bis zur alpinen Stufe.

**Verbreitung:** Fast in ganz Europa vorkommend, nach Nordamerika verschleppt.

**Blütezeit:** Mai bis Oktober.

**Verwendung:** Im jungen Zustand können die Sprosse als Salat gegessen oder mit anderen Kräutern spinatartig zubereitet werden.

**Allgemeines:** Von der Margerite können mehrere lokale Formen unterschieden werden, die jedoch in ihrer Verwendung keine Unterschiede zeigen. Die Margerite wird als Futterpflanze wenig geschätzt, da sie hochwertigere Wiesenpflanzen verdrängt **(Wucherblume!)** und selbst nur minderwertiges Futter liefert. In höheren Lagen zeigt die Pflanze oft einen roten Überflug. Früher kam der Art eine gewisse Bedeutung in der Volksmedizin als Mittel gegen Erkältungen und zur Wundheilung zu. Die Köpfchen können so wie die der Kamille verwendet werden, jedoch mit schwächerer Wirkung.

## **Echter Wermut** *(Artemisia absinthium)* Köpfchenblütler

**Merkmale:** Basal verholzte und buschig verzweigte, mehrjährige, über 1 Meter hohe Pflanze. In Mitteleuropa oft bis zum Erdboden zurückfrierend. Stengel aufrecht bis schräg aufrecht, silbergrau behaart mit punktförmigen Öldrüsen, verzweigt. Blätter wechselständig, dicht stehend, beiderseits auf der Oberseite jedoch etwas schwächer filzig behaart und graugrün. Die 25 cm langen Grundblätter sind bis zur Mitte gestielt und 3fach fiederteilig. Stengelblätter nach oben zunehmend kleiner, weniger geteilt und sitzend. Blattzipfel schmal. Köpfchen zahlreich, kurzgestielt, zur Rispe vereinigt, nickend, kugelig, bis 4 mm breit. An ihrer Basis mit graugrünen, kelchartigen, filzigen Hüllblättern. Blüten eines Köpfchens alle gleich gestaltet, röhrig, 5zipfelig, gelb, auf einem rauhhaarigen Köpfchenboden sitzend. Die Randblüten sind weiblich, die Scheibenblüten zwittrig. Der Fruchtknoten ist unterständig, zur Fruchtzeit zylindrisch und etwas über 1 mm lang.

**Standort:** An trockenen steinigen Stellen, an Zäunen, Mauern, bis 2000 m steigend.

**Verbreitung:** Besonders in den trockeneren Gebieten Eurasiens, in Mitteleuropa nur in Regionen mit geringeren Niederschlägen.

**Blütezeit:** Juli bis September.

**Verwendung:** Als würzende Beigabe zu Kräutersuppen. Des bitteren Geschmacks wegen und weil größere Mengen schädlich wirken, nur in beschränktem Rahmen zu verwenden.

**Allgemeines:** Die Bedeutung des Wermuts liegt im wesentlichen in seiner Verwendung als Heilpflanze. Schon seit dem Altertum ist er im Gebrauch. Als bestimmender Bestandteil alkoholischer Getränke (Absinth) spielte der Wermut früher eine große Rolle. Aus dieser Verwendung ergaben sich auch seine schädlichen Wirkungen, die schließlich zu einem starken Rückgang des Anbaus führten.

*Heilpflanze Seite 248.*

## **Estragon, Dragun-Beifuß** *(Artemisia dracunculus)* Köpfchenblütler

**Merkmale:** Schlanke, über 1 m hohe, an der Basis aus dem Wurzelstock reich verzweigte, fast buschige, eigenartig aromatisch riechende Staude. Stengel besonders im oberen Teil sich vielfach teilend. Blätter wechselständig, schmal, 2 bis 10 cm lang, ganzrandig, seltener 3spitzig, leicht glänzend. Blütenköpfe im oberen Bereich des Stengels in zahlreichen Rispen angeordnet. Köpfchen nickend, fast kugelig, klein (bis 3 mm groß) aus wenigen Einzelblüten eine Scheinblüte bildend, weißlich und gegen Ende der Blütezeit rötlich. An ihrer Basis mit kelchartigen, unterschiedlich breit berandeten Hüllblättern. Alle Blüten gleichgestaltet, röhrenförmig, 5zipflig, gelblich. Die Randblüten sind nur weiblich, die zentralen Blüten dagegen zwittrig, bilden jedoch keine Früchte. Der Fruchtknoten ist unterständig, zur Fruchtzeit kaum über 1 mm lang, ohne Flugorgan.

**Standort:** An Flußufern.

**Verbreitung:** Ursprünglich aus Rußland stammend, in Europa besonders in wärmeren Gegenden aus der Kultur verwildert.

**Blütezeit:** August bis Oktober.

**Verwendung:** Zubereitung junger Pflanzenteile wie Brunnenkresse zu Salaten, sonst besonders zum Würzen von Essig genutzt.

**Allgemeines:** Die besten Kulturformen gelangen bei uns nur selten zur Blüte und werden vornehmlich durch Ableger vermehrt. Diese Formen fördert man besonders, da nichtblühende Pflanzen in der Regel aromatischer sind. Das Aroma des Estragons beruht auf seinem Gehalt an ätherischen Ölen, die allerdings beim Trocknen zum Teil verlorengehen. Auch als Heilpflanze hatte der Estragon gewisse Bedeutung. Tinkturen wurden gegen Erkältungen und Zahnweh gebraucht. Auch bei der Bekämpfung des Skorbuts spielte die Pflanze früher eine gewisse Rolle.

Wild-
gemüse

## Gemeine Eselsdistel *(Onopordon acanthium)* Köpfchenblütler

**Merkmale:** Bis 2 m hohe, zweijährige, kräftige, reichverzweigte Pflanze mit rübenförmiger Wurzel. Stengel aufrecht, kurz verzweigt, starr, breit-dornig geflügelt, mit abfallendem Wollfilz, sehr blattreich. Blätter wechselständig, elliptisch, unregelmäßig tief gezähnt, am Rand mit dornigen, dreieckigen Lappen; besonders die jungen Blätter sind spinnwebig wollig. Grundblätter sehr groß und kräftig, die Stengelblätter laufen mit ihrer Basis am Stengel herab und gehen in dessen Flügel über. Köpfchen an den Enden der Äste, groß. Einzelköpfchen mit einer Hülle aus unten eiförmigen, oben in einem starken gelben Dorn endigenden, besonders oben abstehenden Hüllblättern. Köpfchenboden fleischig, mit wabigen Einsenkungen, ohne Spreublätter. Einzelblüten alle gleichgestaltet, zwittrig, hell purpurrot, röhrenförmig, 5zipfelig. Fruchtknoten unterständig, zur Fruchtzeit etwa 5 mm lang, flach 4kantig, oben mit abfallendem, haarigem, basal verwachsenem Flugorgan.

**Standort:** An Straßenrändern, auf Schuttplätzen, an Bahndämmen und an Hecken.

**Verbreitung:** In fast ganz Europa bis Südskandinavien, im Norden nur zerstreut.

**Blütezeit:** Juli bis September.

**Verwendung:** Die etwas bitteren Wurzeln und auch die jungen Schößlinge werden als Gemüse zubereitet. Die großen Köpfchen eignen sich im jungen Zustand besonders zur Zubereitung wie Artischocken. Gegessen wird auch hier der fleischige Köpfchenboden, der, wie alle Köpfchenblütler, an Stelle von Stärke das für Diabetiker bekömmlichere Inulin enthält.

**Allgemeines:** Früher preßte man aus den Früchten Öl, die Flughaare wurden versponnen. In der Volksmedizin verwendete man die Pflanze als magenstärkendes Mittel und gegen Geschwüre. Die Eselsdisteln umfassen etwa 20 Arten, vom Mittelmeergebiet bis nach Persien verbreitet.

## Spanische Artischocke, Kardunkel-Artischocke *(Cynara cardunculus)* Köpfchenblütler

**Merkmale:** Kräftige, mehrjährige, im ersten Jahr nur eine sterile Rosette bildende, bis über 1,5 m hohe Pflanze mit kräftigem Wurzelstock. Stengel aufrecht, verzweigt und spinnwebig wollig behaart. Blätter groß, auf ihrer Oberseite grün und auf der Unterseite mehr oder weniger weißfilzig. Die Grundblätter gestielt und ungeteilt, die Stengelblätter meist sitzend, fiederteilig mit ihrerseits fiederteiligen gelb bestachelten Abschnitten. Köpfchen einzeln an den Ästen, sehr groß, an ihrer Basis mit einer kugeligen Hülle aus sehr breiten, sitzenden, mehr oder weniger zugespitzten, in ihrer Mitte eingeschnürten und im unteren Teil innen fleischigen Hüllblättern. Blüten alle gleichgestaltet, zwittrig, röhrenförmig, leuchtend blau, 5zipflig. Köpfchenboden fleischig, ohne Spreuschuppen. Fruchtknoten unterständig, gefiedertes Flugorgan.

**Standort:** Warme, nährstoffreiche Böden.

**Verbreitung:** Die etwa 10 Wildarten sind Pflanzen des Mittelmeergebietes; in Mitteleuropa kommen Kulturpflanzen nur ausnahmsweise an geeigneten warmen Standorten vor.

**Blütezeit:** Juli bis August.

**Verwendung:** In erster Linie werden der fleischige Blütenboden sowie die basalen inneren Teile der Hüllschuppen verwendet. Bei manchen Sorten kann auch das Innere des Köpfchenstiels gegessen werden.

**Allgemeines:** Die Artischocke ist schon seit dem Altertum in Kultur. Mittlerweile gibt es zahlreiche verschiedene Kultursorten, bei denen verschiedene Eigenschaften gefördert sind. So können bei manchen Formen die Köpfchen als Ganzes jung gegessen werden, andere lassen nur eine Verwertung der besonders großen Köpfchenböden zu, wieder andere haben besonders fleischige Hüllschuppen. Die Wildarten zeichnen sich durch stachelige Hüllschuppen aus und können in gleicher Weise verwertet werden. *Heilpflanze Seite 263.*

## Nickende Distel *(Carduus nutans)*

Köpfchenblütler

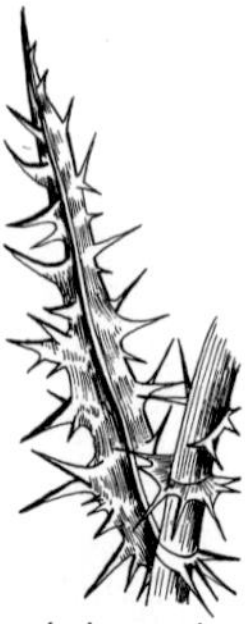

**Merkmale:** Zweijährige, krautige, bis über 1 m hohe Pflanze mit schmal rübenförmiger Wurzel. Stengel aufrecht, einfach oder oben verzweigt, besonders unten wollhaarig und genau wie die Seitenäste mit herablaufenden schmalen, dornigen, flügelartigen Rippen besetzt. Blätter wechselständig, schmal, tief geteilt, die einzelnen Abschnitte spitz gezähnt, oberseits verkahlend, unterseits auf ihren Nerven wollhaarig. Die Grundblätter gestielt, die Blattfläche dabei allmählich in den Stiel übergehend; die Stengelblätter ungestielt, die Blattfläche an ihrer Basis allmählich in die flachen Stengelrippen einmündend. Blütenköpfe groß, bis über 5 cm lang, etwa kugelig, nickend. An ihrer Basis mit zahlreichen, mit einem zurückgebogenen Dorn versehenen Hüllblättern umgeben, die inneren oft purpurn getönt und spinnwebig behaart. Köpfchenboden dicht mit schuppigen, hellen Spreublättern besetzt. Fruchtknoten unterständig, zur Fruchtzeit mit bis 2 cm langem, haarigem, weißem Flugorgan.

**Standort:** Bevorzugt trockene Standorte wie Schuttplätze, Wegränder, Weiden, Brachäcker.

**Verbreitung:** In Europa bis Südskandinavien.

**Blütezeit:** Juli bis September.

**Verwendung:** Die Köpfchenböden und auch die geschälten, markigen Stengelteile können gekocht gegessen werden.

**Allgemeines:** Von der Nickenden Distel gibt es in Europa einige Unterarten, die alle in gleicher Weise verwendet werden können. Die Art ist einer der auffallendsten Köpfchenblütler in Mitteleuropa. Die leuchtend gefärbten Blütenköpfchen setzen sich deutlich von der stacheligen Hülle ab und werden gern von langrüsseligen Insekten besucht. Von der nahe verwandten Kratzdistel (Gattung *Cirsium*) unterscheidet sich die Distel durch die Spreuschuppen auf dem fleischigen Köpfchenboden sowie durch die nicht gefiederten Flughaare der Früchte.

## Wollige Kratzdistel *(Cirsium eriophorum)*

Köpfchenblütler

**Merkmale:** Zweijährige, krautige, über 1,5 m hohe Pflanze mit schmal rübenförmiger Wurzel. Stengel aufrecht, meist kräftig verzweigt, wollhaarig, dornenlos. Blätter wechselständig, länglich-eiförmig, tief fiederig geteilt, mit umgerolltem Rand, oberseits dornhaarig, unterseits weißfilzig. Grundblätter undeutlich gestielt, Fiedern 2-zipflig, dornig. Stengelblätter meist mit zwei spitzen Lappen stengelumfassend, mit 1 bis 2zipfligen, lanzettlichen, gelbdornigen Seitenlappen. Köpfchen groß, einzeln an den Spitzen der Äste. Einzelköpfchen an der Basis mit einer kugeligen Hülle aus schmalen, gekrümmt abstehenden, starr spitzigen, im oberen Teil hell spinnwebig behaarten Hüllschuppen. Einzelblüten gleichgestaltet, zwittrig, über 3 cm lang, röhrig, 5spaltig, bläulichrot bis purpurn. Fruchtknoten unterständig, zur Fruchtzeit 6 mm lang, leicht längsgestreift, oben mit feinem fiederhaarigem, glänzendem Flugorgan.

**Standort:** Auf stickstoffreichen Böden, an steinigen Hängen, auf trockenen Weiden und Kahlschlägen.

**Verbreitung:** In Mitteleuropa bis zum Südalpenrand, in Skandinavien und dem nördlichsten Deutschland fehlend.

**Blütezeit:** Juli bis September.

**Verwendung:** Die jungen Triebe und die nicht entfalteten Köpfchenknospen werden als Gemüse gegessen.

**Allgemeines:** Die Verwendung der jungen Köpfchen wie Artischocken ist wegen ihrer Größe besonders lohnend. Allgemein scheinen sich wohl die meisten Kratzdistelarten zum Verzehr zu eignen. Bekannt ist dies außer für die hier behandelten Arten noch für die **Sumpf-Kratzdistel** *(C. palustre)*, eine hochgewachsene Pflanze feuchter Standorte, mit verhältnismäßig kleinen, stark gehäuften Köpfchen, sowie für die **Stengellose Kratzdistel** *(C. acaule)*, mit sitzenden Köpfchen ohne Stengel.

## Kohl-Kratzdistel *(Cirsium oleraceum)* Köpfchenblütler

**Merkmale:** Ausdauernde, krautige, etwa bis 1,5 m hohe Pflanze mit kräftigem Wurzelstock. Stengel aufrecht, meist einfach oder seltener verzweigt, gefurcht, hohl, locker behaart. Blätter wechselständig, mehr oder weniger eiförmig, hellgrün, randlich mit nicht zu starren Dornen besetzt, unterschiedlich tief geteilt, gezähnt, verkahlend. Die am Stengel sitzenden Blätter umfassen diesen oft herzförmig. Blütenköpfchen mittelgroß, bis etwa 3 cm lang, zu mehreren am Sproßende stehend und von einigen gelblichgrünen bis bleichen Hochblättern fast tütenförmig umgeben und eingeschlossen. Einzelnes Köpfchen an seiner Basis mit zahlreichen, eine walzliche Hülle bildenden, schmalen, kaum stechenden Hüllblättern umgeben. Köpfchenboden ohne Schuppen. Blüten gleichgestaltet, zwittrig, gelblichweiß, mit 5zipfliger Kronröhre. Fruchtknoten unterständig, zur Fruchtzeit 4 mm lang, grau, undeutlich kantig, mit einem aus unten verwachsenen, federigen Haaren bestehenden Flugorgan.

**Standort:** Immer auf feuchten Böden wie Mooren, an Bachufern, nassen Wiesen, bis zur alpinen Stufe und immer in großen Scharen anzutreffen.

**Verbreitung:** Hauptsächlich in Mitteleuropa, bis Südskandinavien, in England und dem eigentlichen Mittelmeergebiet fehlend.

**Blütezeit:** Juni bis September.

**Verwendung:** Die jungen Blätter sind zart und schmecken auffallend nach Kohl (Name!). Man verarbeitet sie zu Kochgemüse. Die Köpfchenböden werden besonders in Osteuropa als Gemüse genutzt.

**Allgemeines:** Die Kohl-Kratzdistel zeigt durch ihre auffallenden, bleich eingehüllten Blütenköpfe schon von weitem nasse Standorte an. Obwohl sie vom Vieh gern gefressen wird, gilt sie doch nur als minderwertiges, weil wenig ergiebiges Futter.

## Alpen-Kratzdistel, Stachelige Kratzdistel *(Cirsium spinosissimum)* Köpfchenblütler

**Merkmale:** Ausdauernde, krautige, meist weniger als 1 m hohe, aus gedrungenem Wurzelstock oft breitbuschig verzweigte Pflanze. Stengel aufrecht, einfach oder selten etwas verzweigt, gelblichgrün oder manchmal etwas rötlich, verkahlend. Blätter wechselständig, dicht stehend, gelbgrün, wenig wollig behaart, im Umriß lanzettlich, tief fiederteilig, mit buchtig gezähnten, dornigen Abschnitten. Die unteren Blätter undeutlich gestielt, die oberen mit ihrer Basis den Stengel herzförmig umfassend. Blütenköpfchen zu mehreren an der Spitze des Stengels gehäuft, von zahlreichen, schmalen, dornigen, bleichen, sie überragenden Hochblättern umgeben. Die Hülle der Blütenköpfchen walzlich aus lanzettlichen, nach oben gerichteten, deutlich stachelspitzigen, zahlreichen Hüllblättern. Köpfchenboden ohne Spreuschuppen. Blüten alle gleichgestaltet, gelblichweiß, zwittrig, mit 5zipfliger Kronröhre. Fruchtknoten unterständig, zur Fruchtzeit 4 mm lang, braun, oben mit fiederhaarigem abfallendem Flugorgan.

**Standort:** Auf Viehweiden, um Almhütten, an feuchten, offenen Orten im alpinen Bereich zwischen 1300 und 2000 m.

**Verbreitung:** Auf die Alpen beschränkt.

**Blütezeit:** Juli bis September.

**Verwendung:** Die kräftigen, dicken Wurzeln werden gekocht als Gemüse gegessen.

**Allgemeines:** Im Apennin und in den Pyrenäen gibt es ähnliche und wohl in gleicher Weise verwendbare Arten. Die Art ist durch ihre reiche Bestachelung (daher rührt auch der lateinische Name) und ihre gelblichgrüne Farbe leicht zu erkennen. In den Alpen bleibt sie auf Viehweiden nach dem Abtrieb oft als einzige hochgewachsene Pflanze übrig. Die Weidetiere verschleppen ihren Samen im Fell. Die flugfähigen Früchte werden jedoch auch leicht durch den Wind verbreitet.

## Gemeine Kratzdistel, Lanzett-Kratzdistel *(Cirsium vulgare)* Köpfchenblütler

**Merkmale:** Zweijährige, bis etwa 1,5 m hohe, oben meist verzweigte Pflanze, mit schmal rübiger verzweigter Wurzel. Stengel aufrecht, durch die herablaufenden Blätter dornig-flügelig, kraushaarig-wollig. Blätter wechselständig, schmal-eiförmig, im Umriß, auf der Oberseite dornig-haarig, auf der Unterseite unterschiedlich weißwollig. Grundblätter tief fiederspaltig, mit einfachen oder zweiteilig dornig gezähnten Abschnitten. Stengelblätter völlig oder teilweise bis zum nächsten Blatt am Stengel herablaufend, fiederspaltig, mit einfachen bis 3teiligen, gelb bedornten Abschnitten. Köpfchen an den Astspitzen einzeln, bis etwa 5 cm lang. Einzelköpfchen an seiner Basis mit einer kugeligen Hülle aus schmalen, nach außen gebogenen, an der Spitze braun bis gelb bedornten Hüllblättern. Blüten gleich gestaltet, röhrenförmig, 5zipflig, bis etwa 3 cm lang, hellpurpurn. Fruchtknoten unterständig, zur Fruchtzeit bis 4 mm lang, oben mit weißem fiederhaarigen Flugorgan.

**Standort:** Auf vorübergehend kahlen Plätzen des Kulturlandes, an Wegrändern, auf Schuttplätzen, an sonnigen Stellen.

**Verbreitung:** In ganz Europa verbreitet und nach Übersee verschleppt.

**Blütezeit:** Juli bis Oktober.

**Verwendung:** Die jungen Sprosse und die noch nicht aufgeblühten Köpfchen werden als Gemüse zubereitet.

**Allgemeines:** Die Kratzdisteln sind eine aus etwa 120 Arten bestehende Gattung, die ihr Hauptverbreitungsgebiet in Europa, im Mittelmeergebiet und im südlichen Rußland besitzt. Neben der distelartigen Gestalt sind die gefiederten Flughaare besonders charakteristisch und trennen die Gattung von der nahe verwandten Gattung *Carduus*. Die zahlreichen Blüten im Köpfchen sorgen für reiche Fruchtproduktion und gute Vermehrung.

## Gemeine Wegwarte *(Cichorium intybus)* Köpfchenblütler

**Merkmale:** Meist mehrjähriges, milchsaftführendes, oft bis 1,5 m hohes, sparrig verzweigtes Kraut. Wurzel schmal rübenförmig. Stengel kantig, starr, kahl bis borstig. Blätter wechselständig, länglich, unterschiedlich grob eingeschnitten gesägt, mit fast dreieckigen Abschnitten. Die unteren Blätter gestielt, die oberen zunehmend sitzend, ungeteilt und spießförmig. Blütenköpfe zahlreich, einzeln oder in kleinen Gruppen, am Ende der Zweige oder seitlich sitzend, an der Basis mit zahlreichen (kelchartigen) Hüllblättern. Die äußeren Hüllblätter sind eiförmig und abstehend, die inneren schmal und anliegend. Einzelblüten im Köpfchen relativ wenige, alle gleichgestaltet, zwittrig, zungenförmig mit 5 Zähnen am Ende, hellblau (bisweilen auch rosa oder weiß), mit 5 Staubblättern und einem 2spaltigen, bläulichen Griffel. Fruchtknoten unterständig, zur Fruchtzeit 2- bis 5kantig, etwa 3 mm lang, hellbraun bis schwärzlich.

**Standort:** An Weg- und Straßenrändern (Name!), auf steinigen Plätzen, auf verunkrauteten Flächen und auf Äckern. Bis zur montanen Stufe steigend.

**Verbreitung:** In ganz Europa und in andere Erdteile verschleppt.

**Blütezeit:** Juli bis September.

**Verwendung:** Die geröstete Wurzel wird als Kaffee-Ersatz genutzt. Die jungen Grundblätter werden besonders in Westeuropa als Gemüse und für Salate geschätzt.

**Allgemeines:** Zur gleichen Gattung gehört die in Kultur genommene **Endivie** *(C. endivia)*, die mit der Wegwarte den etwas bitteren Geschmack gemeinsam hat. Besonders in Westeuropa gibt es von der Wegwarte Kulturformen, bei denen, je nach Verwendung, Blatt- oder Wurzelbildung gefördert sind. Eigenartig ist die kurze Blütezeit der Köpfchen, die sich regelmäßig nach der Mittagszeit wieder schließen. *Heilpflanze Seite 251.*

Wild-
gemüse

## **Spanische Golddistel, Goldwurzel** *(Scolymus hispanicus)* Köpfchenblütler

**Merkmale:** Zweijährige bis mehrjährige, krautige, milchsaftführende, bis 80 cm hohe, unterschiedlich stark behaarte Pflanze. Stengel mit unterbrochenen, dornigen Flügeln, verzweigt. Blätter wechselständig, länglich, die unteren tief fiederteilig, weich, wenigstachelig und mit langem Stiel. Stengelblätter härter, lanzettlich bis eiförmig, bogig fiederteilig, dornig, mit mehr oder weniger verdicktem Rand. Köpfchen am Ende des Sprosses gedrängt, mit einer etwa 2 cm hohen Hülle aus schmalen, spitzen, kahlen bis wenighaarigen Hüllblättern. Einzelblüten goldgelb, alle gleichgestaltet, zungenförmig zwittrig, am Ende 5zähnig, Köpfchenboden mit leicht abfallenden schmalen Schuppen. Fruchtknoten unterständig, zur Fruchtzeit bis 5 mm lang, keulenförmig und etwas abgeflacht, leicht mit den Schuppen des Köpfchenbodens verwachsen, oben mit wenigen starren Borsten.

**Standort:** Auf Unkrautplätzen, an offenen trokkenen Standorten.

**Verbreitung:** In Südeuropa weit verbreitet und bis nach Nordwestfrankreich reichend.

**Blütezeit:** Juni bis August.

**Verwendung:** Als Wurzelgemüse besonders in Südeuropa geschätzt.

**Allgemeines:** Die Spanische Golddistel ist eine der Wildpflanzen, die immer wieder angebaut wurden, ohne daß daraus eine echte Kulturpflanze mit verbesserten Sorten entstanden wäre. Im Mittelmeergebiet gibt es noch zwei weitere, seltenere Arten, über deren Verwendung jedoch nichts bekannt ist. Die Gruppe der Köpfchenblütler, deren Köpfchen nur Zungenblüten besitzen, stellen die Salat- und Gemüsepflanzen dieser Familie dar. So ist auch der Kopfsalat mit seinen verschiedenen Sorten hierher zu rechnen. Diese Gruppe der zungenblütigen Köpfchenblütler enthält praktisch nur krautige Pflanzen. Sie wird neben ihren Einzelblüten durch Milchsaft gekennzeichnet.

## **Große Klette** *(Arctium lappa)* Köpfchenblütler

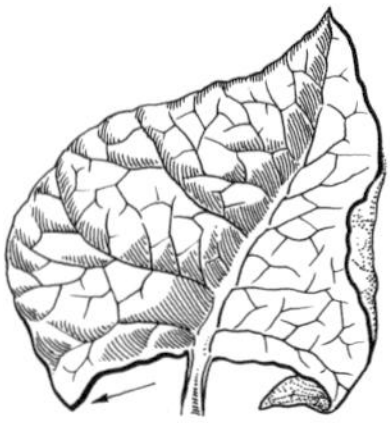

**Merkmale:** 1 bis 2 m hohe, zweijährige Pflanze mit dick-fleischiger Wurzel. Stengel aufrecht, reich verzweigt, dick, markig, gefurcht, oft rötlich, wollhaarig. Die Blätter sind wechselständig, gestielt, spitz eiförmig, unregelmäßig pustelig gezähnt bis ganzrandig, auf der Oberseite locker behaart, unterseits graufilzig. Die Grundblätter haben eine bis 50 cm lange Fläche und einen bis 30 cm langen Stiel. Am Sproß werden die Blätter nach oben hin zunehmend kleiner. Die Blütenköpfchen sind in lockeren Blütenständen fast in einer Ebene angeordnet, kugelig und über 3 cm groß. Die einzelnen Köpfchen sind dicht von zahlreichen schmalen, randlich gewimperten, an der Spitze mit einem gelben Haken versehenen Hüllblättern umgeben, die nach allen Richtungen abstehen. Die Blüten eines Köpfchens sind alle zwittrig, besitzen eine 5zipflige purpurrote Kronröhre. Der Griffel weist einen schwarzen Haarkranz auf. Der Fruchtknoten ist unterständig, zur Fruchtzeit eiförmig, über 0,5 cm lang, schwarz, runzelig, mit mehrreihigem, haarartigem Flugorgan.

**Standort:** An Wegrändern, auf Schuttflächen.

**Verbreitung:** In ganz Europa bis Südskandinavien verbreitet und außerhalb weit verschleppt.

**Blütezeit:** Juli bis September.

**Verwendung:** Die Wurzeln und auch die jungen Blätter und Sprosse können als Gemüse zubereitet werden.

**Allgemeines:** Die Klette ist besonders durch ihren charakteristischen Verbreitungsmechanismus bekannt. Die Hüllblätter hängen sich mit ihren hakigen Spitzen gruppenweise bei Menschen und Tieren in Kleidung und Fell. Die nahezu weltweite Ausbreitung kann durch diese sehr wirkungsvolle Verbreitung erklärt werden. Die Klette ist an nitratreiche Böden angepaßt und deshalb auch immer in der Nähe menschlicher Siedlungen anzutreffen.

*Heilpflanze Seite 255.*

## Kleinblütiges Knopfkraut, Franzosenkraut *(Galinsoga parviflora)* Köpfchenblütler

**Merkmale:** Einjährige, den Boden stark durchwurzelnde, recht unterschiedlich hohe Pflanze. Stengel aufrecht, meist üppig verzweigt, grün, mehr oder weniger rund, fast kahl. Blätter gegenständig, kaum behaart, frisch grün, spitz-eiförmig mit rinnigem Stiel, die oberen fast ungestielt, grob gezähnt. Köpfchen sehr zahlreich; jedes besteht aus einer blütenähnlichen Scheinblüte, zusammengesetzt aus verhältnismäßig wenigen kleinen Einzelblüten. An seiner Basis mit grünen, kelchartigen Hüllblättern. Die äußeren 3 klein, die 5 inneren größer, eiförmig, etwas drüsig. Zusammen bilden sie eine halbkugelige Hülle. Normalerweise 5 randliche Blüten, weiß, mit gedrungener 3lappiger Zunge. An ihrer Basis mit kurzer Röhre, einem unterständigen Fruchtknoten und ohne Staubblätter. Scheibenblüten fünfzipfelig, gelb, zwittrig, Fruchtknoten oben mit weißen gefransten Schuppen (Pappus), die bei den Randblüten weitgehend zurückgebildet sind. Früchte (Achänen) schwarz, keilförmig, die der randlichen Blüten gewölbt, die der Röhrenblüten kantig.

**Standort:** Häufiges Unkraut in Gärten, auf Äkkern und auf Schuttplätzen.

**Verbreitung:** Als Unkraut fast in der ganzen Welt vorkommend, in Mitteleuropa häufiger als im Mittelmeergebiet.

**Blütezeit:** Juni bis November.

**Verwendung:** Die jungen Blätter und Stengel sind vielfältig als Gemüsegrundlage und als Salat zu verwenden.

**Allgemeines:** Diese ursprünglich in Südamerika heimische Pflanze ist eines der erfolgreichsten Unkräuter mit heute extrem erweitertem Gebiet. Ausgerissene Pflanzen bewurzeln sich leicht, vorzeitig abgetrennte Früchte können leicht nachreifen.

Das sehr ähnliche **Behaarte Knopfkraut** *(G. ciliata)* ist stärker behaart und in gleicher Weise zu verwenden.

## Gemeine Schafgarbe *(Achillea millefolium)* Köpfchenblütler

**Merkmale:** Ausdauerndes, bis knapp 1 m hohes, von der Basis her buschig verzweigtes Kraut mit aromatischem Duft. Stengel aufrecht, meist 1-fach, dicht mit Blättern besetzt, locker wollhaarig. Blätter wechselständig, im Umriß zungenförmig, doppelt oder 3fach fiederspaltig, mit kurzen Abschnitten, locker behaart. Köpfchen relativ klein, in flacher, doldenartiger Rispe angeordnet. An ihrer Basis mit kurzen, fast schuppigen, zu einer kelchartigen Hülle vereinigten Hüllblättern. Am Rand des Köpfchens normalerweise 5 weiße (selten rötliche), weibliche, 3zähnige, zungenförmige Blüten. Im Zentrum des Köpfchens einige zwittrige Röhrenblüten mit einer 5zipfligen schmutzig weißen Krone und 5 Staubblättern. Bei allen Blüten ist der Fruchtknoten unterständig und ohne Flugorgan.

**Standort:** Überall in offenem Gelände, auf Wiesen, in lichten Wäldern, auf Schuttplätzen und Äckern.

**Verbreitung:** Ganz Europa bis weit nach Asien. In Nordamerika und Australien auch eingeschleppt.

**Blütezeit:** Juni bis Oktober.

**Verwendung:** Die jungen Blätter werden im Kräuterquark, in der Kräuterbutter, zu Suppen und manchmal auch als Gemüse verwendet. Die Schafgarbe schmeckt aufgrund ihres reichen Gehalts an ätherischen Ölen aromatisch.

**Allgemeines:** Die **Bertram-** oder **Sumpf-Schafgarbe** *(A. ptarmica)*, mit größeren Zungenblüten, schmalen ungeteilten Blättern, ist bevorzugt an feuchten Standorten anzutreffen, wie Mooren, feuchten Wiesen, Bachrändern. Auch ihre jungen Blätter können wie Salat verzehrt werden. Ähnliche Arten wie die Gemeine Schafgarbe werden in gleicher Weise genutzt. Die kleinen Köpfchen schließen sich bei allen Arten zu dichtgepackten Blütenständen zusammen und erwecken den Eindruck großer Einzelblüten. *Heilpflanze Seite 253.*

Wild-
gemüse

## **Huflattich** *(Tussilago farfara)* — Köpfchenblütler

**Merkmale:** Mit schuppiger Grundachse ausdauernde, krautige Pflanze. Ihre Blütezeit liegt vor der Ausbildung der Laubblätter. Die im Frühjahr zuerst erscheinenden Blütensprosse sind etwa 15 cm hoch, tragen je ein Köpfchen, sind flockig-wollig behaart und mit unscheinbaren, rötlichen bis grünen Schuppenblättern besetzt. Die Blütenköpfchen stehen zunächst aufrecht, nicken dann zu Ende der Blütezeit. Sie werden etwa 10 cm breit, tragen an der Basis eine glockige, kelchartige Hülle aus einer Reihe von länglichen, oft rötlichen, undeutlich von den Schuppenblättern getrennten Hüllblättern. Nach der Blüte sind sie zurückgeschlagen. Die einzelnen Blütenköpfchen tragen außen goldgelbe schmale Zungenblüten, innen Röhrenblüten. Alle Blüten sitzen einem hohlen Köpfchenboden auf. Die Fruchtknoten sind unterständig, zur Fruchtzeit länglich, bis 1 cm hoch, mit langem, weißem, haarigem Flugorgan.
Laubblätter in der Regel erst nach der Blüte ausgebildet, groß, die Blattfläche bis über 20 cm im Durchmesser, rundlich, mit etwa 5–10 Ecken, kurz gezähnt, unterseits weißfilzig, oberseits verkahlend. Blattstiel länger als die Blattfläche, gefurcht, oft rötlich überlaufen.

**Standort:** An kalkhaltigen, oft feuchten Schuttplätzen, an Ufern, in Kiesgruben, auf frischen Erdabbrüchen und Lawinenstrichen.

**Verbreitung:** In ganz Europa verbreitet.

**Blütezeit:** Erster Frühjahrsblüher, je nach Lage von Februar bis April.

**Verwendung:** Die jungen Blätter abgebrüht als Gemüse.

**Allgemeines:** In der Landwirtschaft wird der Huflattich als lästiges Unkraut betrachtet, das durch Beschattung andere, höherwertige Pflanzen behindert. Die stark verzweigten Wurzelstöcke bedingen das scharenweise Vorkommen durch vegetative Vermehrung.
*Heilpflanze Seite 256.*

## **Gemeine** oder **Rote Pestwurz** *(Petasites hybridus)* — Köpfchenblütler

**Merkmale:** Mit kräftigem, verzweigtem Wurzelstock überdauernde krautige Pflanze. Die Blüte liegt vor der Ausbildung der Laubblätter. Im Frühjahr werden zunächst die Blütensprosse gebildet. Diese sind etwa 30 cm hoch und wachsen während der Fruchtreife stark in die Höhe; sie sind rötlich, hohl, dick, wollhaarig, mit vielen, oft schlaffen Schuppenblättern besetzt. Bei den Pflanzen erfolgt eine Geschlechtertrennung, die zur Ausbildung funktionell weiblicher Blüten und Köpfchen und funktionell männlicher Blüten und Köpfchen führt, die jeweils auf eigenen Blütenständen gebildet werden. Die männlichen Blütenstände vertrocknen rasch nach der Blüte. Beim Aufblühen stehen die Köpfchen zunächst dicht beisammen, später werden die Blütenstände locker. Die männlichen Köpfchen sind bis 8 mm lang, die weiblichen etwa halb so groß, sie tragen an der Basis schmale, kelchartige, rötliche Hüllblätter. Die Blüten sind röhrenförmig, 5zipflig, unterschiedlich stark schmutzig-rot. Der Fruchtknoten ist unterständig, zur Fruchtzeit zylindrisch, mit weißem, haarigem Flugorgan. Die Laubblätter erscheinen nach der Blüte. Ihre Blattfläche ist sehr groß, bis 60 cm im Durchmesser, rundlich herzförmig, kurz gezähnt, oberseits grün, jung unterseits wollhaarig, später verkahlend. Blattstiel rundlich kantig, bis 1 m lang.

**Standort:** An feuchten Bach- und Flußufern, auch auf zeitweise nassen Flächen.

**Verbreitung:** In ganz Europa.

**Verwendung:** Die wegen ihres im frischen Zustand bitteren Geschmacks kräftig abzubrühenden jungen Blätter können als Gemüse zubereitet werden.

**Allgemeines:** Die Pestwurz ist eine alte Heilpflanze. Da sie vom Vieh nicht angenommen wird, gilt sie als lästiges und wegen ihres ausgedehnten Wurzelstocks schwer zu bekämpfendes Unkraut.

## Wiesen-Bocksbart *(Tragopogon pratensis)* Köpfchenblütler

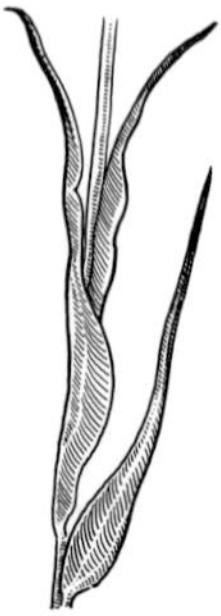

**Merkmale:** Zwei- oder mehrjähriges, mittelhohes, reichlich milchsaftführendes Kraut. Pfahlwurzel braun, spindelig. Stengel aufrecht, einfach oder gering verzweigt, graugrün, in der Jugend flockig behaart, dann kahl. Blätter wechselständig, grasartig, mit breiter Basis den Stengel halbumfassend, linealisch, zugespitzt. Blütenköpfchen groß, bis 6 cm im Durchmesser, einzeln oder zu wenigen am Sproß, ihre Stiele nach oben wenig verdickt. Köpfchen aus etwa 40 Einzelblüten zu einer Scheinblüte zusammengesetzt, an der Basis mit meist 8 schmalen, bis 3 cm langen (kelchartigen) Hüllblättern, die etwa so lang wie die Einzelblüten sind. Einzelblüten groß, hell- bis goldgelb, zwittrig, alle gleichgestaltet, zur Blüte ausgebreitet und zungenförmig. Fruchtknoten unterständig, zur Fruchtzeit bis 2 cm lang, braun, mit langem, schmalem Schnabel, gerippt und oben mit fiederhaarigem trübweißem Flugorgan.

**Standort:** Feuchte bis trockene, eher wenig gedüngte Wiesen.

**Verbreitung:** In Mitteleuropa verbreitet, nach Nordeuropa und im südlichen Mittelmeergebiet seltener werdend.

**Blütezeit:** Mai bis Juli.

**Verwendung:** Eine sehr vielseitig verwendbare Pflanze. Die Wurzeln werden wie Schwarzwurzeln zubereitet, die jungen Sprosse ergeben ein spargelähnliches Gericht, die zuckerhaltigen Blätter können roh gegessen oder wie Spinat gekocht werden.

**Allgemeines:** Die Arten der Gattung Bocksbart fallen (ähnlich wie die Schwarzwurzeln) durch ihre für ihre Verwandtschaft untypischen grasartigen Blätter auf. Die trüb purpurfarbene, eher noch größerköpfige **Haferwurzel** *(T. porrifolius)* ist eine verwandte Art des Mittelmeergebietes, die früher in Mitteleuropa zu ähnlicher Verwendung angebaut wurde und hier noch bisweilen aus alten Kulturen vorkommt.

## Kleinblütige Schwarzwurzel *(Scorzonera parviflora)* ⌀ Köpfchenblütler

**Merkmale:** Ausdauernde, niedrige, bis 30 cm hohe krautige Pflanze mit kräftigem schwarzem Wurzelstock. Stengel aufrecht, einköpfig oder seltener ästig und mehrköpfig, kahl, blattlos oder mit wenigen Schuppenblättern. Normale Laubblätter in grundständiger Rosette, lanzettlich bis linealisch, spitz mit scheideartiger Basis und undeutlich ausgebildetem Stiel. Köpfchen klein, nur bei Sonnenschein geöffnet, an der Basis mit schmalen, bis 3 cm langen, häutig berandeten, schwarzfleckigen Hüllblättern. Einzelblüten alle gleich gestaltet, zwittrig, zungenförmig, die Hülle kaum überragend, in 5 kurzen Zähnen endend. Fruchtknoten unterständig, zur Fruchtzeit fast 1 cm lang, gerippt und oben mit haarartigem, doppelt so langem Flugorgan.

**Standort:** Moore und magere Wiesen.

**Verbreitung:** Süd- und Südosteuropa, in Mitteleuropa heute selten geworden.

**Blütezeit:** Mai bis Juni.

**Verwendung:** Die Wurzel ist wie die der in Gärten kultivierten Schwarzwurzel zu verwenden. *Bei uns sollte man auf den Gebrauch aller Wildarten der Gattung Schwarzwurzel verzichten.*

*Rechtes Bild:* Die **Purpur-Schwarzwurzel** *(S. purpurea)* ⌀ hat schmälere Blätter, immer einen wenigästigen Sproß mit einigen Laubblättern und größere Köpfchen mit duftenden, lila Blüten. Diese ähnlich zu verwendende Art ist in Südosteuropa häufig, *in Deutschland selten und bedroht,* sie sollte daher völlig geschont werden.

*Scorzonera hispanica,* die eigentliche oder **Spanische Schwarzwurzel** ∅ ist eine Pflanze des südwestlichen Mittelmeergebietes, die bis ins südliche Mitteleuropa vorkommt, hier aber *überall selten* ist und deshalb nicht genutzt werden sollte. Sie wurde auch in Kultur genommen; es gibt einige, noch nicht sehr hochgezüchtete Sorten. Sie hat mehrköpfige, beblätterte Stengel und gelbe Blüten.

Purpur-Schwarzwurzel

## **Gemeines** oder **Habichtsartiges Bitterkraut** *(Picris hieracioides)* Köpfchenblütler

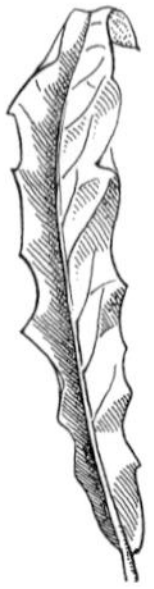

**Merkmale:** Je nach Umweltbedingungen hochgewachsenes (bis 1,5 m), meist mehrjähriges Kraut mit Milchsaft. Stengel aufrecht, unterschiedlich stark verzweigt, kantig, rauhhaarig, grün und basal oft rot überlaufen. Blätter wechselständig, wellig gezähnt, untere Blätter gestielt, lanzettlich, borstig, besonders auf den unterseits hervortretenden Blattnerven; graugrün. Köpfchen bis 3 cm groß, in einer flachen Rispe angeordnet, aus zahlreichen Einzelblüten zusammengesetzte Scheinblüte. An ihrer Basis mit zu rundlicher Hülle vereinten, lanzettlichen, mehr oder weniger schräg abstehenden, dunkelgrünen, borstigen (kelchartigen) Hüllblättern. Einzelblüten zwittrig und alle gleich gestaltet, gelb bis dunkelgelb, außen (unterseits) rötlich getönt, mit gelbem, 2spaltigem Griffel. Fruchtknoten unterständig, in der Hülle verborgen, zur Fruchtzeit wenige Zentimeter groß, spindelförmig, dunkelbraun, fein gerippt, etwas gekrümmt und oben mit weißhaarigem Flugorgan.

**Standort:** Zerstreut an offenen steinigen Stellen, wie Bahndämmen, Flußufern und auch an Unkrautplätzen, bis zur alpinen Stufe steigend.

**Verbreitung:** Fast in ganz Europa an entsprechenden Standorten anzutreffen, im südlichen Mittelmeergebiet jedoch fehlend.

**Blütezeit:** Erst ab Hochsommer (Juli) bis tief in den Herbst hinein in Blüte (Oktober).

**Verwendung:** Das junge Kraut wird vor allem in Osteuropa als Kochgemüse genutzt. Es empfiehlt sich jedoch wegen der Bitterstoffe, einen Teil des Brühwassers wegzuschütten.

**Allgemeines:** Die beim Bitterkraut vorkommenden Bitterstoffe finden sich bevorzugt im dicklichen Wurzelstock. Von ähnlichen hochgewachsenen, gelbblütigen Köpfchenblütlern unterscheidet sich das Bitterkraut durch seine Beborstung, die außen rötlichen Blüten und die später knorpelig gekielten Hüllblätter. Der Standort beeinflußt jedoch stark das Aussehen.

## **Blauer Lattich, Berg-Lattich** *(Lactuca perennis)* Köpfchenblütler

**Merkmale:** Bis etwas über 1,5 m hohes, ausdauerndes und milchsaftführendes Kraut. Stengel aufrecht aus einem dicklichen Wurzelstock entspringend, schräg verzweigt, in der oberen Hälfte, gefurcht und kahl. Blätter wechselständig, kahl, blaugrün, tief fiedspaltig geteilt mit lanzettlichen, ihrerseits undeutlich oft gezähnten und zurückgerichteten Abschnitten, an der Basis stengelumfassend, unterseits mit hervortretendem Mittelnerv. Die obersten Stengelblätter ungeteilt, pfeilförmig. Köpfchen 3–4 cm groß, eine aus etwa 16 Blüten bestehende Scheinblüte. Viele Köpfchen zu einer Rispe vereint. Einzelköpfchen an seiner Basis mit mehr oder weniger dreieckigen, dachförmig angeordneten, grünen (kelchartigen) Hüllblättern. Einzelblüten zwittrig, gleich gestaltet, blau bis violett, zungenförmig, strahlend, Griffel blau, 2spaltig. Fruchtknoten unterständig, zur Fruchtzeit mit weißem, seidenhaarigem Flugorgan.

**Standort:** An sonnigen Hängen, im lockeren Gebüsch, in Weinbergen. Immer auf kalkhaltigem Untergrund. Bis in die montane Stufe aufsteigend.

**Verbreitung:** In den mittleren und südlichen Teilen Europas zerstreut und auf entsprechende Standorte beschränkt; im eigentlichen Mittelmeergebiet jedoch fehlend.

**Blütezeit:** Mai bis Juli.

**Verwendung:** Die jungen, allerdings etwas bitter schmeckenden Blätter können zu Salat verarbeitet werden.

**Allgemeines:** Die durch ihre intensive Farbe auffallenden Köpfchen öffnen sich nur in voller Sonne und sind sonst geschlossen. In Mitteldeutschland ist die Pflanze nicht häufig und sollte daher geschont werden. Eine andere, aber gelbblütige Art des Lattichs *(L. virosa)* ist giftig. Der nahe verwandte Kopfsalat, eine Gartenpflanze, gehört derselben Gattung an *(Lactuca)*.

## **Kohl-Gänsedistel** *(Sonchus oleraceus)* Köpfchenblütler

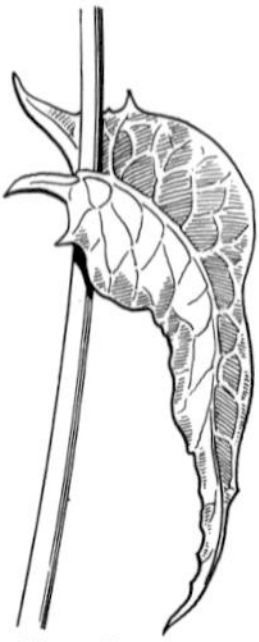

**Merkmale:** Einjähriges, bis 1 m hohes, jedoch oft niedrigeres, kräftiges, milchsaftführendes Kraut mit meist starker Pfahlwurzel. Stengel aufrecht, verzweigt, dick, hohl und kahl. Blätter wechselständig, bogig vom Stengel abstehend, groß, mit »fettiger« Oberfläche, lanzettlich, mit gezähntem Rand und kurz stengelumfassendem, pfeilförmigem Grund. Nur die untersten Blätter gestielt und tiefer geteilt. Der Mittelnerv der Blattfläche deutlich (besonders unterseits) hervortretend und rötlich gefärbt. Köpfchen locker in endständiger Rispe mit oben etwas verdickten Stielen. Die einzelnen Köpfchen etwa 2 cm breit, aus zahlreichen Einzelblüten zusammengesetzte Scheinblüte, an ihrer Basis mit einer Hülle von lanzettlichen (kelchartigen) Hüllblättern. Einzelblüten zwittrig, alle gleichgestaltet und zungenförmig, gelb, unterseits braun bis rot gestreift, die Hülle überragend, Griffel dunkel. Fruchtknoten unterständig, zur Fruchtzeit dunkelbraun, zart quer runzelig und etwas rippig, oben mit weißem, haarförmigem Flugorgan.

**Standort:** An allen Unkrautorten sehr häufig und allgemein an vom Menschen beeinflußten Standorten, in Gärten und auf Ödflächen. Bis zur montanen Stufe.

**Verbreitung:** In ganz Europa verbreitet und in Übersee eingebürgert.

**Blütezeit:** Juni bis September.

**Verwendung:** Sowohl roh als Salat wie gekocht als Gemüse genutzt. Die blattreiche Pflanze schmeckt mild.

**Allgemeines:** Neben der Verwendung als Gemüsepflanze hatte die Kohl-Gänsedistel früher auch Bedeutung als Heilpflanze. Sie ist als typische Unkrautpflanze auf gut gedüngte Böden angewiesen. Je nach den Lebensumständen kann die Pflanze recht unterschiedlich aussehen. Bei guter Ernährung verdickt sich die Wurzel rübenartig; ihre Verwendung als Wurzelgemüse wäre zu erproben.

## **Dornige** oder **Scharfe Gänsedistel** *(Sonchus asper)* Köpfchenblütler

**Merkmale:** Einjährige, selten bis 1 m hohe, meist niedrigere, relativ starre, milchsaftfährende Pflanze mit eher dünner Wurzel. Stengel einfach oder verzweigt, aufrecht, hohl, kahl oder nach oben hin etwas drüsig. Blätter wechselständig, bogig vom Stengel abstehend, groß derb, dunkelgrün, auf der Unterseite etwas heller und bläulich getönt, mit der Basis herzförmig den Stengel umfassend. Nur die unteren Blätter etwas gestielt, jedoch alle mit dornig gezähntem Rand. Die Köpfchen locker in endständigen Rispen angeordnet, ihre Stiele nach oben nur wenig verdickt. Köpfchen bis 2 cm breit, aus zahlreichen Einzelblüten zusammengesetzte Scheinblüten, an ihrer Basis mit einer runden, nach oben verengten Hülle aus schmalen (kelchartigen) Hüllblättern. Einzelblüten zwittrig, alle gleichgestaltet, zungenförmig, leuchtend gelb, unterseits rötlich getönt, Griffel dunkel. Fruchtknoten unterständig, zur Fruchtzeit dunkelbraun, undeutlich gerippt sonst glatt, oben mit haarartigem, weißem Flugorgan.

**Standort:** Auf unbebauten Flächen, in Äckern und Gärten, bis zur montanen Stufe. Etwas seltener als die oft gemeinschaftlich mit ihr auftretende Kohl-Gänsedistel.

**Verbreitung:** Im gesamten Europa, bisweilen aber zerstreut, auch in außereuropäische Gebiete verschleppt.

**Blütezeit:** Juni bis September.

**Verwendung:** Als Salat oder als Gemüse.

**Allgemeines:** Die Dornige Gänsedistel kann man am besten an den runden, stengelumfassenden Blattbasen sowie an den glatten Früchten von der Kohl-Gänsedistel unterscheiden. Sie braucht auch etwas mehr Wärme als jene häufigere Art. Sie ist typisch für Kartoffel- und Rübenfelder. Die **Acker-Gänsedistel** *(S. arvensis)* hat in der Regel tief geteilte Blätter, kommt an den gleichen Standorten vor, ist aber weniger zu empfehlen.

## Wiesen-Löwenzahn *(Taraxacum officinale)* — Köpfchenblütler

**Merkmale:** Ausdauerndes, milchsaftführendes Kraut mit rosettigem Wuchs. Wurzel fleischig rübenartig. Blätter im Umriß verkehrt-eiförmig bis eiförmig lanzettlich, grob gesägt mit nach rückwärts gerichteten, ihrerseits feingesägten Zähnen, grasgrün, kahl, allmählich in einen undeutlichen Stiel verschmälert. Aus der Rosette erheben sich ein oder mehrere hohle, blattlose, schaftartige, 20–50 cm hohe Stengel, an deren Ende sich jeweils ein Blütenköpfchen befindet. Es weist einen Durchmesser von 3–5 cm auf, ist von zurückgeschlagenen Hüllblättern umgeben und breitet zahlreiche goldgelbe, kleine, zungenförmige Blüten aus, die somit die Blütenblätter einer Einzelblüte vortäuschen. Bei Fruchtreife schlagen sich die Hüllblätter völlig zurück und der Köpfchenboden wölbt sich auf. Auf ihm stehen die mit einem schirmförmigen Flugorgan versehenen kleinen braunen Früchte, die durch den Wind weit weggetragen werden.

**Standort:** Fettwiesen, Wegränder und Gärten.

**Verbreitung:** In ganz Europa weit verbreitet.

**Blütezeit:** April bis Juni oder auch Juli.

**Verwendung:** Die vor der Blüte gesammelte Wurzel kann gekocht genossen werden. Die im Frühjahr bis Mai geschnittenen jungen Blätter werden gern zu einem herzhaft schmeckenden Salat verwendet. Die Pflanze enthält als Reservestoff das Kohlenhydrat Inulin und kann, da für Diabetiker bekömmlicher, als Diätkost Verwendung finden. Andere Inhaltsstoffe aller Pflanzenteile wirken harntreibend.

**Allgemeines:** Der Löwenzahn, auch **Gemeine Kuh-** oder **Pusteblume** genannt, zeichnet sich normalerweise durch eine ungeschlechtige Bildung seiner Früchte aus. Daraus ergibt sich ein ausgeprägtes Auftreten schwach verschiedener Formen und Sippen. So gliedert sich die Gattung in zahlreiche sogenannte Kleinarten, die jedoch alle in gleicher Weise zu verwenden sind. *Heilpflanze Seite 251.*

## Adlerfarn *(Pteridium aquilinum)* — Tüpfelfarngewächse

**Merkmale:** Ausdauernd, sehr groß, bis 2 m oder sogar noch höher, mit einem bis 50 cm unter der Erdoberfläche weit kriechenden, verzweigten Wurzelstock, der mit Gliederhaaren besetzt ist. Die sommergrünen, etwas übergebogenen Wedel auf bis zu 2 m langen, gelblichen Blattstielen, diese unterseits rinnig, bis zu 1 cm dick, im Querschnitt adlerähnliche Figuren darstellend, unten verdickt. Blattfläche hellgrün, im Umriß dreieckig, groß, derb, krautartig, 2–3fach gefiedert, oberseits glatt, unterseits samtartig. Fiedern am Grund zusammenstehend, länglich zugespitzt, die unteren gestielt, die oberen sitzend. Fiederchen lanzettlich stumpf.

**Standort:** Verbreitet auf frischen, feuchten, kalkarmen Böden, in lichten Wäldern, Kahlschlägen, auf Weiden sich besonders durch Schafe ausbreitend, Torfmoore, bis ins Bergland ansteigend, auf gedüngten Flächen zurückweichend.

**Verbreitung:** In allen Erdteilen bis zur Baumgrenze; fehlt nur in den Polargebieten sowie in den Wüsten- und Steppenregionen.

**Blütezeit:** Juni bis September, Oktober (keine Blüten sondern Sporenreife!).

**Verwendung:** Gesammelt werden die ganz jungen, zarten, noch eingerollten Wedel, die älteren sind unbekömmlich. Der etwas bittere Geschmack verschwindet nach Abbrühen. Die Zubereitung erfolgt wie bei Gemüse oder Spargel, aber auch sauer wie bei Kapern. Die stärkereichen Wurzelstöcke werden im Herbst geerntet, getrocknet und gemahlen. In Japan und Neuseeland als wichtiges Nahrungsmittel gebräuchlich, auf den Kanarischen Inseln zu Brot verarbeitet. Hier und da wird auch der Kaligehalt der Wurzeln genutzt.

**Allgemeines:** Die Pflanze steht im Verdacht, krebserregende (carcinogene) Substanzen zu enthalten. Durch Kochen der Farnblätter in Salzwasser wird das aktive Prinzip jedoch fast ganz entfernt (nach B. Schmähe).

Wild-
gemüse

Wild-
gemüse

## **Meersalat** *(Ulva lactuca)* Grünalgen

**Merkmale:** Nichtblühender Meerestang. Zarte, blattartige, leuchtendgrüne, durchscheinende Pflanze. Sie sitzt mit schmaler Basis auf dem Untergrund und verbreitet sich nach oben allmählich in einen flachen, sehr unregelmäßigen, randlich oft eingerissenen und gewellten, bis 50 cm langen Lappen. Dieser ist leicht zerreißbar und zeigt randlich oft breite weißliche Zonen, die aus entleerten Zellen bestehen. Aus diesen Zellen sind die frei beweglichen Vermehrungszellen, die Sporen ausgeschlüpft, die sich festsetzen und wieder zu neuen Pflanzen heranwachsen. Das Blattorgan trocknet an Land schnell zu dunkelgrünen, papierdünnen Resten ein.

**Standort:** Auf festem Untergrund in der Gezeitenzone bis höchstens 10 m Tiefe, oft angeschwemmt.

**Verbreitung:** Der Meersalat ist eine der häufigsten Algen sowohl im Atlantik wie im Mittelmeer und in der Ostsee.

**Verwendung:** Die frischen Blattorgane werden als Salat verwendet. Im trockenen Zustand ist die Alge unbrauchbar. Sein Mineralreichtum macht den Meersalat zu einer wertvollen Pflanze.

**Allgemeines:** Der Meersalat gehört zu den Grünalgen. Diese Algengruppe zeichnet sich dadurch aus, daß ihre Reservestoffe mit denen der höheren Pflanzen übereinstimmen. Sein Nährwert ergibt sich somit aus seinem Gehalt an Stärke. Einige ähnliche, in gleicher Weise zu verwendende Arten kommen seltener an unseren Küsten vor. Die typisch flachen, leuchtendgrünen Blattorgane lassen jedoch keine Verwechslung mit ungenießbaren, anderen Algen zu. Die Grünalgen sind, im Gegensatz zu den Braunalgen, eine Algengruppe, die mit zahlreichen Arten sowohl im Salzwasser wie im Süßwasser zu Hause ist. Diese Spannweite des Standortes äußert sich auch in ihrer äußerlichen Vielgestaltigkeit.

## **Zucker-Riementang** *(Laminaria saccharina)* Braunalgen

**Merkmale:** Nichtblühender Meerestang. Niedere Pflanze von jedoch vergleichsweise hoher Organisation. An ihrer Basis mit hellen, knorpeligen, geweihartig verzweigten, wurzelähnlichen Haftorganen, denen bei angespülten Pflanzen meist noch Steinreste oder Muscheln anhaften. Aus dem Haftorgan entspringt ein bis daumendicker, bis ein Viertel der Gesamtlänge ausmachender, gummiartiger, olivbrauner Stiel. An diesem Stiel sitzt ein braunes, lederiges, bandartiges, zugespitztes, am Rand welliges flaches und schlaffes Blattorgan, das bis 30 cm breit und bis 4 m (!) lang wird. Die ganze Pflanze ist mit einem gallertigen Überzug bedeckt, der die Verdunstung bei Trockenlage, etwa Ebbe, stark herabsetzt und die Alge längere Zeit frisch glänzend hält.

**Standort:** Küstengebiete mit felsigem oder steinigem Untergrund, bis 20 m Tiefe, nach Sturmfluten oft in größeren Mengen losgerissen, verdriftet und an Sandküsten angespült.

**Verbreitung:** In Europa an den Atlantikküsten, im Mittelmeer fehlend und selten in der westlichen Ostsee.

**Verwendung:** Gekocht als Gemüse zuzubereiten. Kann auch getrocknet aufbewahrt und nach Einweichen zubereitet werden.Wegen des hohen Jodgehalts besonders bei Jodmangelkrankheiten zu empfehlen. Die stark quellfähigen Stiele wurden früher zur Aderweitung benutzt.

**Allgemeines:** Der Riementang gehört zu den ausschließlich meeresbewohnenden, im wesentlichen auf die kühleren Gewässer beschränkten Braunalgen. Algen vermehren sich als einfach organisierte Pflanzen ohne Blüten, sie breiten sich durch bewegliche, einzellige Sporen im Wasser aus. Wie alle Braunalgen ist der Zucker-Riementang reich an gequollenen Gallerten, die auch industriell genutzt werden. Der **Fingertang** *(L. digitata)* hat handförmig aufgeteiltes Laub.

## Wildgemüse zubereiten

Wildkräuter sind kalorienarm; sie schmekken würzig bis herb, ausgewachsene Pflanzen oft streng bis bitter. Man braucht deshalb keine großen Mengen für den Eigenbedarf; die vitamin- und mineralreichen Wildgemüse bilden eine von der Natur geschenkte Zugabe zur Alltagskost.
Wer noch nie Wildkräuter auf den Tisch gebracht hat, sollte behutsam mit ausgesucht jungen und zarten Pflanzen beginnen, vielleicht nur als Beimischung zu gewohnten Gemüsearten des Gartens.
Man sammelt nur Wildpflanzen, die man sicher kennt oder im Bestimmungsbuch zweifelsfrei identifiziert. Zum Sammeln sucht man Plätze, die nicht in unmittelbarer Straßennähe liegen und von denen man weiß, daß sie mit keinen chemischen Pflanzenschutzmitteln (Herbizide) behandelt oder frisch gejaucht wurden. »Kunstdünger« ist kein Gift und schadet nicht unmittelbar. Er verringert aber den Artenreichtum natürlicher Pflanzengemeinschaften.
Man schichtet die geernteten Pflanzen lokker in Körbe, Papiertüten oder Stoffsäckchen; in Plastiktüten nur, wenn das Sammelgut anschließend umgeleert wird. Wildpflanzen von zweifelhaften Standorten, auch Brunnenkresse aus nicht völlig klarem Wasser, legt man nach dem Waschen möglichst einige Stunden in kaltes Wasser, dem man Koch- oder Meersalz (1 EL auf 1 l) oder einige Messerspitzen eines Mineralgemischs wie »Biosmon« zugesetzt hat. Möglicherweise an den Blättern haftende Rückstände, auch Kleintiere und deren Larven können sich dann lösen und zu Boden sinken. Danach nimmt man das Sammelgut vorsichtig aus der Schüssel und überspült es noch einmal gründlich mit klarem Wasser.
Was nicht für den sofortigen Verzehr bestimmt ist, kann bis zu einigen Tagen im Kühlschrank lagern. Wildgemüse hält sich wegen seiner festeren Gewebestruktur in der Regel besser als Gartengemüse.
Aus frischen Wildpflanzen bereitet man vorteilhaft Rohkostsalate zu, weil so die Vitalstoffe für die Ernährung am besten erhalten bleiben. Strenger schmeckende oder rauh- und hartblättrige Arten werden dagegen gekocht oder geschmort.
Grundsätzlich kann man jede Zubereitungsart der Gartengemüse auch auf Wildpflanzen anwenden. Milde und Fülligkeit müssen bei der Verarbeitung zu Gerichten oft gefördert werden. Bei **Wildsalaten** erreicht man das durch Zugaben von geriebenen gelben Rüben und Äpfeln, fein gehackten Zwiebeln, gekochten und gewürfelten Kartoffeln, Sellerie und Kohlrabi – roh oder gekocht – hartgekochten, gewürfelten Eiern, kalt geschlagenen Pflanzenölen und zurückhaltendem Würzen. Salz und Essig verwendet man sparsam, um den Eigengeschmack der Wildkräuter nicht zu übertönen.
Buttermilch, Sauermilch, Joghurt, Quark, süße und saure Sahne binden die verschiedenen Kräuter eines Wildsalates vorzüglich ein, mildern und runden ab, machen die Rohkost angenehm sämig, ohne den Kräutergeschmack zu beeinträchtigen. Reicht man dazu Pellkartoffeln oder junge Kartoffeln in der Schale, so hat man schon ein vollwertiges Gericht, das keiner weiteren Beigaben bedarf.
Bei spinatartig zubereitetem **Kochgemüse** aus Wildkräutern erreicht man die gewünschte Milde und Fülligkeit nicht nur mit der heute etwas in Verruf geratenen »Mehlschwitze« aus Großmutters Küche, sondern besser und gesünder auch mit fein gemahlenem Hafer. Man gibt dafür die entspelzten, aber ganzen Haferkörner, wie man sie im Reformhaus, im Kornladen oder auch beim Bauer kaufen kann, bei

feiner Mahlstellung in die handgetriebene oder elektrische Getreidemühle.
Getreide und Wildkräuter ergänzen sich vorzüglich. So kann man geschrotetes und über Nacht vorgeweichtes Getreide jeder Art pikant würzen und mit Speckwürfeln, Fleisch oder geriebenem Käse anreichern, in eine feuerfeste Schüssel füllen und als Grundlage für einen Wildgemüse-Auflauf verwenden. Gröbere Wildgemüseblätter hackt man fein, mischt sie unter das Getreide, mit anderen belegt man den Auflauf und läßt ihn im Rohr garen.
Mit Huflattichblättern und Getreide- oder Hackfleischfüllung kann man kleine **Krautwickel** formen, aus den verschiedensten Wildkräutern – allein oder in jeder denkbaren Mischung – reichhaltige **Kräutersuppen** zusammenstellen. Mit eingerührtem, zuvor gekochtem Getreideschrot lassen sie sich zu nahrhaften Hauptgerichten erweitern. Joghurt oder saure Sahne reicht man zu solchen Suppen erst bei Tisch.
Sind die Blattrosetten des Löwenzahns schon so groß, daß sie keinen zarten Rohkostsalat mehr ergeben, dann dünstet man die unzerkleinerten Pflanzen mit Öl, ein wenig Wasser und einer Prise Salz in der zugedeckten Pfanne bei kleiner Hitze gar.
**Grundrezept für Wildgemüse** (zum Beispiel junge Pflanzen vom Löwenzahn oder der Brennessel).
Die gewaschenen Blätter oder Triebe kurz in wenig Wasser aufkochen und zusammenfallen lassen. Abgießen, die Brühe beiseite stellen. Gewürfelte Zwiebeln und Mehl oder feinen Haferschrot in Öl rösten und mit dem Gemüsewasser aufgießen, aufkochen, mit Salz und Knoblauch oder Muskatblüten würzen, das zerkleinerte Gemüse zugeben, ev. mit Suppenwürze abschmecken.
Nach diesem Grundrezept kann man Suppen aus vielerlei Wildkräutern und deren Mischungen zubereiten. Eine Zungenprobe der frischen Kräuter gibt vorab Aufschluß über die Geschmacksrichtung oder Schärfe einer Pflanze.

**Sauerampfersuppe**
200 g Kartoffeln schälen und würfeln, garen und pürieren (wahlweise fein gemahlener Getreideschrot) und 1 Tasse Milch zugeben. 100–200 g gewaschene Sauerampferblätter fein schneiden, mit gewürfelten, vorgebratenen Zwiebeln nur so kurz andünsten, daß die Blätter zusammenfallen. Anschließend läßt man die Kartoffeln und den Sauerampfer mit ¾ l Brühe (Suppenwürfel oder pflanzlicher Würzextrakt) kurz aufwallen, nicht mehr kochen. Saure Sahne und Schnittlauch gibt man erst auf die fertig angerichtete Suppe.
Als herzhafte Tischzugabe eignen sich in offener Pfanne mit Fett goldbraun und knusprig geröstete Brot- oder Vollkornbrotwürfel.

Ein auf dem Land seit jeher beliebtes Frühsommeressen sind **gebackene Holderblüten** (Bild). Aus Mehl, Eiern, heißer Butter, Wasser, etwas Honig und einer Prise Salz wird ein nicht zu fester Pfannkuchenteig bereitet. In ihn taucht man die Blütendolden des Schwarzen Holunders, indem man sie am stehengelassenen Stiel festhält. Anschließend bäckt man sie in erhitztem Pflanzenfett (180°) goldgelb und serviert die knusprigen Gebilde heiß. Dazu reicht man Kompott. Man nimmt für 125 g Mehl 3 Eier. Feinschmecker mischen 2–3 EL Wein in den Teig.

*Rechts: Johanniskraut*

Die Heilkunde diente bei Naturvölkern wie auch in allen alten Kulturen (China, Indien, Ägypten u. a.) dazu, den aus der natürlichen Ordnung herausgefallenen Menschen wieder einzugliedern. Kosmos heißt das Geordnete.
Die Naturheilkunde wurzelt in ganzheitlicher Weltsicht. Sie soll »heil«, also wieder ganz machen. Ein verantwortungsbewußter Behandler, ein guter Arzt, wird seinen Patienten oft darauf hinweisen, daß dessen Krankheit auf einer tieferen Störung gründet, die immer auch eine Verletzung von natürlichen Ordnungen des Menschen in sich und seiner Umwelt bedeutet. Von einigen hoffnungslosen Krankheitszuständen abgesehen, gleicht eine bloße Schmerz- und Symptombekämpfung dem Entfernen einer roten Signallampe. Die eigentliche Ursache des Leidens bleibt unangetastet. Jede Pflanze stellt selbst eine Ganzheit dar; ein ganzheitliches Mittel wird einer ganzheitlichen Behandlung (Therapie) dienlich sein.
Im Gegensatz zur synthetisch hergestellten Monosubstanz, einem einzelnen Wirkstoff, besteht die Heilpflanze aus einer von der Natur kunstvoll zusammengesetzten Wirkstoffkombination, die in ihrer Ganzheit mehr ist und anders wirkt als die Summe ihrer Bestandteile. Den Störungen, die ein künstlicher Einzelwirkstoff häufig im organischen Geschehen neben seiner beabsichtigten Wirkung hervorruft, steht die oft bessere Verträglichkeit der pflanzlichen Gesamtdroge gegenüber.
Die nur scheinbar überflüssigen Begleitstoffe einer Pflanze ermöglichen der eigentlichen Hauptsubstanz optimale Entfaltung. Sie fördern die Resorption (Aufnahme in die Blut- bzw. Lymphbahn) im menschlichen Organismus und beschleunigen und verstärken damit die medizinische Wirkung.
Akut bedrohliche Krankheitsfälle erfordern natürlich auch den Einsatz von synthetischen Medikamenten mit isolierten Wirkstoffen. Durch sachkundiges Anwenden von Heilpflanzen ist aber im Zusammenhang mit gesundheitsbewußter Lebensweise jedermann die Möglichkeit gegeben, manche Störungen gar nicht erst entstehen zu lassen.

### *Inhalt und Wirkung*

Ein bloßes Aneinanderreihen und Aufzählen der Inhaltsstoffe einer Heilpflanze erklärt in vielen Fällen deren Gesamtwirkung nicht ausreichend. Weiterhin ist es längst überholt, nur den isolierten Hauptwirkstoff zu verabreichen, da – von wenigen Ausnahmen abgesehen – gerade die Begleitstoffe für eine leichtere und oft weit höhere Aufnahme und Wirksamkeit sorgen. Beim Maiglöckchen läßt sich dies besonders gut verdeutlichen. Die herzwirksamen Convallaria-Glykoside in einem handelsüblichen Präparat machen etwa 60 Prozent, die restlichen Begleitstoffe ohne direkten Herzeinfluß 40 Prozent aus. Gerade diese Begleitstoffe steigern aber die Wirksamkeit um das 500fache gegenüber reinem Convallatoxin, dem Hauptwirkstoff!
Deshalb ist die Angabe der Inhaltsstoffe allein nicht ausreichend. Erfolg und Wirksamkeit lassen sich am besten in der Praxis studieren. Das Problem vieler Kräuterbücher liegt in oft ungenauen Wirkungs- und Dosierungsangaben. In diesem Buch werden nur Erfahrungswerte wiedergegeben, die sich in der naturheilkundlichen Praxis bewährt haben. Zum besseren Verständnis werden die häufigsten Wirkstoffgruppen kurz erklärt:
**Ätherische Öle** rufen den arteigenen Geruch der Pflanzen hervor; sie haben äther- oder ölhaltige Beschaffenheit und können in allen Pflanzenteilen vorkommen. Sie bil-

den Ablagerungen, die nicht wieder in den Pflanzenstoffwechsel zurückgeführt werden. Man gewinnt das wasserunlösliche ätherische Öl meist durch Wasserdampfdestillation oder Aethanol. Die Wirkung ist uneinheitlich, oft haut- und schleimhautreizend, bakterienhemmend und krampflösend.

**Alkaloide** sind stickstoffhaltige Basen, oft an organische Säuren gebunden und meist von hoher Giftigkeit. Sie sind wasserlöslich und müssen in der Regel vom Fachmann dosiert werden. Beispiele: Atropin in der Tollkirsche, Morphin im Schlafmohn, Aconitin im Eisenhut.

**Bitterstoffe** sind wasserlösliche, oft an Glykoside gebundene Substanzen. Sie wirken häufig auf den Magen und auf die Enzymatik, manche können sehr giftig sein.

**Gerbstoffe** sind Phenolderivate, die mit Eiweißen der Haut unlösliche Verbindungen eingehen und deshalb zur Lederherstellung verwandt wurden. In der Medizin wird ihre »adstringierende« (zusammenziehende) Wirkung bei Haut und Schleimhäuten genutzt. Gerbstoffe kommen häufig, zum Beispiel in Rosen- und Erikagewächsen vor.

**Glykoside** sind ätherische Zuckerverbindungen, die nur in Pflanzen vorkommen. Viele Riech-, Farb- und Gerbstoffe zählen zu ihnen. Sie sind pharmakologisch besonders wichtig, aber uneinheitlich in ihrer Wirkung.

Beispiele: die herzwirksamen Digitalis-Glykoside, Anthrachinon-Glykoside mit abführender Eigenschaft (Frangulin, Sennoside), Farbstoff-Glykoside (Flavone, Anthocyane), Phenole (Aesculin, Arbutin).

**Saponine** schäumen beim Kochen auf und haben (blut-)reinigende Wirkung (lat. sapo = Seife). Sie ermöglichen anderen Stoffen eine bessere Aufnahme durch die Darmschleimhaut, werden aber selbst nicht aufgenommen. Da sie sehr giftig sind, wäre dies auch gefährlich. Chemisch gehören sie zu den Glykosiden und sind in Hustenpflanzen, in magen-, darm- und nierenwirksamen Drogen enthalten.

*Johanniskrautöl reift in der Sonne*

**Muzilaginosa** sind Schleimstoffe und andere Polyosen, wie Gummi, Stärke und Pektine, mit schützender Wirkung für Haut und Schleimhaut.

**Harze** sind Pflanzenexkrete, die zur Haut- und Schleimhautreizung sowie zur Salbenherstellung verwandt werden.

**Cholin** ist besonders während der Keimung vorhanden, hat eine wichtige Rolle im Energiestoffwechsel, senkt den Blutdruck und erhöht die Erregbarkeit der Darmmuskulatur sowie der Gebärmutter.

**Vitamine** sind lebenswichtige (vita = Leben) Wirkstoffe, die dem Körper größtenteils zugeführt werden müssen. Man unterscheidet fettlösliche (A, D, E, F) und wasserlösliche (B, C) Vitamine.

**Organische Säuren:** Apfel-, Wein-, Oxal-, Ameisensäure und andere. Die Oxalsäure, wie sie etwa im Sauerklee und im Sauerampfer enthalten ist, wirkt in größeren Mengen giftig.

## **Erläuterungen zu den Heilpflanzentexten** (Zubereitung und Anwendung)

TL = Teelöffel, EL = Eßlöffel, l = Liter, Tr. = Tropfen, Min = Minuten, g = Gramm, Ø = Urtinktur

**Aufguß (Infus):** Angegebene Drogenmenge mit ¼ l kochend heißem Wasser übergießen. Gefäß abdecken, damit die leicht flüchtigen ätherischen Öle erhalten bleiben. Nach 5–10 Min abseihen.

**Abkochung (Dekokt):** Feste Drogen, wie Wurzeln, Rinden, Samen, Holz oder Stengel müssen abgekocht werden, damit sie ihre Inhaltsstoffe freigeben. Pflanzenteile ins kalte Wasser geben und unter ständigem Rühren zum Kochen bringen, aufwallen lassen und dann abseihen. Je nach Substanz, die man herauslösen will, muß länger gekocht werden, z. B. bei kieselsäurehaltigen Pflanzenteilen 15–30 Min.

**Kaltauszug (Mazeration):** Kaltansatz bei schleimhaltigen Pflanzen (z. B. Eibisch, Leinsamen) oder um größere Wirkstoffausbeute zu ermöglichen. Die entsprechenden Drogen werden durchschnittlich 6–12 Stunden über Nacht in kaltem Wasser eingeweicht.

**Kombiniertes Verfahren:** Mazeration (über Nacht) mit anschließendem, teilweisem Infus und Dekokt, um bei Teemischungen unterschiedlicher Zusammensetzung volle Wirkstoffbreite zu gewährleisten.

*Alle Dosisangaben beziehen sich stets auf* ***eine*** *Anwendung.* Die Häufigkeit der täglichen Anwendungen bestimmt der Behandler. Am Schluß der Heilpflanzentexte stehen oft »HAB: . . . « und »Spagyrik«. HAB bedeutet »Homöopathisches Arzneibuch«. Dahinter steht der Name der homöopathischen Urtinktur, die von der Pflanze in homöopathischen Apotheken erhältlich ist. Zur weiteren Erläuterung wird in der Regel in Klammern der Pflanzenteil aufgeführt, der als Ausgangssubstanz für die Tinktur dient. Beispiel: HAB: *Mentha piperita* (frische, blühende Pflanze). Die Urtinktur ist meist gehaltvoller als Tinkturen oder Extrakte.

Die Bezeichnung **Spagyrik** wurde allen Pflanzen beigefügt, aus denen sich spagyrische Zubereitungen (Essenzen und Salben) herstellen lassen bzw. die in den Apotheken erhältlich sind.
Weitere pharmakologische Begriffe für Zubereitungsformen, wie sie der Apotheker verwendet:

**Extrakt:** Auf besonderen, meist konzentrierteren Wirkstoffgehalt eingestellte Drogen, wobei es verschiedene Herstellungsmethoden gibt. Man unterscheidet zwischen flüssigen Extrakten (Fluidextrakten, fluid = flüssig) und Trockenextrakten. Letztere werden gern zur Weiterverarbeitung von Tabletten, Pasten u. a. benutzt. Die Industrie kennt weitere Auszugsverfahren wie z. B. die Gefriertrocknung u. a.

**Sirupe:** Flüssige Zuckerlösungen, die Arzneistoffe enthalten.

**Spiritus:** Stabilisierungs- und Konservierungsmittel in verschiedenen Konzentrierungen: 90% Äthanol (mit 10% Wasser), 80%ig, 70%ig und 45%ig.

**Salbe (Unguentum):** Streichfähige Zubereitungen zum Auftragen oder Einreiben, z. B. Creme (mit Wasser) oder Paste (mit suspendiertem Pulver, fester). Grundlagen sind Harze, Wachse oder Tierfette.

**Wein (Vinum):** Auch Wein wird zur Stabilisierung benützt, jedoch bei geringerer Wirkstoffkonzentration.

## **Echter Baldrian** *(Valeriana officinalis)* Baldriangewächse

**Merkmale:** Mehrjährige, 50–150 cm hohe Pflanze mit gefurchtem, hohlem Stengel. Je nach Kleinart mit kurzen, unterirdischen Ausläufern. Gegenständige, gefiederte Blätter mit 5–12 schmal-lanzettlichen Fiedern, die ganzrandig oder gezähnt sein können. Rosa bis weiße Blüten in meist stark verzweigten, dolden- oder schirmförmigen Blütenständen. Blütenduft wirkt anziehend auf Katzen, daher im Volksmund auch **Katzenkraut** genannt.
**Standort:** Laub-, Misch- und Nadelwälder, Wegränder, Wiesen, Gräben, Lichtungen, Flußufer; gern auf nährstoffreichen, feuchten Böden, von der Ebene bis in Höhen von 2000 m wachsend.
**Verbreitung:** Fast ganz Europa. Kommt in Deutschland verbreitet und meist häufig vor.
**Blütezeit:** Mai bis August.
**Allgemeines:** Heißt auch **Gebräuchlicher, Großer** oder **Arznei-Baldrian.**
**Inhaltsstoffe:** Ätherisches Öl, Alkoholester, Valepotriate, Monoterpene, Valerensäure.
**Gebrauch und Wirkung:** Gutes Beruhigungsmittel bei Depressionen; leichten Schilddrüsenüberfunktionen; bei nervösen Herzbeschwerden; gut bei Schlafstörungen. Die Ärzte des Klassischen Griechenlands um 500 v. Chr. lobten Baldrian bereits. Seine Wirkung ist insgesamt ausgleichend.
(Auch als Bad und im Kräuterkissen, siehe Lavendel S. 172.)
**Zubereitung und Anwendung:** Baldrianwurzel *(Radix Valerianae):* 2 TL als Kaltauszug. Baldriantinktur: 30–50 Tr. einnehmen. Extrakt, Öl (3–12 Tr.). HAB: *Valeriana officinalis* (getrocknete Wurzel); Spagyrik.
Baldrian wird häufig zu niedrig dosiert. Er ist eines der wichtigsten einheimischen Nervenmittel.
**Sammelzeit:** März bis Mai, September bis Oktober.

## **Tüpfel-Johanniskraut** *(Hypericum perforatum)* Johanniskrautgewächse

**Merkmale:** Mehrjährige, aufrechte und verzweigte Pflanze von 30 bis über 60 cm Höhe. Markiger, zur Spitze hin drüsiger Stengel mit 2 erhabenen Längskanten. Breit-eiförmige oder länglich-ovale bis schmal-linealische Blätter, durchsichtig punktiert. 2–3 cm breite, goldgelbe Blüten mit lanzettlichen, spitzen Kelchblättern, die zur Blütezeit die doppelte Länge des Fruchtknotens erreichen; Blüten in Trugdolden.
**Standort:** Lichte Wälder, Waldränder, Wegränder, Trockenhänge, Wiesen, Brachland, Böschungen, Halbtrocken- und Magerrasen.
**Verbreitung:** Ganz Europa. In Deutschland überall sehr häufig anzutreffen.
**Blütezeit:** Juni bis August.
**Allgemeines:** Die formenreiche Art nennt man auch **Tüpfel-Hartheu, Johannisblut, Wundkraut** oder **Blutkraut.** Zerriebene Blüten färben sich dunkelrot.
**Inhaltsstoffe:** Hypericin, ein roter Farbstoff und Photosensibilisator (macht Hautzellen lichtempfindlicher, führt bei Weidetieren zur sogenannten Lichtkrankheit), ätherisches Öl, Gerbstoffe, Rutin, Quercitin, Cholin, Flavone.
**Gebrauch und Wirkung:**
*Innerlich:* Nervenmittel, besonders bei klimakterischen Depressionen; hormonelle Störungen (Dysmenorrhoe).
*Äußerlich:* bewährtes Öl zum Einreiben bei Wunden, Verbrennungen, Erfrierungen, Nervenschmerzen, Rheuma.
**Zubereitung und Anwendung:** Ganze Pflanze *(Herba Hyperici):* 1 TL als Aufguß; Johanniskrautöl (Rotöl): ca. 600–700 g gereinigte Blüten *(Flores Hyperici recentes)* mit 1 l kalt gepreßtem Sonnenblumenöl in weißer Glasflasche ca. 4 Wochen lang in die Sonne stellen. Als Gallenmittel: ½ TL einnehmen.
HAB: *Hypericum perforatum* (ganze frische, blühende Pflanze); Spagyrik.
**Sammelzeit:** Juni bis September.

## Saat-Hafer *(Avena sativa)*

Süßgräser

**Merkmale:** Einjähriges, 60 bis 150 cm hohes Rispengras mit aufrechtem, hohlem Stengel. Lineal-lanzettliche Blätter am Grund ohne Öhrchen (dadurch von Roggen, Gerste und Weizen zu unterscheiden), Blatthäutchen kurz, mit dreieckig zugespitzten Zähnchen. Blüten meist zu 2–4 Ährchen angeordnet, die zusammen eine lockere, allseitswendig ausgebreitete Rispe mit abstehenden Ästen bilden.

**Standort:** Auf Feldern angebaut. Kann in den Alpen bis in 1800 m Höhe kultiviert werden.

**Verbreitung:** Ursprünglich in Südwest-Asien und auf dem Balkan beheimatet. Heute in ganz Mitteleuropa und Nordeuropa bis Mittelskandinavien angebaut, hauptsächlich zwischen dem 45. und 65. Breitengrad. In Deutschland weit verbreitetes Nähr- und Futtergetreide, oft auch verwildert.

**Blütezeit:** Juni und Juli.

**Allgemeines:** Seit dem Altertum bekannt.

**Inhaltsstoffe:** Haferkorn *(Fructus):* Stärke, biologisch hochwertige Eiweiße, B-Vitamine, Saponine mit antimikrobieller (gegen Kleinstlebewesen gerichteter) Wirksamkeit. Haferstroh *(Stramentum):* Kieselsäure, Zucker, Kalzium, Pektine, Wachse.

**Gebrauch und Wirkung:** Haferkorn: mildes Beruhigungsmittel; bildet schützenden Schleim bei Magenverstimmungen; kräftigend nach Krankheiten. Vorsicht: Durchfallgefahr; Diabetiker: Acidose (Übersäuerung). Haferstroh: Badezusatz bei verschiedenen Hautkrankheiten (nach Sebastian Kneipp).

**Zubereitung und Anwendung:** Haferkorn: homöopathische Urtinktur; Vollkornhaferflokken als Nahrungsmittel. Haferstroh: 500–1000 g Haferstroh *(Stramentum avenae)* mit 3 l Wasser 30 Min lang auskochen und ins Badewasser geben. HAB: *Avena sativa* (frische, blühende Pflanze); Spagyrik.

**Sammelzeit:** Juli bis September.

## Gemeiner Hopfen *(Humulus lupulus)*

Hanfgewächse

**Merkmale:** Mehrjährige, 3–6 m hoch kletternde Schlingpflanze mit rauhhaarigem, rechtswindendem Stengel. Gegenständige Blätter, tief 3- bis 5lappig mit herzförmigem Grund, rauhbehaart und stachelspitz gezähnt. Blüten zweihäusig; männliche Blüten in Rispen, weibliche Blüten in Scheinähren, zur Fruchtzeit als gelblichgrüne, zapfenförmige Kätzchen erscheinend. Deckblätter der weiblichen Blütenstände am Grund mit kurzgestielten Drüsen.

**Standort:** Auwälder, feuchte Gebüsche, Erlenbrüche; auf grundwasserhaltigen, lehmigen Böden, die zeitweise überschwemmt sein können.

**Verbreitung:** Ganz Europa. In Deutschland verbreitet und vielerorts noch häufig; als Kulturpflanze seit dem 8. Jahrhundert angebaut.

**Blütezeit:** Juli bis August.

**Allgemeines:** Früher benutzten die Mädchen die seilartigen Stengel als Springseil.

**Inhaltsstoffe:** Harz, Gerbstoffe, ätherisches Öl, östrogenartige und -wirksame Stoffe. Hopfenmehl (Lupulin): ätherische Öle mit mehr als 200 nachgewiesenen Substanzen. Harz: Bitterstoffe (Humulone und Lupulone). Gerbstoff, Cholin, Asparagin, Wachs.

**Gebrauch und Wirkung:** Beruhigungsmittel bei Nervosität und Schlaflosigkeit; sexuelle Überreiztheit (z. B. nächtliche Samenergüsse). Äußerlich zur Behandlung schmerzhafter Krebsgeschwüre.

**Zubereitung und Anwendung:** Hopfenzapfen *(Strobuli lupuli):* 2 TL als Aufguß. Hopfenmehl *(Glandulae lupuli* oder *Lupulinum):* ca. 1 g. HAB: *Lupulus* (frische Fruchtzapfen) und *Lupulinum* (Hopfenmehl); Spagyrik.

**Sammelzeit:** August bis September.

## Echter Lavendel *(Lavandula angustifolia)* — Lippenblütler

**Merkmale:** 30–60 cm hoher, dichtverzweigter Halbstrauch, aromatisch duftend. Rutenförmige Äste, aufsteigend bis aufrecht. Lineal-lanzettliche Blätter bis 0,5 cm breit und bis 5 cm lang, am Rand umgerollt, anfangs filzig behaart, später verkahlend. Blauviolette Blüten in unterbrochenen, langgestielten Scheinähren angeordnet. Kelch an der Spitze blau-filzig, sonst außen weißfilzig. Hochblätter breit-eiförmig, zugespitzt.
**Standort:** Wildwachsend an steinigen Hängen, sonnigen Trockenhängen und in Felsensteppen, sonst vielfach angebaut, auch als Zierpflanze. Wärmebedürftig!
**Verbreitung:** Ursprünglich im westlichen Mittelmeergebiet beheimatet. In anderen Teilen Süd- und Mitteleuropas, auch in Deutschland, als Heil- und Duftpflanze verbreitet kultiviert (bis in 1400 m Höhe), selten verwildert.
**Blütezeit:** Juli und August.
**Inhaltsstoffe:** Ätherisches Öl mit vielen Wirkstoffen, besonders Linalylacetat, Linalool, Harz, Gerbstoff.
**Gebrauch und Wirkung:** Als Beruhigungsmittel und zur Nervenstärkung; Geruchskorrigens bei Arzneiteemischungen; zur besseren Durchblutung (äußerlich; auch als Badezusatz: 50 g kurz aufkochen). Entspannt bei Stauungskopfschmerz.
**Zubereitung und Anwendung:** Blüten *(Flores lavandulae)*: 1 TL als Aufguß; ätherisches Öl *(Oleum Lavandulae aethericum)*: 3–5 Tr. innerlich und äußerlich; auch als Badezusatz: 10–20 Tr.; HAB: *Lavandula officinalis* (frische Blüten); Spagyrik. Lavendel wird gern mit Baldrian, Thymian, Hopfen u. a. zu Kräuterkissen hinzugefügt und bei Schlaflosigkeit unter das Kopfkissen gelegt.
**Sammelzeit:** Juli bis September.

## Melisse *(Melissa officinalis)* — Lippenblütler

**Merkmale:** Mehrjährige, 30–80 cm hohe Pflanze mit verzweigtem Wurzelstock. Aufrechte oder aufsteigende Stengel kantig und behaart, oft stark verästelt. Eiförmige, gestielte Blätter grob und regelmäßig gesägt-gekerbt, stark nach Zitrone duftend (deshalb auch **Zitronen-Melisse** genannt). Blüten weiß, gelblich-weiß oder bläulich, zu 3–6 einseitswendig in den Blattachseln; dreiteilige Unterlippe mit großem, breiten Mittellappen, Oberlippe flach gewölbt, Kelch 2lippig.
**Standort:** Meistens angebaut, früher häufig in Bauerngärten. Wildwachsend oder verwildert in Wäldern, Gebüschen und Hecken anzutreffen.
**Verbreitung:** Heimat ist das östliche Mittelmeergebiet und Kleinasien. Inzwischen auch im übrigen Südeuropa sowie in Mitteleuropa eingebürgert. In Deutschland verbreitet kultiviert. Die beliebte Tee- und Gewürzpflanze gehört zum Kräuterbestand vieler mitteleuropäischer Hausgärten. Sie ist völlig winterhart und bildet starkwüchsige Stöcke, von denen man während des ganzen Sommers Blätter ernten kann.
**Blütezeit:** Juni bis August.
**Inhaltsstoffe:** Ätherische Öle mit Citral, Citronellal, Linalool, Geraniol, Gerbstoffe.
**Gebrauch und Wirkung:** Beruhigungsmittel, nervenstärkend und belebend, krampflösend bei Blähungen und Erbrechen, besonders während der Periode und bei Migräne. Melissengeist *(Spiritus Melissae)* ist bekannt als Mittel bei nervöser Übelkeit und Magenstörungen.
**Zubereitung und Anwendung:** Melissenblätter, möglichst frisch (!), *(Folia Melissae)*: 2 TL als Aufguß; Melissenöl *(Oleum Melissae aethericum)*: zum Einreiben oder 2 TL dem Vollbad zufügen. HAB: *Melissa officinalis* (frische Blätter); Spagyrik.
**Sammelzeit:** Juni bis August.

## Bockshornklee *(Trigonella foenum-graecum)* Schmetterlingsblütler

**Merkmale:** Einjährige, stark riechende Pflanze mit kräftiger Pfahlwurzel, 10 bis 50 cm hoch. Triebe aufrecht oder am Boden liegend. Gestielte, 3zählige Blätter an den Spitzen der Fiedern gezähnelt. Blaßgelbe Blüten mit bis 1,8 cm langer, am Grund violetter Krone, einzeln oder zu 2 in den Blattachseln. Bis 10 cm lange Hülsen aufrecht abstehend, gerade oder ein wenig gekrümmt, mit 2–3 cm langem Schnabel.
**Standort:** Meist auf Äckern angebaut, kommt in Südeuropa häufiger auch verwildert vor.
**Verbreitung:** Stammt ursprünglich aus Südwestasien und dem östlichen Mittelmeerraum. Eingebürgert in Süd- und Mitteleuropa.
**Blütezeit:** April bis Juli.
**Allgemeines:** Wird auch **Griechischer Schabziegerklee** oder nach der Blütenfarbe **Gelblicher Schabziegerklee** genannt.
**Inhaltsstoffe:** 30–40% Schleimstoffe, 30% Eiweiß, Vitamin C, Alkaloid Trigonellin, Nikotinsäure, Cholin, Sapogenine.
**Gebrauch und Wirkung:** *Innerlich:* bewährtes Stärkungsmittel, besonders bei längeren, kräfteverbrauchenden Krankheiten und Erschöpfungszuständen; regt den Appetit an. *Äußerlich:* erweichendes und ausheilendes Mittel bei Furunkeln, offenem Bein *(ulcus cruris),*Lymphschwellungen, Abszessen (Breiumschlag); Gurgeln bei Halsschmerzen; Bäder bei Hautjucken.
**Zubereitung und Anwendung:** Samen *(Semen Foenu graeci):* innerlich teelöffelweise frisch gemahlen, äußerlich 3 EL in Wasser zu Brei aufkochen und im Leinensäckchen heiß auflegen. HAB: *Foenum graecum* (reife Samen); Spagyrik.
**Sammelzeit:** Juli bis September.

## Echte Erz-Engelwurz, Angelika *(Angelica archangelica)* Doldengewächse

**Merkmale:** Kräftige, bis 2 m hohe Pflanze mit hohlem, würzig schmeckendem Stengel, der unten armdick sein kann. Runde, hohle Blattstiele aus aufgeblasenen Blattscheiden. Hellgrüne Blätter 2- oder 3fach gefiedert, obere oft nur einfach fiederteilig; Blattfieder unterseits kahl. Grünliche Blüten in 20- bis 40strahligen Dolden; Doldenstiele nur oberwärts flaumig-zottig behaart.
**Standort:** Ufer von Flüssen, Bächen und Gräben, feuchte Wiesen und Wälder, Röhricht, Weidengebüsch; gern auf stickstoffhaltigen Böden.
**Verbreitung:** Nord- und Mitteleuropa, eingebürgert in weiten Teilen West- und Südosteuropas. Kommt in Deutschland selten bis zerstreut vor, breitet sich an manchen Flüssen und Kanälen aus. **Blütezeit:** Juli und August.
**Inhaltsstoffe:** In der ganzen Pflanze, vor allem aber in der Wurzel: ätherisches Öl, Angelikasäure, Angelicin, Osthol, Imperatorin, Baldriansäure, Bitterstoffe, Harze, Wachse.
**Gebrauch und Wirkung:** *Tonikum amarum,* d. h. eine allgemein nervenstärkende, aufbauende Wirkung, die über die Stärkung des Magens erreicht wird; Magersucht, Appetitlosigkeit, Blähungen; mild auswurffördernd.
**Zubereitung und Anwendung:** Wurzel *(Radix Angelicae):* ½–1 TL als Aufguß; Tinktur: 20 Tr. Öl (Oleum Angelicae aethericum) 3–5 Tr. innerlich. 5–15 Tr. äußerlich zum Einreiben (durchblutungsfördernd). HAB: *Angelica archangelica* (getrocknete Wurzel); Spagyrik.
**Sammelzeit:** Mai bis Oktober, Wurzel im September bis Oktober.
**Wald-Engelwurz** *(Angelica silvestris)*
**Inhalt** und **Gebrauch** ähnlich wie bei der Angelika/Erz-Engelwurz.
**Zubereitung und Anwendung:** Samen *(Semen Angelicae silvestris):* 5 EL gemahlen für Bäder bei Lähmungen (nach Pumpe). HAB: *Angelica silvestris;* Spagyrik.

## **Meisterwurz** *(Imperatoria ostruthium)* Doldengewächse

**Merkmale:** Mehrjährige, 30–60 cm, nicht selten auch bis 1 m hohe Pflanze mit gefurchtem und hohlem Stengel. 10 bis 30 cm lange, doppelt 3zählig gefiederte Blätter mit breit-eiförmigen, 4–7 cm breiten Abschnitten, die am Rand gesägt oder eingeschnitten sind. Weiße oder rosafarbene Blüten in 20- bis 50strahligen Dolden angeordnet; Hülle fehlend, Hüllchenblätter fädlich.
**Standort:** Wiesen, Hochstaudenfluren, Wälder, Erlengebüsch, Felsen, Bachufer; gern auf feuchten Böden. Hauptsächlich in Höhen zwischen 1400 und 2800 m wachsend.
**Verbreitung:** Mittelgebirge und Gebirge Mitteleuropas, nördliches Südeuropa; eingebürgert auf den Britischen Inseln und in Skandinavien. In Deutschland verbreitet in den Alpen („Bergwurz") und zerstreut in den Mittelgebirgen, sonst selten.
**Blütezeit:** Juni bis August.
**Inhaltsstoffe:** Ätherische Öle mit 95% Terpenen, Cumarinderivate, fette Öle, Harze, Gerbstoffe.
**Gebrauch und Wirkung:** *Tonikum amarum* (siehe Angelika). Magenmittel bei chronischen Magen-Darmstörungen; allgemeines Stärkungsmittel; Leber. *Remedium divinum* – göttliches Heilmittel des berühmten Hoffmann (1660–1742), der die bekannten Hoffmannstropfen herstellte, ein allgemeines Stärkungsmittel.
**Zubereitung und Anwendung:** Wurzelstock *(Rhizoma Imperatoria):* 1 TL als Kaltauszug. HAB: *Imperatoria* (frische Wurzel); Spagyrik.
**Sammelzeit:** April bis Mai, September bis Oktober.

## **Benediktenkraut** *(Cnicus benedictus)* Köpfchenblütler

**Merkmale:** Einjährige, 10 bis 40 cm hohe Pflanze mit steifaufrechtem, unten borstigem Stengel, der 5kantig und stark verzweigt ist. Schrotsägeförmige bis fiederspaltige Blätter, stachelig berandet, die oberen stengelumfassend, meist länglich-lanzettlich. Gelbe Röhrenblüten in endständigen Köpfen, von großen, stacheligen Hochblättern umgeben. Äußere Hüllblätter mit langem Stachel, innere Hüllblätter mit langgefiedertem Stachel.
**Standort:** Äcker, Ödland; hauptsächlich auf trockenen, gern auch auf sandigen Böden.
**Verbreitung:** Ursprünglich im Orient sowie im Mittelmeergebiet beheimatet, inzwischen selten in Mitteleuropa eingebürgert. In Deutschland sehr selten aus Kulturen verwildert.
**Blütezeit:** Juni und Juli.
**Allgemeines:** Auch unter den Namen **Heil-**, **Spinnen-** oder **Bitterdistel** bekannt.
**Inhaltsstoffe:** Cnicin, ein Bitterstoff, Gerbstoff, ätherisches Öl, Harze, Flavone, Kalium- und Magnesiumsalze in der Asche.
**Gebrauch und Wirkung:** Magen- und Darmkrankheiten; Leber- und Gallenleiden; Stärkungsmittel bei Nervenschwäche und Anämie; äußerlich bei Wunden (antibiotische Wirkung des Öls gegen Staphylokokken).
**Zubereitung und Anwendung:** Kraut *(Herba Cardui benedicti):* 1 TL als Aufguß; Extrakt: 2 g. HAB: *Carduus Benedictus* (frisches, blühendes Kraut); Spagyrik.
**Sammelzeit:** Juli bis August.
Bei zu hohen Dosen: Durchfall und Erbrechen.

## **Kalmus** *(Acorus calamus)* — Aronstabgewächse

**Merkmale:** Mehrjährige, bis über 1 m hohe Pflanze mit dickem, meist stark verzweigtem und kriechendem Wurzelstock, der wie die Blätter beim Zerreiben aromatisch duftet. 3kantiger Stengel, flachgedrückt und rinnig. Schwertförmige Blätter, am Rand gewellt, 5–20 mm breit. Grünlichgelbe, winzige Blüten in zylindrischem, bis 8 cm langem Kolben, dieser nur scheinbar seitenständig, am Grund mit einer Blattscheide.
**Standort:** Teichränder, Altwasser, Ufer, Sumpfgräben, im Röhricht stehender und fließender Gewässer; nährstoffreicher Schlamm.
**Verbreitung:** Fast ganz Europa. Ursprünglich in Ostasien beheimatet, aber schon im 16. Jahrhundert bei uns als Heilpflanze angebaut, verwildert und seither vollständig eingebürgert.
**Blütezeit:** Juni und Juli.
**Vermehrung:** Da in unserem Klima die Samen nicht ausreifen können, nur vegetativ.
**Inhaltsstoffe:** Ätherische Öle mit Asaron, Campher, glykosidische Bitterstoffe mit 2% Acorin; Cholin; 30% Stärke, Zucker, Vitamin C, Aneurin, Saponine, Harze.
**Gebrauch und Wirkung:** *Tonikum amarum* *(siehe Angelika S. 174)*, bei Erschöpfungszuständen; Rachitis, besonders in Verbindung mit Magen- und Darmschwäche; Appetitlosigkeit, äußerlich zu Mundspülungen und Bädern.
**Zubereitung und Anwendung:** Wurzelstock *(Rhizoma Calami)*: 1 TL als Kaltauszug; Öl *(Oleum Calami aethericum)*: 2–5 Tr.; *Spiritus Calami*: zu Einreibungen, als Badezusatz 100 g einem Vollbad zufügen; ungeschälte, zerkleinerte Kalmuswurzel: 200 g abkochen, dem Vollbad zufügen; wirkt kräftigend, gegen geschwollene (Hals-)Drüsen (Skrofulose). HAB: *Acorus calamus* (getrockneter Wurzelstock); Spagyrik.
**Sammelzeit:** März bis Mai, September bis Oktober.

## **Gewöhnlicher Odermennig** *(Agrimonia eupatoria)* — Rosengewächse

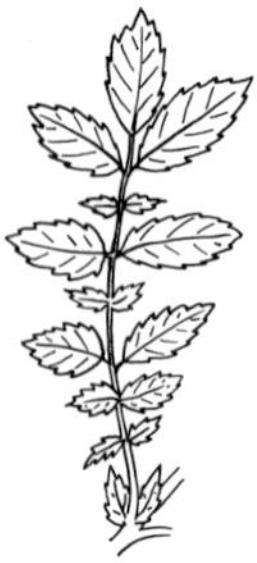

**Merkmale:** Mehrjährige, 30 bis über 100 cm hohe Pflanze mit einfachem oder oben verzweigtem, rauhhaarigem Stengel. Unterbrochen-unpaarig gefiederte Blätter mit grob gezähnten, großen und kleinen Fiedern, die unterseits auf der ganzen Fläche kurz rauhhaarig sind. 5zählige Blüten mit gelben, kaum ausgerandeten Kronblättern, in langen, reichblütigen Trauben angeordnet; äußere Kelchborsten aufrecht abstehend, innere zusammenneigend; Kelchbecher tief gefurcht, bald nach der Blüte nickend.
**Standort:** Wegränder, Böschungen, trockene Hänge und Rasen, Wiesen, Waldränder, Hekken, Gebüsch, lichte Wälder; gern auf lockeren Böden.
**Verbreitung:** Fast ganz Europa. In Deutschland verbreitet, aber nicht überall gleich häufig.
**Blütezeit:** Juni bis August.
**Vermehrung:** Lockt die bestäubenden Kerbtiere mit überreicher Pollenproduktion an.
**Inhaltsstoffe:** Ätherische Öle, glykosidartiger Bitterstoff, Gerbstoffe, Pflanzensäuren, ca. 10% anorganische Stoffe (z. B. Kieselsäure).
**Gebrauch und Wirkung:** Bittertonikum (stärkendes Mittel) mit Gallenwirksamkeit; auch bei Durchfall: adstringierende (zusammenziehende) Wirkung auf Schleimhäute; deshalb auch zum Gurgeln bei Halsentzündungen; allgemein abwehrsteigernd.
**Zubereitung und Anwendung:** Kraut *(Herba Agrimoniae)*: 1 TL als Aufguß, zum Gurgeln 1 EL; HAB: *Agrimonia* (frisches, blühendes Kraut); Spagyrik.
**Sammelzeit:** Juni bis September.

## Bittere Kreuzblume *(Polygala amara)* Kreuzblumengewächse

**Merkmale:** Mehrjährige, 10 bis 20 cm hoch werdende Pflanze mit aufsteigenden bis aufrechten, nicht verzweigten Stengeln. Untere, verkehrt-eiförmige Blätter in einer Rosette, schmecken beim Kauen bitter, obere Blätter kleiner, länglich-keilförmig. Rötlichblaue oder blaue Blüten 35–65 mm lang, in lockerem, endständigem Blütenstand; äußere Kelchblätter waagerecht abstehend, im Gegensatz zu der ähnlichen **Moor-Kreuzblume** *(P. amarella)*, bei der sie schräg vorwärts gerichtet sind und deren Blüten nur 2 bis 3 mm lang werden.
**Standort:** Halbtrockenrasen, trockene und auch feuchte Wiesen, Matten, Böschungen, Gebüsch; bis in 2600 m Höhe; wächst nur auf Kalk.
**Verbreitung:** Hauptsächlich Gebirge Mittel- und Südeuropas. In Deutschland zerstreut in den Alpen, sonst selten bis fehlend.
**Blütezeit:** Mai bis August.
**Allgemeines:** A. P. Dinand, ein namhafter Kräuterbuchautor und ehemaliger Schriftleiter des Kneippbundes, empfiehlt, 90 g der Wurzel in ½ l Wein zu kochen als Mittel bei schleimigen Durchfällen.
**Inhaltsstoffe:** Kristallinischer Bitterstoff Polygalaamarin, Senegin und Polygalasäure (Saponine); ätherisches Öl, Gerbstoffe, Zucker.
**Gebrauch und Anwendung:** *Tonikum amarum* (siehe Angelika, S. 174) und auswurfförderndes Mittel bei Husten (nach Kneipp); muttermilchbildend (Hilfsmittel).
**Zubereitung und Anwendung:** Kraut *(Herba Polygalae amarae)*: 1 TL als Kaltauszug ½ Stunde vor dem Essen. HAB: *Polygala amara* (frische, blühende Pflanze); Spagyrik.
**Sammelzeit:** April bis Juli.

## Echtes Tausendgüldenkraut *(Centaurium minus)* ⊗ Enziangewächse

**Merkmale:** 10–50 cm hohe, meist einjährige Pflanze mit grundständiger Blattrosette aus eiförmigen oder ovalen, bis 5 cm langen Blättern. Stengelblätter schmaler und spitz, länglich-eiförmig bis eilanzettlich, meist 5nervig. Aufrechter Stengel, erst oben verzweigt, mit trugdoldigem Blütenstand. Rosarote Blüten fast sitzend, Krone 5spaltig, Blütenröhre bis 1,5 cm lang, beim Aufblühen länger als der Kelch.
**Standort:** Trocken- und Halbtrockenrasen, Wiesen, Gebüsch, Waldränder, Lichtungen, Trockenhänge; gern auf sandigen Böden; bis 1400 m hoch.
**Verbreitung:** Nahezu ganz Europa, im Norden bis Südskandinavien. Kommt in Deutschland zerstreut bis verbreitet vor.
**Blütezeit:** Juli bis September.
**Allgemeines:** Galt im Mittelalter als Schutz gegen Dämonen und Hexen.
**Inhaltsstoffe:** Bitterstoff Erythrocentaurin in allen Pflanzenteilen, besonders im Stengel, ferner Gentiamin, Gentiopicrin u. a. Bitterstoffe; ätherische Öle, Zucker.
**Gebrauch und Wirkung:** *Innerlich: Tonikum amarum (siehe Angelika S. 174)* bei Appetitlosigkeit und Magenschwäche (Untersäuerung); unterstützend bei Leber- und Gallenkrankheiten sowie bei Zuckerkrankheit *(Diabetes mellitus)*; wirkt mobilisierend auf die körpereigene Abwehr (Leukozytose), wurde deshalb von Sebastian Kneipp bei Fieber und Infektionskrankheiten gegeben. *Äußerlich:* Wundheilmittel.
**Zubereitung und Anwendung:** Blätter, Stengel und Blüten *(Herba Centauri/*Wurzel ist naturgeschützt): 1 TL als Aufguß; Extrakt: 0,2 g (entspricht etwa ¼ TL); Spagyrik.
**Sammelzeit:** Mai bis August.

## **Fieberklee** *(Menyanthes trifoliata)* ⌀ Enziangewächse

**Merkmale:** Mehrjährige, 15–30 cm hohe Pflanze mit dikker, lang kriechender Grundachse. 3zählige Blätter kleeartig (Name), mit ganzrandigen, verkehrt-eiförmigen Fiedern, die 4–7 cm lang werden; alle Blätter grundständig und lang gestielt. Weiße oder rötliche Blüten mit kurztrichterförmiger Krone, deren bärtige Zipfel zurückgeschlagen; angeordnet in aufrechter, dichter Traube. Frucht kugelig.
**Standort:** Moore, sumpfige Wiesen, verlandete Teiche, Gräben, Seeufer; gern auf etwas sauren, torfigen Böden; bis in Höhen von 1800 m.
**Verbreitung:** Fast ganz Europa, in Südeuropa vornehmlich in den Gebirgen, sonst fehlend. Kommt in Deutschland zerstreut und streckenweise recht selten vor, nimmt infolge der Moorkultivierungen stark ab. *Gefährdet!*
**Blütezeit:** Mai und Juni.
**Allgemeines:** Heißt auch **Bitter-** oder **Wasserklee.**
**Inhaltsstoffe:** Menyanthin (Bitterstoffglykosid), fettes Öl, Cholesterin, Gentianin, Gerbstoffe, Harze. Cholin, Saponin.
**Gebrauch und Wirkung:** *Tonikum amarum (siehe Angelika S. 174)* bei Magenschwäche; fiebersenkendes Mittel und bei Kopfschmerzen. *Menyanthes* wird in der Homöopathie bei Scheitelkopfschmerzen angewandt, die sich durch Druck bessern und mit eisigen Händen und Füßen verbunden sind.
**Zubereitung und Anwendung:** Blätter *(Folia Trifolii febrini)*: 1 TL als Kaltauszug ½ Stunde vor dem Essen; Extrakt: 0,2 g (ca. ¼ TL). HAB: *Menyanthes* (frische, blühende Pflanze); Spagyrik.
**Sammelzeit:** Mai bis September.

## **Gemeiner Beifuß** *(Artemisia vulgaris)* Köpfchenblütler

**Merkmale:** Mehrjährige, 60 bis 120 cm, gelegentlich auch bis 1,5 m hohe Pflanze mit reich verzweigtem Stengel; ohne Ausläufer. Langgestielte, gefiederte Grundblätter zwischen 5 und 8 cm lang. Ein- oder zweifach gefiederte Stengelblätter mit lanzettlichen, tief gesägten Abschnitten (besonders bei den oberen Blättern), halbstengelumfassend, unterseits weißwollig, oberseits dunkelgrün. Eiförmige, gelbe Blütenköpfe in großer, breitästiger Rispe angeordnet. Äußere Hüllblätter breit-hautrandig und filzig, eiförmig.
**Standort:** Weg- und Straßenränder, Bahndämme, Schuttplätze, Bachufer, Ödland, Gebüsch; gern auf stickstoffreichen Böden; bis in 1600 m Höhe.
**Verbreitung:** Ganz Europa. Kommt in Deutschland fast überall sehr häufig vor.
**Blütezeit:** Juli bis Oktober.
**Allgemeines:** Auch **Wilder Wermut** genannt.
**Inhaltsstoffe:** Ätherische Öle mit Cineol und Absinthol; Gerb- und Bitterstoffe.
**Gebrauch und Wirkung:** »Gänsebratengewürz« (ähnlich wie Estragon – *Artemisia dracunculus*), also eine magenstärkende und galletreibende Wirkung. Auch als Adjuvans (Hilfsmittel) bei Epilepsie und anderen Krämpfen; ferner bei Menstruationsstörungen (wirkt anregend).
**Zubereitung und Anwendung:** Kraut *(Herba Artemisiae)*: 1 TL als Kaltauszug; HAB: *Artemisia vulgaris* (frischer Wurzelstock); Spagyrik.
**Sammelzeit:** Juli bis Oktober.

## **Echte Kamille** *(Matricaria chamomilla)*

Köpfchenblütler

**Merkmale:** Einjährige, 15 bis 50 cm hohe Pflanze mit starkem Kamillengeruch. Kahler, aufrechter Stengel, ästig. Blätter 2- oder 3fach gefiedert mit schmal-linealischen, spitzen Abschnitten. Langgestielte Blütenköpfchen mit goldgelben Röhrenblüten und weißen Zungenblüten, die bald nach dem Aufblühen herabgeschlagen sind. Sicherstes Erkennungsmerkmal ist der kegelförmige und hohle Köpfchenboden, der bei der ähnlichen **Duftlosen Kamille** *(M. inodora)* halbkugelig und markig erscheint.

**Standort:** Ödland, Schuttplätze, Wegränder, Getreidefelder; gern auf stickstoff- und nährstoffreichen Böden; bis in 1300 m Höhe.

**Verbreitung:** Stammt ursprünglich aus dem östlichen Mittelmeergebiet, ist aber heute in ganz Europa anzutreffen. In Deutschland völlig eingebürgert und ziemlich häufig.

**Blütezeit:** Mai bis September.

**Inhaltsstoffe:** 1% ätherische Öle mit Chamazulen (nach der azurblauen Farbe des Öls), Bisabolol, Flavone, Oxycumarine, Schleim- und Bitterstoffe.

**Gebrauch und Wirkung:** Wichtiges krampflösendes und entzündungshemmendes Mittel bei Magenschleimhautentzündungen, Darmkrämpfen und -entzündungen sowie Blähungen; allgemein beruhigend; bei Menstruationsstörungen; auch *äußerlich:* bei Hautentzündungen, Ekzemen; nicht bei Augenentzündungen, *s. Augentrost S. 218*; als Kopfdampfbad bei Erkältungen der oberen Luftwege; als Badezusatz desodorierend.

**Zubereitung und Anwendung:** Blüten *(Flores Chamomillae):* 1–2 TL als Aufguß innerlich, bei Magenleiden als Kaltauszug (mehr Schleimstoffe); Kamillentinktur: 15–25 Tr.; Kamillenöl *(Oleum Chamomillae aethericum):* 5 Tr. HAB: *Chamomilla* (frische, blühende Pflanze); Spagyrik.

**Sammelzeit:** März bis Juli.

## **Echter Schwarzkümmel** *(Nigella sativa)*

Hahnenfußgewächse

**Merkmale:** Einjährige, 20 bis 40 cm hohe Pflanze. 2- oder 3fach gefiederte Blätter in schmal-linealische Zipfel unterteilt. Einzelstehende Blüten mit 5 weißlichen Blütenhüllblättern, ohne Hochblatthülle; bis zur Spitze verwachsener Fruchtknoten mit aufrechten Griffeln. Beim ähnlichen **Akker-Schwarzkümmel** *(N. arvensis)* sind die 3–5 Fruchtknoten nur bis zur Mitte verwachsen, die Balgfrüchte außerdem glatt und nicht drüsigrauh wie beim Echten Schwarzkümmel.

**Standort:** In Gärten angebaut, verwildert an steinigen Plätzen und auf Äckern zu finden.

**Verbreitung:** Ursprünglich Westasien. Kultiviert in vielen Teilen Europas, besonders im Süden.

**Blütezeit:** Juni und Juli.

**Allgemeines:** Als Zierpflanze bekannt ist der **Damaszener** oder **Türkische Schwarzkümmel,** der auch **Jungfer im Grünen** genannt wird *(N. damascena)*. Er hat eine haarförmig zerschlitzte Hochblatthülle.

**Inhaltsstoffe:** Ätherische und fette Öle, Nigellon (wirkt entkrampfend), Gerb- und Bitterstoffe, Carvon.

**Gebrauch und Wirkung:** Bei Blähungen (wie Kümmel und Fenchel, daher wie diese auch als Brotgewürz verwandt); milchbildend und wassertreibend.

**Zubereitung und Anwendung:** Samen *(Semen Nigellae sativae):* 1 TL zermahlen als Aufguß. HAB: *Nigella damascena* (frische Samen).

**Sammelzeit:** Mai bis September.

## Garten-Koriander *(Coriandrum sativum)* Doldengewächse

**Merkmale**: Einjährige, 20–60 cm hohe Pflanze. Besonders die unreifen Früchte, aber auch frische Pflanzen riechen unangenehm nach Wanzen, daher auch **Wanzenkraut** genannt. Ungeteilte und gekerbte Grundblätter, bald verwelkend; Stengelblätter 2- oder 3fach gefiedert, die unteren mit eiförmigen Abschnitten, die oberen mit linealen Zipfeln. Weiße oder hellrosa Blüten in 3- bis 5strahligen Dolden. Im Unterschied zu den Früchten vieler anderer Doldengewächse zerfallen die des Korianders nicht in 2 Teilfrüchte.
**Standort**: Auf Feldern angebaut; verwildert auf Schuttplätzen und Unkrautfluren.
**Verbreitung**: Ursprünglich Westasien und Nordafrika, schon frühzeitig im östlichen Mittelmeerraum und im übrigen Südeuropa eingebürgert, heute auch selten (verwildert) in milden Lagen Mitteleuropas zu finden.
**Blütezeit**: Juni und Juli.
**Inhaltsstoffe**: Ätherische Öle mit Coriandrol, Borneol und Kohlenwasserstoffen; 15% Proteine, 20% fette Öle, Sitosterin, Zucker.
**Gebrauch und Wirkung**: Blähungswidrig und entkrampfend im Magen-Darmbereich, Roemheldsyndrom (durch Druck verursachte Herzbeschwerden bei geblähtem querverlaufendem Dickdarm); milchbildend; Geschmackskorrigens; Gewürz. *Fenchel, Koriander, Kümmel, Anis, Pfefferminze, Melisse* und *Baldrian* sind zumindest zum Teil in allen Blähungstees enthalten.
**Zubereitung und Anwendung**: Korianderfrüchte *(Fructus Coriandri)*: ½ TL mahlen und Aufguß bereiten; Spagyrik.
**Sammelzeit**: Juli bis September.

## Gänse-Fingerkraut *(Potentilla anserina)* Rosengewächse

**Merkmale**: Mehrjährige, niedrigwachsende Pflanze mit dünnen, kriechenden, oft rötlich überlaufenen Stengeln, die an den Knoten wurzeln und bis 80 cm lang werden. Bis 20 cm lange, mehrzählig gefiederte Grundblätter mit tief gesägten Fiedern, oberseits grün, unterseits weißseidenhaarig. Einzelne, goldgelbe Blüten, langgestielt, etwa 2 cm breit, in den Blattachseln stehend.
**Standort**: Schuttplätze, Wege, Ufer, Triften, Anger, Bahndämme, Ödland; gern auf verdichteten Lehmböden, die reichlich Nähr- und Stickstoffe enthalten; bis in Höhen von über 2000 m.
**Verbreitung**: Fast ganz Europa außer im südöstlichen Teil. Kommt überall in Deutschland sehr häufig vor.
**Blütezeit**: Mai bis August.
**Allgemeines**: Auch unter den Namen **Anserine, Gänserich** oder **Säukraut** bekannt (volkstümlich **„Krampfkraut"** genannt).
**Inhaltsstoffe**: Ca. 6% Ellagsäuregerbstoff, Quercetin, Quercitrin, organische Säuren, Sterine und Bitterstoffe.
**Gebrauch und Wirkung**: Krampflösendes Mittel, in erster Linie für die glatte Muskulatur (im Gegensatz zur quergestreiften, der willkürlichen, ist die Muskulatur z. B. des Verdauungstraktes nicht willkürlich bewegbar und erscheint unter dem Mikroskop als »glatte« Muskulatur), besonders wirksam auf den Pförtnermuskel des Magens (nach Kneipp) und die Gebärmutter (Menseskrämpfe). Pfarrer Kneipp ließ Gänse-Fingerkraut gern bei Bauchkrämpfen des Säuglings in Milch gekocht (eventuell mit Kamille) geben. Auch bei Durchfällen mit Krämpfen.
**Zubereitung und Anwendung**: Kraut *(Herba Anserinae)*: 1–2 TL als Aufguß, heiß trinken. HAB: *Potentilla anserina* (frisches, blühendes Kraut); Spagyrik.
**Sammelzeit**: Mai bis August.

## Aufrechtes Fingerkraut, Blutwurz *(Potentilla erecta)* Rosengewächse

**Merkmale:** Mehrjährige, 10–30 cm hohe Pflanze mit kräftigem, unregelmäßig knolligem Wurzelstock und niederliegendem bis aufsteigendem, aber nicht wurzelndem Stengel. 3zählige Grundblätter mit beiderseits kahlen, keilförmigen Fiedern, die grob gezähnt sind und einen vorstehenden Endzahn aufweisen; 5zählige Stengelblätter mit fingerförmig eingeschnittenen Nebenblättern. Gelbe, etwa 1 cm messende Blüten, 4zählig, einzeln in den Blattachseln am Ende der Gabeläste.
**Standort:** Wiesen, Heiden, Flachmoore, lichte Laub-, Misch- und Nadelwälder; auf trockenen ebenso wie auf feuchten oder gar nassen Böden; im Gebirge bis in 2500 m Höhe anzutreffen.
**Verbreitung:** Ganz Europa. In Deutschland verbreitet und überall häufig.
**Blütezeit:** Mai bis August.
**Allgemeines:** Auch als **Tormentill** bekannt.
**Inhaltsstoffe:** Bis zu 25% Tormentillgerbsäure, bis zu 90% Catechingerbstoffe, Harz, Gummi, Kalziumoxalat, Tormentol.
**Gebrauch und Wirkung:** Gutes Durchfallmittel wegen des hohen Gerbstoffgehalts; *äußerlich* bei Schleimhautentzündungen des Mundes.
**Zubereitung und Anwendung:** Wurzelstock *(Rhizoma Tormentillae):* 2 TL als Abkochung (5 Min) innerlich und zum Gurgeln; Urtinktur (∅) und *Tinctura Tormentilla:* 30 Tr. innerlich, unverdünnt zum Bepinseln der Mundschleimhaut, 5% (Lösung in Wasser) für die Wundbehandlung (äußerlich). 20% zum Gurgeln. HAB: *Tormentilla* (frischer Wurzelstock); Spagyrik.
**Sammelzeit:** April bis Mai, September bis Oktober.

## Weiße Pestwurz *(Petasites albus)* Köpfchenblütler

**Merkmale:** Ausdauernde, krautige, zur Blütezeit bis 35 cm, während der Fruchtreife bis über 50 cm hohe Pflanze, sehr ähnlich der Roten Pestwurz *(s. Seite 150)*. Trübweiße Zungen- und Röhrenblüten in zunächst dichten, später lockeren Blütenständen, in denen die Blütenköpfchen traubig angeordnet sind. Der Fruchtstand hebt sich über die schnell zu beachtlicher Größe heranwachsenden, abgerundet-herzförmigen, gezähnten Blätter mit weißfilziger Unterseite.
**Standort:** Feuchte Wälder, Bachufer, Bergland; bis in Höhen von 1800 m.
**Verbreitung:** Fast ganz Europa, fehlt im Nordwesten; hauptsächlich im Gebirge.
**Blütezeit:** März bis Mai.
**Allgemeines:** Kann ohne Gefahr mit der **Alpen-Pestwurz** verwechselt werden, deren Blüten und Stengelschuppen rötlich überlaufen und deren Blätter mehr eiförmig und zugespitzt sind.
**Inhaltsstoffe:** Ätherische Öle mit Sesquiterpenen Petasin und Isopetasin, ein Alkaloid, Pektine, Inulin, Helianthenin, Gerb- und Bitterstoffe, Schleim.
**Gebrauch und Wirkung:** Krampflösend für Darm, Gallen- und Atemwege; biologisches Schmerzmittel; Dyskraticum (Dyskrasie = starke Stoffwechselstörung z. B. bei Krebs oder Rheuma; Pestwurz, Brennessel u. a. haben eine stark reinigende und entgiftende Wirkung). Die schmerzstillende und beruhigende (neuroanalgetische) Wirkung wird in höherer Dosierung auch bei Krebsschmerzen ausgenützt.
**Zubereitung und Anwendung:** Wurzelstock und Blätter *(Rhizoma et Folia Petasites):* 1 TL als Aufguß. HAB: *Petasites* (frische Pfanze); Spagyrik.
**Sammelzeit:** April bis Mai, September bis Oktober.

## Ruprechtskraut
*(Geranium robertianum)*

Storchschnabelgewächse

**Merkmale**: Einjährige, 20–50 cm hohe Pflanze, wegen ihres unangenehmen Geruchs auch **Stinkender Storchschnabel** genannt. Stengel recht oft rötlich überlaufen, drüsig behaart, 3- bis 5zählig gefiederte Blätter mit abstehend behaarten, doppelt fiederspaltigen Abschnitten. Blüten meist zu zweit an einem Stiel, mit 9–13 mm langen, rosafarbenen Kronblättern, die jeweils 3 Längsstreifen aufweisen. 2klappige Springfrüchte, geschnäbelt.
**Standort**: Laub-, Misch- und Nadelwälder, Bergwälder, Schuttplätze, Steinbrüche, Mauern, Felsen, Geröllhalden, gern auf stickstoffhaltigen, feuchten Böden und an schattigen Orten.
**Verbreitung**: Fast ganz Europa. In Deutschland überall verbreitet und sehr häufig.
**Blütezeit**: Mai bis Oktober.
**Vermehrung**: Durch Samen. Früchte werden durch eine Schleudervorrichtung verbreitet.
**Inhaltsstoffe**: Gerbstoffe, Geraniin (Bitterstoff), ätherisches Öl.
**Gebrauch und Wirkung**: Durchfall bei Magen-Darmkatarrhen, auch blutigen Durchfällen und Darmentzündungen (abklären lassen!); äußerlich bei Wunden, Hautkrankheiten; Rheuma und Gicht.
**Zubereitung und Anwendung**: Kraut *(Herba Geranii Robertiani)*: 2 TL als Kaltauszug, 1 EL für äußerliche Anwendung (frische Pflanze). HAB: *Geranium Robertianum* (frische, blühende Pflanze); Spagyrik. Bei akutem Durchfall empfiehlt es sich, 1–2 Fastentage einzulegen mit geriebenem Apfel und 1 EL Luvos Heilerde „ultra" alle 2 Stunden. *Siehe auch Seite 268 und 275.*
**Sammelzeit**: April bis August.

## Alpen-Ampfer *(Rumex alpinus)*

Knöterichgewächse

**Merkmale**: Mehrjährige, krautige Pflanze, kann auf nährstoffreichem Boden mannshoch werden. Die unteren, herzförmigen Blätter werden bis zu 50 cm lang und fast halb so breit; die langen Blattstiele entspringen papierartigen Blattscheiden; wechselständige Stengelblätter, lanzettlich, Blattstiele oft rötlich und oberseits gerieft, Blattränder wellig. Die unscheinbar grünlichen Blüten bilden eine lange, ziemlich dichte Rispe, die Früchte tragen beidseitig je einen häutigen Saum (Valven).
**Standort**: Gebirge, gern zahlreich auf Viehlägern, Stickstoffzeiger, aber nur selten bis zerstreut vorkommend.
**Verbreitung**: Südost- und Mitteleuropa, nicht nur in den Alpen, auf den Britischen Inseln eingebürgert; bis in Höhen von 2500 m.
**Blütezeit**: Juni bis August.
**Inhaltsstoffe**: Der Wurzelstock enthält Tannine, ätherische Öle und Anthracenglykoside.
**Gebrauch und Wirkung**: Als Abführmittel ähnliche Wirkung wie der Rhabarber, früher häufig im Gebrauch; bei nicht zu langer Anwendung keine Nebenwirkungen. Den Blättern kommt keine Heilwirkung zu.
**Zubereitung und Anwendung**: Wurzelstock *(Rhizoma Rhapontici montani)* 2 TL, kurze Abkochung, morgens und abends 2 Tassen.
**Sammelzeit**: März bis April, September bis Oktober.

## Gewöhnliche Esche *(Fraxinus excelsior)* Ölbaumgewächse

**Merkmale**: 10–40 m hoher Baum, der über 200 Jahre alt werden und einen Stammumfang von etwa 3 m erreichen kann. Bis 30 cm lange, gegenständige Blätter unpaarig gefiedert, mit meist 11, sonst 9–13 länglich-lanzettlichen, zugespitzten Fiedern, die auf dem Mittelnerv unterseits behaart sind. Knospen schwarz oder schwarzbraun. Vor dem Laubaustrieb erscheinende Blüten ohne Kronblätter grünlich, in unscheinbaren, aufrecht abstehenden reichhaltigen Rispen. Frucht geflügelt.
**Standort**: Auwälder und andere Laubwälder mit nährstoffreichem und feuchtem Untergrund, auch an Ufern und Wegen, bis in Höhen von 1400 m. Wird oft in der Nähe von Siedlungen gepflanzt.
**Verbreitung**: Fast ganz Europa. In Deutschland verbreitet und häufig.
**Blütezeit**: April und Mai.
**Allgemeines**: Auch **Oesch** oder **Asche** genannt.
**Inhaltsstoffe**: Rutin und Quercitin, ätherische Öle, Mannit, Dextrose, Gummi, Harze, Cumarin.
**Gebrauch und Wirkung**: Verstopfung; rheumatischer Formenkreis (Ausleitung über Niere und Darm), Fiebermittel: Eschenrinde wurde früher als Ersatz für Chinarinde gegen Fieber angewandt. Verstopfungen werden meist nicht ernst genug genommen oder der Darm wird mit sennesblätterhaltigen Abführmitteln in seiner gestörten Funktion weiter verschlechtert.
**Zubereitung und Anwendung**: Rinde (gehaltvoller) und Blätter *(Cortex et Folia Fraxini)*: 2 TL Kaltauszug und danach kurz aufkochen. HAB: *Fraxinus excelsior* (frische Rinde).
**Sammelzeit**: Mai bis Juli.

## Gemeiner Erdrauch *(Fumaria officinalis)* Mohngewächse

**Merkmale**: Einjährige, kahle Pflanze, blaugrün bereift. 10 bis 30 cm hoher, verzweigter Stengel mit doppelt gefiederten Blättern, deren lanzettliche Zipfel 2–3 mm breit sind. Rosafarbene, an der Spitze dunkelrote Blüten mit grünem Kiel, in 10- bis über 20blütigen, lockeren Trauben; Kelchblätter schmaler als die etwa 3mal längere, 5–8 mm messende Blütenkronröhre.
**Standort**: Äcker, Gärten, Schuttplätze, Weinberge, Brachland, gern auf lehmigen Böden. Findet sich bis in Höhen von 1500 m.
**Verbreitung**: Ganz Europa. In Deutschland verbreitet und meist häufig, nur in manchen Heidesandgebieten seltener oder ganz fehlend.
**Blütezeit**: April bis Oktober.
**Allgemeines**: Weitere, in Deutschland heimische Arten sind **Dunkler** und **Buschiger Erdrauch,** eingeschleppt **Kleinblütiger** und **Rankender Erdrauch.**
**Inhaltsstoffe**: Fumarin, ein Alkaloid, an Fumarsäure gebunden; Harze, Schleim- und Bitterstoffe, Cholin, Flavonoide.
**Gebrauch und Wirkung**: Blutreinigungsmittel durch Regulierung des Gallenflusses (Anregung bei zu geringer, Dämpfung bei zu starker Gallenproduktion), dadurch werden chronische Verstopfungen beseitigt, dies wiederum ist eine Vorbedingung zur Heilung von chronischen Hautkrankheiten. Bei Migräne, die durch Gallenleiden verursacht ist. Äußerlich bei Flechten.
**Zubereitung und Anwendung**: Kraut *(Herba Fumariae)*: 1 TL als Kaltauszug; Tinktur: 20 Tr.; Extrakt: 15 Tr. HAB: *Fumaria officinalis,* 5–10 Tr. (frische, blühende Pflanze); Spagyrik.
**Sammelzeit**: Mai bis Juli.

## Pfefferminze *(Mentha X piperita)* Lippenblütler

**Merkmale:** Mehrjährige, bis 80 cm hohe Pflanze, die aus der Kreuzung zwischen **Wasser-** und **Grüner Minze** entstanden ist. Stark aromatisch riechend. Länglich-eiförmige bis lanzettliche Blätter deutlich gestielt, vorn zugespitzt, am Rand gezähnt, auf der Unterseite schwach behaart, sonst wie der Stengel kahl. Rosafarbene Blüten in dichten, ährenförmigen Blütenständen, die 4 bis 6 cm lang werden und unten oftmals unterbrochen sind. Bildet zahlreiche unterirdische und (in der Mehrzahl) oberirdische Ausläufer.
**Standort:** Angebaut in Kulturen und Gärten, hier und da auch verwildert, wobei sich verwilderte Exemplare bald wieder zurückkreuzen.
**Verbreitung:** Verbreitet in Europa kultiviert.
**Blütezeit:** Juni und Juli.
**Allgemeines:** Leicht im Garten zu ziehen.
**Inhaltsstoffe:** Ca. 1,25% ätherisches Öl, das 50–90% Menthol und 5–20% Menthon enthält; ferner Gerb- und Bitterstoffe.
**Gebrauch und Wirkung:** Fördert die Gallebildung in den Leberzellen und die Entleerung der Galle (cholagoge und choleretische Wirkung); wirkt desinfizierend bei Fäulnisprozessen des Magen- und Darmbereichs (Gärungsdyspepsie) mit Durchfall; wegen des beruhigenden und entspannenden Einflusses auf Magen- und Darmschleimhäute auch bei Übelkeit zu empfehlen; entkrampfend und wirksam gegen Blähungen; geschmacksverbessernd in Mischung mit anderen Pflanzen, äußerlich kühlend und schmerzstillend (Öl). Bei Säuglingen kann es durch starke Mentholeinatmung (z. B. Hustensalbe) zu Erstickungskrämpfen kommen.
**Zubereitung und Anwendung:** Blätter *(Folia Menthae piperitae)*: 1 TL als Aufguß; Tinktur: 20–30 Tr.; Öl *(Oleum Menthae piperitae aethericum)*: 1–2 Tr.; Pfefferminzblättchen *(Rotulae Menthae piperitae)*. HAB: *Mentha piperita* (frische, blühende Pflanze); Spagyrik.
**Sammelzeit:** Mai bis August.

## Gemeines Katzenpfötchen *(Antennaria dioica)* ⌀ Köpfchenblütler

**Merkmale:** Mehrjährige, 5–20 cm hohe Pflanze mit Ausläufern und aufsteigendem bis aufrechtem, unverzweigtem Stengel. Spatelige oder verkehrteiförmige Grundblätter in einer Rosette; lineal-lanzettliche, vorn zugespitzte Stengelblätter dem Stengel angedrückt; alle Blätter oberseits behaart oder kahl, unterseits weiß-wollig-filzig, außerdem einnervig. Pflanze zweihäusig, deshalb auch **Zweihäusiges Katzenpfötchen** genannt. Rosafarbene bis purpurrote Röhrenblüten in kleinen Körbchen, die zu 3–12 eine endständige, trugdoldige Traube bilden; Anhängsel der Hüllblätter weiß bis rot. Die Blütenstände können fast weiß, gelblichweiß, gelb, blaßrosa bis tief rot aussehen. Sie eignen sich auch für Trockensträuße.
**Standort:** Heiden, Kiefernwälder, Halbtrockenrasen, Magermatten, trockene Gebüsche; gern auf sandigen, kalkarmen Böden; bis 2400 m.
**Verbreitung:** Fast ganz Europa, im Süden nur im Gebirge. In Deutschland zerstreut bis selten, vielerorts fehlend, gefährdet.
**Blütezeit:** Mai bis Juli.
**Inhaltsstoffe:** Rote Blüten: Gerb- und Bitterstoffe, ätherische Öle und Harze, Phytosterine, Aerosolsäure. Gelbe Blüten: zusätzlich zu den oben genannten Bestandteilen Helichrysen, Carotenoide, Flavonoide, Cumarine, Glykoside, Scopoletin.
**Gebrauch und Wirkung:** Galletreibend, bei chronischen Gallenbeschwerden, Gallensteinen; mildes Nieren-Blasenmittel.
**Zubereitung und Anwendung:** Es finden vorwiegend die gelben Blüten *(Gnaphalium arenarium)* Anwendung *(Flores Stoechados)*: 1–2 TL als Aufguß; HAB: *Gnaphalium arenarium* (frische, blühende Pflanze); Spagyrik.
**Sammelzeit:** Mai bis Juli.

## **Mariendistel** *(Silybum marianum)* — Köpfchenblütler

**Merkmale:** Zweijährige, 50 bis 150 cm hohe Pflanze mit kräftigen, einfachen oder verzweigten Stengeln. Glänzend grüne, weiß gefleckte Blätter länglich-eiförmig, buchtig gelappt und gelb bestachelt. Purpurne bis rotviolette Blüten in einzelnen, 4–5 cm langen Köpfen. Äußere Hüllblätter mit langen, abwärts gerichteten Dornen.

**Standort:** Wildwachsend an Wegrändern, auf Schuttplätzen, Viehweiden und Ödland zu finden, meist auf trockenen, steinigen Böden.

**Verbreitung:** Im ganzen Mittelmeergebiet, kommt häufig beispielsweise in Südfrankreich vor. Eingebürgert in Mitteleuropa und auf den Britischen Inseln. In Deutschland meistens in Gärten zu finden, selten auch verwildert, jedoch nur in milden Lagen.

**Blütezeit:** Juni bis September.

**Allgemeines:** Ist auch unter den Namen **Krone Christi, Heilands-** und **Frauendistel** bekannt.

**Inhaltsstoffe:** Silymarin, Silydiamin, Flavone, ätherische und fette Öle, Histamin, Eiweiße.

**Gebrauch und Wirkung:** Wichtiges Leberparenchymmittel (Parenchymzellen = Arbeits- und Funktionszellen) bei Gelbsucht und zur Stärkung der Entgiftungsfunktion der Leber bei chronischen Krankheiten und Vergiftungen. Regt auch die Galle an und wirkt bei Gallensteinen. Das Silymarin ist einer der wenigen leberzellwirksamen Stoffe, die überhaupt bekannt sind. In Versuchen mit α- Amanitin und Phalloidin, Substanzen des Knollenblätterpilzes und stärksten Lebergiften, konnte die schützende und regenerative Wirkung bewiesen werden.

**Zubereitung und Anwendung:** Samen *(Fructus Cardui Mariae):* 1 TL im Mörser zerstoßen, Kaltauszug und danach kurz aufkochen; Tinktur, Extrakt, Urtinktur: 10–30 Tr.; HAB: *Carduus marianus* (reife Samen); Spagyrik.

**Sammelzeit:** September bis Oktober.

## **Gewöhnlicher Liebstöckel** *(Levisticum officinale)* — Doldengewächse

**Merkmale:** Mehrjährige, stark aromatisch riechende Pflanze mit rundem, gestreiftem Stengel, 1–2 m hoch. Dunkelgrün glänzende Blätter, dicklich-led rig, die unteren doppelt oder dreifach gefiedert mit bis 11 cm langen, verkehrt-eiförmigen Fiedern, die zur Spitze hin eingeschnitten oder gezähnt sind, obere Blätter oft nur einfach gefiedert oder fiederteilig. Kleine, gelblichgrüne Blüten in zusammengesetzten, großen Dolden.

**Standort:** Wildwachsend auf Gebirgswiesen bis in 1200 m Höhe, sonst in Kulturen. Früher häufig in Bauern- und Klostergärten gepflanzt.

**Verbreitung:** Ursprünglich wahrscheinlich Westasien. Heute als Gewürzpflanze in fast ganz Europa kultiviert, selten auch verwildert.

**Blütezeit:** Juli und August.

**Allgemeines:** Wie Maggi-Gewürz riechend und schmeckend, deshalb auch **Maggikraut** genannt. Als beliebte Suppenwürze (frische Blätter) wird der Liebstöckel in vielen Gärten angebaut. Er entwickelt sehr kräftige Wurzelknollen und ist völlig winterhart.

**Inhaltsstoffe:** Wurzel: ätherische Öle mit 35% Ligustilid, Terpineol, Bergapten, Isovaleriansäure, Myristicinsäure, Apfelsäure, Stärke, Zucker, Harze, Gummi.

**Gebrauch und Wirkung:** Diuretikum (wassertreibendes Mittel). Als Gewürz wirkt Liebstökkel magenstärkend, ferner besteht eine hormonelle Wirkung (bei Frauen wird die Regel verstärkt; mildes Aphrodisiacum – den Geschlechtstrieb förderndes Mittel).

**Zubereitung und Anwendung:** Wurzel *(Radix Levistici):* 1 TL als Kaltauszug, Kraut (schwächer): frisch als Gewürz; Extrakt: 10 Tr. (z. B. morgens und mittags vor dem Essen; Nierenmittel nicht am Abend einnehmen). HAB: *Levisticum officinale* (frischer Wurzelstock); Spagyrik.

**Sammelzeit:** März bis Mai, September.

V
Leber/
Galle

Heilkräuter

VI
Nieren/
Blase

Heilkräuter

## **Waldmeister** *(Galium odoratum)* Rötegewächse

**Merkmale:** Mehrjährige, 10–20, zuweilen auch 30 cm hohe Pflanze mit glattem, 4kantigem Stengel. Dunkelgrüne, lanzettliche und zugespitzte Blätter mit rauhem Rand und Kiel, zu 6–8 in Quirlen angeordnet. Weiße Blüten mit 4spaltiger Trichterkrone, deren Zipfel ausgebreitet sind, in langgestielten Trugdolden. Beim ähnlichen, aber viel größeren **Wald-Labkraut** *(Galium silvaticum)* trägt der stielrunde Stengel die weißen Blüten in einer sehr lockeren Rispe. Borstige Früchte mit Widerhaken.

Der frisch-aromatische Geschmack der jungen, lebhaft grünen Waldmeisterpflanze – auch während der Blüte – ließ sie zu einem sehr volkstümlichen Zusatz zu Mai-Bowlen werden.

**Standort:** Krautreiche, schattige Wälder, meist Rotbuchen- oder andere Laubmischwälder, selten in Nadelforsten; gern auf nährstoffreichen, feuchten Böden; bis in 1400 m Höhe.

**Verbreitung:** Fast ganz Europa. Kommt in Deutschland verbreitet vor, in Kalkgebieten meist häufig, in Heidesandgebieten aber sehr selten.

**Blütezeit:** April bis Juni.

**Inhaltsstoffe:** Cumaringlykosid, Asperulosid, Monotropein, Gerb- und Bitterstoffe, Pflanzensäuren.

**Gebrauch und Wirkung:** Leicht schweiß- und harntreibend; mildes Beruhigungsmittel; unterstützend bei Leber- und Gallenleiden.

**Zubereitung und Anwendung:** Kraut *(Herba Asperulae)*: 1 TL als Kaltauszug. HAB: *Asperula odorata* (frisches Kraut); Spagyrik.

**Sammelzeit:** April bis Juni.

## **Dornige Hauhechel** *(Ononis spinosa)* Schmetterlingsblütler

**Merkmale:** Mehrjährige, am Grund holzige Pflanze mit aufsteigenden bis aufrechten, dornigen Zweigen, 20–50 cm, selten auch bis 1 m hoch. Die im Winter nicht absterbenden Zweige sind 1- oder 2reihig behaart. Untere Blätter 3zählig, sitzend oder kurzgestielt, mit eiförmigen bis rundlich-ovalen, gezähnten Fiedern, obere Blätter meist einfach. Rosafarbene Blüten mit bis 2,5 cm langer Krone, zu 1–3 in den Blattachseln, insgesamt eine lockere Traube bildend.

**Standort:** Wiesen, Wegränder, Kalkmagerrasen, Halbtrockenrasen, Böschungen; liebt kalkhaltigen, steinigen, mäßig-trockenen Lehmboden.

**Verbreitung:** Hauptsächlich Mitteleuropa, im Norden bis Südskandinavien. In Deutschland im allgemeinen verbreitet, in manchen Gegenden aber fehlend, in anderen wiederum häufig.

**Blütezeit:** Juni und Juli.

**Inhaltsstoffe:** Fettes und wenig ätherisches Öl, Zucker, Stärke, Gummi, Harz, Eiweiß, Gerbstoffe, Phytosterin, Saponine.

**Gebrauch und Wirkung:** Kräftig wassertreibendes Mittel, wirkt anfangs am stärksten, nach einer Woche deshalb ebensolang pausieren; bei Neigung zur Nieren- oder Blasensteinbildung und Harngries. Interessant sind die Untersuchungen von Prof. Jarekky, Braunschweig, der herausfand, daß nur saponinhaltige Hauhechel wirksam ist; das trifft nicht für alle Hauhechelexemplare zu. Die Pflanze soll auch nicht gekocht werden.

**Zubereitung und Anwendung:** Wurzel *(Radix Ononides)*: 1–2 TL als Kaltauszug. HAB: *Ononis spinosa* (frische, blühende Pflanze); Spagyrik.

**Sammelzeit:** März bis April, September bis Oktober.

## Heidekraut, Besenheide *(Calluna vulgaris)* Heidekrautgewächse

**Merkmale:** Niederliegender bis aufsteigender Zwergstrauch von 20–100 cm Höhe, mit reichverzweigten Ästen. Nadelförmige, 1 bis 35 mm lange Blätter in 4 Zeilen dachig angeordnet. Nikkende Blüten mit grünem, 4blättrigem Außenkelch und kronblattartigem, rotlila oder blaßviolettem Kelch; länglich-glockige Krone aus 4 verwachsenen Kronblättern; in einseitswendigen, dichten Blütenständen.
**Standort:** Heiden, wo oftmals ausgedehnte Bestände nur durch Schafbeweidung erhalten werden können, wie das bei uns in der Lüneburger Heide oder in noch viel größerem Ausmaß beispielsweise im Schottischen Hochland der Fall ist. Trockene Wälder, Moore; auf nährstoffarmen, sauren Böden; bis in Höhen von 2500 m.
**Verbreitung:** Fast ganz Europa, außer im Südosten. In Deutschland verbreitet und häufig.
**Blütezeit:** Juli bis September.
**Inhaltsstoffe:** Arbutin, Hydrochinon; Quercitrin und Myricitrin (Flavonglykoside), Gerbstoffe.
**Gebrauch und Wirkung:** Blasenentzündung (milder als Bärentraubenblätter); wassertreibend, unterstützend bei Krankheiten des rheumatischen Formenkreises.
**Zubereitung und Anwendung:** Kraut *(Herba Ericae):* 2 TL 5 Min lang kochen. HAB: *Erica* (frische, blühende Zweige); Spagyrik.
**Sammelzeit:** August bis Oktober.
**Allgemeines:** Die verholzten und deshalb zäh-elastischen Heidekrautpflanzen wurden früher auf dem Land zu dauerhaften Besen gebunden, wovon die Art ihren Namen erhielt. Zur Blütezeit kann sie ganze Landschaften, in denen sie massenhaft wächst, rot färben. Heidekrautblüten bedeuten gutes Bienenfutter.

## Echte Goldrute *(Solidago virgaurea)* Köpfchenblütler

**Merkmale:** Mehrjährige, aufrechte Pflanze von meist 20–80 cm Höhe. Die in den Alpen verbreitete Unterart mißt nur 5–25 cm. Rutenförmige Äste mit länglich-elliptischen, gezähnten Blättern, in den geflügelten Stiel übergehend, obere Blätter schmaler. Goldgelbe Blüten, bestehend aus den inneren Röhrenblüten und den äußeren, sie weit überragenden Zungenblüten, in 1–1,5 cm breiten Blütenköpfen; Rispe in der Regel reich verzweigt, allseitswendig und aufrecht.
**Standort:** Laub-, Misch- und Nadelwälder, Heiden, Weiden, gern auch an Waldrändern, auf Lichtungen und Kahlschlägen; liebt lokkere, kalkhaltige, lehmige Böden; klettert in den Alpen bis in 2500 m Höhe.
**Verbreitung:** Fast ganz Europa. In Deutschland verbreitet und vielerorts sehr häufig.
**Blütezeit:** Juli bis Oktober.
**Inhaltsstoffe:** Ätherische Öle, Saponine (vor der Blüte), Rutin, Quercitrin, Astragalin, Nicotiflorin, Gerbstoffe, Nicotinsäure.
**Gebrauch und Wirkung:** Wichtiges Nierenmittel, wassertreibend, bei akuter und chronischer Nierenentzündung (Nierenparenchymmittel; Parenchymzellen = Arbeits- und Funktionszellen). Goldrute hat eine direkte leistungssteigernde Wirkung auf die Niere, was bei Harnverhaltung bei Nierenentzündungen genutzt wird. Rutin, Querecitrin und andere Inhaltsstoffe können die Blutversorgung der Niere wie auch der Beinvenen deutlich verbessern.
**Zubereitung und Anwendung:** Kraut *(Herba Solidaginis):* 2 TL als Kaltauszug. HAB: *Solidago virgaurea* (frische Blüten); Spagyrik.
**Sammelzeit:** Juli bis Oktober.

## **Sand-Segge** *(Carex arenaria)*

Sauergräser

**Merkmale:** Mehrjährige, 10 bis 40 cm hohe Pflanze mit unterirdischen, weithin kriechenden Ausläufern, wobei die Triebe nicht selten gerade Reihen bilden. Aufrechter, kräftiger Stengel, scharf 3kantig. Zähe, rinnige Blätter linealisch, zur Blütezeit etwa so lang wie oder nur wenig kürzer als der Stengel; Blattscheiden braun. Unscheinbare Blüten in Ährchen angeordnet, die zu 6–16 eine dichte, 4–6 cm lange, ährenartige Rispe bilden; untere Blüten rein weiblich, obere rein männlich, dazwischen gemischtgeschlechtig.

**Standort:** Dünen, trockene Kiefernwälder, Heiden, Sandtrockenrasen und andere sandige Plätze.

**Verbreitung:** Küsten Europas, hauptsächlich Westeuropas, im Binnenland sehr selten oder fehlend. In Deutschland an Nord- und Ostseeküste verbreitet, sonst sehr zerstreut.

**Blütezeit:** Mai und Juni.

**Inhaltsstoffe:** Kieselsäure in der Asche, Saponine, Stärke, Harz, ätherisches Öl, Zucker und Schleim.

**Gebrauch und Wirkung:** Schleimlösend bei Husten; Blutreinigungsmittel bei rheumatischen Stoffwechselstörungen durch Ausscheidung über die Nieren, deshalb auch bei Hautkrankheiten (»deutsche Sarsaparille«) wie chronischem Ekzem.

**Zubereitung und Anwendung:** Wurzelstock *(Rhizoma Caricis)* 1 EL 10 Min kochen; Spagyrik.

**Sammelzeit:** März bis April, September bis Oktober.

## **Hänge-Birke** *(Betula pendula)*

Birkengewächse

**Merkmale:** Bis 25 m hoher Baum. Junge, glänzend rötlichbraune Zweige hängend und fast kahl, mit warzigen Harzdrüsen (daher auch **Warzen-Birke** genannt). Dreieckig-rautenförmige, lang zugespitzte Blätter am Grund breit-keilförmig, mit nicht abgerundeten Seitenecken, am Rand scharf doppelt gesägt. Bei der ähnlichen **Moor-Birke** *(B. pubescens)* sind die in den Nervenwinkeln behaarten, kurz zugespitzten Blätter eiförmig bis rundlich-eiförmig mit herzförmigem Grund und abgerundeten Seitenekken. Männliche Blüten in hängenden Kätzchen, zu 2–4 am Ende vorjähriger Zweige, weibliche Blüten in kürzeren, zur Blütezeit aufrechten Kätzchen.

**Standort:** Wälder, Moore, Heiden, Steinbrüche, Magerweiden; bis in die Voralpen-Region.

**Verbreitung:** Ganz Europa. In Deutschland verbreitet und überall häufig, auch gepflanzt.

**Blütezeit:** April und Mai.

**Inhaltsstoffe:** Saponine, ätherische Öle, Gerbstoffe, Harze, in der Rinde ein methylsalizylathaltiges Öl, Betulinsäure.

**Gebrauch und Wirkung:** Wassertreibend, auch zur Ausleitung bei Rheuma, unterstützend bei chronischem Gelenkrheumatismus; Teer äußerlich bei Hautkrankheiten und Parasitenbefall. Birkensaft ist in vielen Haarkosmetika enthalten.

**Zubereitung und Anwendung:** Blätter *(Folia Betulae)*: 1 EL als Kaltauszug; Birkenholzteer *(Pix Betulina/Oleum Rusci)*: 10%ig zum Einreiben. HAB: *Betula pendula* und *alba* (Saft von jungen Birken im Frühjahr); Spagyrik.

**Sammelzeit:** April bis Mai.

## Echtes Mädesüß *(Filipendula ulmaria)*

Rosengewächse

**Merkmale:** Mehrjährige, aufrechte Pflanze mit kantigem, 1–1,5 m hohem Stengel. Unterbrochen gefiederte Blätter mit 2–5 Paaren großer, eiförmiger Fiedern, die am Rand doppelt gesägt sind. Gelblichweiße, kleine Blüten, intensiv duftend, in vielstrahligen Trugdolden. Beim ähnlichen **Kleinen Mädesüß** *(F. vulgaris)*, das nur zwischen 30 und 80 cm hoch wird, trägt der dünne, stielrunde oder schwach gerillte Stengel unterbrochen gefiederte Blätter mit mehr als 20 Paaren tief eingeschnittener Fiedern und rosafarbene oder weiße Blüten in reichblütigen, rispigen Trugdolden.
**Standort:** Feuchte Wiesen, Flachmoore, Röhricht, Bach- und Flußufer und andere feuchte Orte.
**Verbreitung:** Ganz Europa. In Deutschland verbreitet und überall häufig anzutreffen.
**Blütezeit:** Juni bis August.
**Allgemeines:** Auch **Spierstaude** genannt. Die im Herbst leicht von den Trugdolden abstreifbaren reifen Samen von spiralig gedrehter Form kann man im Winter an Vögel verfüttern; die Pflanze bildet an ihren zahlreichen Standorten oft große Bestände.
**Inhaltsstoffe:** Gaultherin, freie Salizylsäure, ätherisches Öl, Heliotropin, Vanillin (Duftstoff), Terpene.
**Gebrauch und Wirkung:** Rheumamittel, wirkt schmerzlindernd durch die Salizylsäure; besitzt ferner eine schweiß- und harntreibende Wirkung (Ausleitung von Schlackenstoffen).
**Zubereitung und Anwendung:** Blüten *(Flores Spiraeae)*: 1–2 TL als Kaltauszug. HAB: *Spiraea ulmaria* (frische Wurzel); Spagyrik.
**Sammelzeit:** April bis Oktober.

## Zitter-Pappel *(Populus tremula)*

Weidengewächse

**Merkmale:** 5 bis 20 m, im Norden und Südosten Europas auch bis 35 m hoher Baum mit geradem Stamm und gelbbrauner, glatter Rinde, die im Alter längsrissig wird. Hängende, fast kreisrunde oder eiförmige Blätter, am Rand grob und unregelmäßig gezähnt, an langen, plattgedrückten Stielen. Blüten in langen, hängenden Kätzchen angeordnet, zweihäusig, Kätzchenschuppen am Rand stark behaart. Grünlichbraune, langgestielte Kapselfrüchte 2klappig, ziemlich schlank. Höchstalter des Baumes etwa 100 Jahre.
**Standort:** Lichte Laubmischwälder und Waldränder; gern auf humusreichem, feuchtem Boden.
**Verbreitung:** Fast ganz Europa. Kommt in Deutschland verbreitet, z.T. auch häufig vor.
**Blütezeit:** Februar bis April.
**Allgemeines:** Auch **Espe** oder **Aspe** genannt. Name wegen der sich im Wind leicht bewegenden Blätter (»er zittert wie Espenlaub«).
**Inhaltsstoffe:** Phenylglykoside Salicin und Populin, ätherische Öle mit Humulen und Carophyllen, Flavonglykosid Chrysin, Säuren, Gerbstoffe, Harze.
**Gebrauch und Wirkung:** Unterstützend bei rheumatischen Krankheiten (Gicht); Blasen- und Prostataleiden; äußerlich als Wundsalbe und bei Hämorrhoiden.
**Zubereitung und Anwendung:** Knospen *(Gemmae Populi)*: 1 TL als Kaltauszug; äußerlich: Salbe *(Unguentum Populi)*. HAB: *Populus* (mehrere Arten, aus frischer Rinde und Blättern); Spagyrik.
**Sammelzeit:** März bis April.

## Silber-Weide *(Salix alba)* Weidengewächse

**Merkmale:** Strauch oder Baum bis 20 m Höhe mit rissiger Borke. Krone stark verzweigt, mit meist aufrechten Ästen, die aber im Alter auch nach unten hängen können; junge Zweige meist rotbraun. Lanzettliche, an beiden Enden verschmälerte Blätter bis 10 cm lang und bis 2 cm breit, am Rand klein drüsig gesägt, unterseits immer dicht seidenhaarig, oberseits nur in der Jugend, später verkahlend; vom Wind bewegte Blätter glitzern silbrig. Aufrecht stehende, bis 7 cm lange Kätzchen, schlank und zylindrisch (die der ähnlichen **Bruch-Weide** *(S. fragilis)* sind dickwalzlich und messen bis 5 cm. Pflanze zweihäusig.
**Standort:** See- und Flußufer, Waldränder, Auwälder, Wiesen; am ehesten im Flachland.
**Verbreitung:** Mittel- und Südeuropa, im Norden z. T. eingebürgert. In Deutschland verbreitet. Die schnellwüchsigen Silberweiden nehmen heute oft die überschwemmungsgefährdeten Standorte einstiger Auwälder ein.
**Blütezeit:** April und Mai.
**Inhaltsstoffe:** Glykosid Salicin, Salichrosid, Salicortin, 10% Gerbstoffe, Harze, Oxalate, Enzym Salicase.
**Gebrauch und Wirkung:** Wirkt schmerzstillend und fiebersenkend; besonders bei rheumatischen Krankheiten und neuralgischen Schmerzen. Schmerzempfindungen sind jedoch zu 90% Hinweise auf tiefere Störungen, die nicht nur unterdrückt werden sollten.
**Zubereitung und Anwendung:** Rinde *(Cortex Salicis):* 1 TL als Kaltauszug und dann abkochen. HAB: *Salix alba* (frische Rinde); Spagyrik.
**Sammelzeit:** März bis Juli.

## Gewöhnlicher Besenginster *(Sarothamnus scoparius)* Schmetterlingsblütler

**Merkmale:** Aufrechter, stark verzweigter Rutenstrauch mit grünen, 5kantigen, rutenförmigen Zweigen, bis 2,5 m hoch. Kleine, hinfällige Blätter, meist 3zählig, die oberen oft ungeteilt, elliptisch; viele Zweige nicht selten ganz ohne Blätter. Große, 2–2,5 cm messende Blüten mit lebhaft gelb bis goldgelb gefärbter Krone einzeln oder zu zweit; Griffel spiralförmig eingerollt, sehr lang; behaarte Hülsen 3–5 cm lang.
**Standort:** Lichtungen, Kahlschläge, Waldränder, Heiden, Bergwiesen, Böschungen; kalkmeidend.
**Verbreitung:** Mittel- und Südeuropa, im Norden bis Südskandinavien, fehlt in Südosteuropa. Kommt in Deutschland verbreitet und häufig vor, fehlt aber in den Alpen.
**Blütezeit:** Mai und Juni.
**Allgemeines:** Aus den Ästen stellte man früher auf dem Land Besen her (Name). Die Art stellt an Boden und Klima recht geringe Ansprüche und wird deshalb oft zum Bepflanzen saurer Sandböden verwendet – auch in Parks und Ziergärten – wo kein Baumbewuchs aufkommt (Heidegärten). Besenginster kommt wegen seiner geringen Verdunstung mit sehr kleinen Niederschlagsmengen aus.
**Inhaltsstoffe:** Alkaloid Spartein; Flavone: Scoparosid, Genistin, Vitexin u. a., Cumarine, Tyramin.
**Gebrauch und Wirkung:** Normalisiert den Herzrhythmus bei Tachycardie (zu schneller Pulsfrequenz), Arhythmie; Wirkung auf die Gebärmutter bei Blutungen (mit Frauenarzt abklären!).
**Zubereitung und Anwendung:** Kraut *(Herba Sarothamni scoparii):* 1 TL als Aufguß. HAB: *Spartium scoparium* (frische Blüten); Spagyrik.
**Sammelzeit:** Mai bis Juni.

VII
Rheuma

Heilkräuter

VIII
Herz

Heilkräuter

## **Gold-Lack** *(Cheiranthus cheiri)* Linkes Bild: *Kultursorte* Kreuzblütler

**Merkmale:** Zweijährige oder mehrjährige, 20–80 cm hohe Pflanze mit schwach verholztem Grund. Schmale, länglich-lanzettliche Blätter, ganzrandig, steif, mit Gabelhaaren. Große, stark duftende Blüten mit goldgelben Kronblättern, die – besonders bei kultivierten Sorten – auch braun oder orangerot sein können und bis 2,5 cm lang werden. Die aufrecht abstehenden, behaarten Schoten messen 2,5–6 cm und sind vom Rücken her zusammengedrückt. Blüten in dichten Trauben.
**Standort:** Mauern, Ruinen, Felsen, auf steinigen Böden, oft in der Nähe von Häusern. Auch als Zierpflanze häufig in Gärten zu finden.
Es gibt zahlreiche Kultursorten für den Ziergarten, die wie die Wildart verwendet werden können.
**Verbreitung:** Ursprünglich in Südosteuropa beheimatet, mittlerweile auch in anderen Gegenden Südeuropas und sogar in Teilen Mittel- und Westeuropas eingebürgert oder verwildert.
**Blütezeit:** Mai und Juni.
**Inhaltsstoffe:** Glykosid Cheirantin, Glucoiberin, ätherische Öle, Quercitin, Myrosin, Gerbstoff.
**Gebrauch und Wirkung:** Beruhigende Wirkung bei funktionellen Herzstörungen, besonders in Verbindung mit Krankheiten des Leber-Gallenbereichs; mild abführend und menstruationsfördernd.
**Zubereitung und Anwendung:** Kraut *(Herba Cheiri):* 1 TL als Aufguß; besonders herzwirksam sind die Samen *(Semen Cheiri):* 1 TL als Kaltauszug. HAB: *Cheiranthus cheiri* (frische Pflanze).
**Sammelzeit:** Mai bis August.

## **Echtes Herzgespann** *(Leonurus cardiaca)* ⌀ Lippenblütler

**Merkmale:** Mehrjährige, 50 bis 150 cm hohe Pflanze mit derben, ästigen Stengeln. Handförmige Grundblätter 3- bis 7-, meist 5spaltig, grob gezähnt, nach oben zu langsam kleiner werdend, obere Stengelblätter 3lappig. Die zahlreichen, blaßrosa Lippenblüten bilden einen ährenförmigen, beblätterten Blütenstand, der sich aus vielen Scheinquirlen zusammensetzt; Blütenkrone länger als der Kelch.
**Standort:** Wegränder, Schuttplätze, Hecken, Zäune, trockene Weiden, Hänge, Aufschüttungen, alte Mauern und Ruinen, Burgen und Dörfer; gern auf warmen, stickstoffreichen Böden.
**Verbreitung:** Fast ganz Europa. In Deutschland zerstreut bis selten, nur stellenweise häufig, in höheren Lagen abnehmend bis fehlend. Nördlich der Alpen sollte man das Echte Herzgespann *nicht sammeln,* weil es hier in der Regel keine großen Bestände bildet und örtlich gefährdet ist. Allenfalls in stark besonnten Weinbaugebieten tritt es auch zahlreicher auf.
**Blütezeit:** Juni bis September.
**Allgemeines:** Die unangenehm riechende Pflanze ist auch unter dem Namen **Löwenschwanz** bekannt.
**Inhaltsstoffe:** Bitterstoff Leonurin, Stachydrin, Betonicin, Glykoside, Gerbstoffe, Harze, Cholin, ätherisches Öl.
**Gebrauch und Wirkung:** Beruhigende Herzwirkung bei nervösen Herzbeschwerden mit Angstgefühlen; bei Herzleiden durch Schilddrüsenüberfunktion.
**Zubereitung und Anwendung:** Kraut *(Herba Leonuri):* 2 TL als Kaltauszug. HAB: *Leonurus cardiaca* (frisches Kraut); Spagyrik.
**Sammelzeit:** Juni bis August.

## Echter Steinklee *(Melilotus officinalis)* — Schmetterlingsblütler

**Merkmale:** Zweijährige, 30 bis über 100 cm hohe Pflanze. 3zählige Blätter mit länglichen, unregelmäßig gezähnten Fiedern, die jeweils 8–14 Paare von Seitennerven aufweisen. Gelbe Blüten in 4–10 cm langen Trauben; Schiffchen kürzer als die Flügel. Kahle Hülsen undeutlich mit Querrunzeln versehen. Der ähnliche **Sumpf-** oder **Hohe Steinklee** *(M. altissimus)* unterscheidet sich vom Echten Steinklee durch folgende Merkmale: Fiedern mit 8–14 Paaren von Seitennerven; Blüten in 2–6 cm langen Trauben, Schiffchen so lang wie die Flügel; zerstreut- kurzhaarige Hülsen, runzelig und schwarz; bis 1,5 cm hoch.
**Standort:** Schuttplätze, Wegränder, Ackerraine, Steinbrüche, Dünen, Ödland; bis 2000 m.
**Verbreitung:** Ganz Europa. In Deutschland überall verbreitet und meist auch häufig.
**Blütezeit:** Mai bis September.
**Allgemeines:** Bei Venenleiden kann mit frühzeitiger Behandlung (bei erblicher Belastung) viel erreicht werden. Es helfen auch z. B. kaltes Wasser, Bürstenmassagen, Quarkwickel, Bewegung an frischer Luft.
**Inhaltsstoffe:** Cumaringlykoside (Melilotin u. a.), ätherische Öle mit Cumarinen, Gerb- und Schleimstoffe, Harze, Cholin, Flavone.
**Gebrauch und Wirkung:** Venentonikum: steigert die Kapillarresistenz (d. h. festigt die kleinen Blutgefäße) und verbessert die Durchblutung und Entlastung des Kopfes und der Glieder (bei Stauungskopfschmerz), beugt Embolie durch Verlängerung der Gerinnungszeit vor; wichtiges Lymphmittel; äußerlich als Kräuterkissen und Breiauflagen bei rheumatischen Krankheiten, auch als Badezusatz.
**Zubereitung und Anwendung:** Kraut *(Herba Melilotii)*: 1 TL als Kaltauszug. HAB: *Melilotus officinalis* (frische Blätter und Blüten); Spagyrik. **Sammelzeit:** Mai bis August.

## Wein-Raute *(Ruta graveolens)* — Rautengewächse

**Merkmale:** Ausdauernde, starre, kahle, bis 50 cm hohe Pflanze von streng aromatischem, lange haftendem Geruch. Stengel verzweigt, Blätter wechselständig, 2- bis 3fach gefiedert, blaugrün, mit mehr oder weniger eiförmigen kleinen Abschnitten. Blütenstand locker rispig. Blüten gelb, die endständigen 5zählig, die seitenständigen 4zählig. Blütenblätter löffelförmig ausgehöhlt, punktiert, mit unregelmäßig gezähntem und gewelltem Rand. Kelchblätter spitz-lanzettlich. Fruchtkapsel kahl, 4- bis 5klappig, Griffel zusammenneigend.
**Standort:** Trockene, sonnige Hänge.
**Verbreitung:** Heimisch auf der Balkanhalbinsel, in den Mittelmeerländern und bisweilen auch in Mitteleuropa aus Kulturen verwildert.
**Blütezeit:** Juni bis August.
**Inhaltsstoffe:** Ätherische Öle mit Pinen, Limonen, Cineol und Rutin, Cumarine, Savinin, Alkaloide.
**Gebrauch und Wirkung:** Zur Gewebeabdichtung: verhindert Blutungen, besonders der Netzhaut des Auges; auch bei Venenentzündungen und nach Schlaganfällen; Kräftigung der Augen bei Überanstrengung; menstruationsfördernd (nicht während der Schwangerschaft gebrauchen).
**Zubereitung und Anwendung:** Blätter *(Folia Rutae)*: 1 TL als Kaltauszug; Öl *(Oleum Rutae aethericum)*: 10%iges Öl zum Einreiben. HAB: *Ruta* (frisches Kraut); Spagyrik.
**Sammelzeit:** Juni bis Juli.

## Gewöhnliche Roßkastanie *(Aesculus hippocastanum)* Roßkastaniengewächse

**Merkmale:** Kräftiger, 15–30 m hoher Baum mit graubrauner Rinde, die im Alter dünnschuppig abblättert. Hochgewölbte Krone, dicht verzweigt. Langgestielte, 5- bis 7zählig gefingerte Blätter mit verkehrt-eiförmigen, zum Grund hin keilig verschmälerten Fiedern, die unregelmäßig gesägt sind und bis 25 cm lang werden. Große Knospen harzig-klebrig. Weiße Blüten gelb und rot gefleckt, in hohen aufrechten Rispen angeordnet. Derb bestachelte Früchte bis 6 cm im Durchmesser, mit meist 2 rotbraunen Samen.
**Standort:** Bei uns nicht wildwachsend.
**Verbreitung:** Ursprünglich im Balkan beheimatet. Heute auch in weiten Teilen West- und Mitteleuropas angepflanzt und eingebürgert.
**Blütezeit:** April und Mai.
**Inhaltsstoffe:** Kämpferol- und Flavonglykoside: Rutin und Quercitin; Aescin (Saponinglykosid), Cholin, Purinderivate, Aesculin (Cumaringlykosid) und Aesculetin, Gerbsäure.
**Gebrauch und Wirkung:** Wichtiges Venentonikum bei Krampfadern (Varikosis) und Hämorrhoiden durch Steigerung der Blutumlaufgeschwindigkeit; das Blut wird »flüssiger« (Veränderung von Viskosität und Herabsetzung der Gerinnungzeit) und die Gefäße entkrampft: deshalb auch bei arteriellen Durchblutungsstörungen; Pfortaderstau und daraus resultierende Rückenschmerzen; äußerlich als Venensalbe, entzündungshemmend.
**Zubereitung und Anwendung:** Früchte *(Fructus Aesculi):* 2–3mal täglich nach dem Essen eine Messerspitze Pulver. *Extractum Aesculi fluidum* oder *Extr. Hippocastani:* 10–15 Tr. nach dem Essen. HAB: *Aesculus* (frische, geschälte Samen), *Aesculus hippocastanum e floribus* (frische Blüten), *Aesculinum* (Rindenglykosid); Spagyrik.
**Sammelzeit:** August bis September.

## Gemeiner Wundklee *(Anthyllis vulneraria)* Lippenblütler

**Merkmale:** Mehrjährige, 15–30 cm hohe Pflanze mit oft niederliegenden, meist aber aufsteigenden bis aufrechten Stengeln und Pfahlwurzel. Langgestielte, einfache Grundblätter, zur Blütezeit oft schon verschwunden; sitzende, gefiederte Stengelblätter mit oval-lanzettlichen Fiedern; Endfieder größer als die übrigen. Hellgelbe bis orangegelbe Blüten mit 1–2 cm langer Krone, in dichtem, kopfigem Blütenstand; zottig-filziger Kelch nach der Blüte aufgeblasen, 13–16 mm lang. Die Art ist sehr formenreich und bildet Unterarten, zum Beispiel auf der alpinen Stufe oder am Meeresstrand, wo der Wundklee küstennahe Sanddünen besiedelt *(ssp. maritima)*.
**Standort:** Trockenwiesen, sonnige Hänge, Kalkmagerrasen, Steinbrüche, Wegränder, Brachland, meist auf Kalk; bis in Höhen von 3000 m.
**Verbreitung:** Fast ganz Europa. In Deutschland verbreitet und in Kalkgebieten auch häufig, im Nordwesten seltener, z. T. nur eingeschleppt.
**Blütezeit:** Mai bis September.
**Allgemeines:** Auch **Apothekerklee** genannt.
**Inhaltsstoffe:** Gerbstoffsaponin; Farbstoffe: Anthocyan u. a.
**Gebrauch und Wirkung:** Äußerlich zur Wundheilung; innerlich als Blutreinigungsmittel.
**Zubereitung und Anwendung:** Blüten *(Flores Anthylli):* 1 TL als Aufguß, 1 EL als Aufguß für Umschläge und Spülungen, besondes gut ist der Frischsaft; Spagyrik.
**Sammelzeit:** Juni bis August.

IX
Venen

Heilkräuter

X
Wund-
mittel

Heilkräuter

## Gewöhnliche Sanikel, Wund-Sanikel *(Sanicula europaea)* — Doldengewächse

**Merkmale:** Mehrjährige, nur oben wenig verzweigte Pflanze, 20–60 cm hoch. Wintergrüne, grundständige Blätter, handförmig 3- bis 5teilig, keilförmige, grob gezähnte Abschnitte, im Gegensatz zu den einfacheren, kleineren und fast sitzenden Stengelblättern lang gestielt. Weiße oder hellrosa Blüten sitzend oder gestielt in köpfchenförmigen, dichten Döldchen. Kugelige bis eiförmige Frucht, dicht bestachelt. Kurzer, brauner Wurzelstock mit dünnen Faserwurzeln besetzt.
**Standort:** Schattige Laubmischwälder, vor allem mit Buchen oder auch Eichen, seltener Nadelmischwälder; gern auf feuchten Lehmböden und auf Kalk; bis in Höhen von 1600 m. Auf stark beschatteten Waldböden stellt die Sanikel nicht selten das einzige blühende Kraut während des Frühsommers dar.
**Verbreitung:** Fast ganz Europa. In Deutschland im allgemeinen zerstreut, in Kalkgebieten sogar häufig, gebietsweise aber sehr selten.
**Blütezeit:** Mai bis Juli.
**Inhaltsstoffe:** Ca. 12% Saponine, Gerb- und Bitterstoffe, ätherische Öle, Rosmarinsäure, Allantoin und Zucker.
**Gebrauch und Wirkung:** Wundheilmittel und blutstillend (besonders Lunge, Tuberkulose zur Unterstützung); innerlich und äußerlich angewandt.
**Zubereitung und Anwendung:** Kraut *(Herba Saniculae)*: 2 TL als Aufguß. HAB: *Sanicula europaea* (frisches, blühendes Kraut); Spagyrik.
**Sammelzeit:** April bis Juni.

## Vogel-Knöterich *(Polygonum aviculare)* — Knöterichgewächse

**Merkmale:** Einjährige Pflanze mit verzweigten, bis über 50 cm langen Stengeln, niederliegend bis aufgerichtet. Wechselständige, kurz gestielte Blätter, elliptisch-lanzettlich, 0,5–3 cm, an den Haupttrieben auch bis 5 cm lang, sehr vielgestaltig. Rötliche oder grünliche Blüten mit nur 2–3 mm langen Kronblättern, zu 1–3 oder auch 5 in den Blattachseln. Formenreich.
**Standort:** Schuttplätze, Äcker, Wege, Straßenränder, auch zwischen Straßenpflaster; gern auf stickstoffhaltigen Böden. Klettert im Gebirge bis in Höhen von 2300 Meter.
**Verbreitung:** Ganz Europa. Kommt in Deutschland verbreitet und überall häufig vor. Weit sich verzweigendes, bodendeckendes Gartenunkraut, besiedelt als stickstoffliebende Pflanze auch Misthaufen.
**Blütezeit:** Mai bis September.
**Allgemeines:** Der Volksmund kennt viele Namen für den Vogel-Knöterich, beispielsweise **Hühnergras, Vogelchrut, Knotengras** oder **Ferkelkraut.**
**Inhaltsstoffe:** Lösliche und unlösliche Kieselsäure, Gerbstoffe (4%), Flavonglykoside, Säuren, Vitamin C, Harze, Schleimstoffe, ätherische Öle.
**Gebrauch und Wirkung:** Unterstützend bei Blutungen der Gebärmutter, des Magens, des Darms und der Lunge; Kieselsäuredroge: Nachbehandlung von Tuberkulose und chronischen Atemwegerkrankungen; äußerlich zur Wundbehandlung, besonders bei schlecht heilenden Wunden.
**Zubereitung und Anwendung:** Kraut *(Herba Polygoni avicularis)*: 2 TL als Kaltauszug, danach kurz aufkochen. HAB: *Polygonum aviculare* (frisches Kraut); Spagyrik.
**Sammelzeit:** Mai bis September.

## Kleines Immergrün *(Vinca minor)*

Immergrüngewächse

**Merkmale:** Mehrjährige, 10–20 cm hohe Pflanze, am Grund etwas verholzend, mit weitkriechenden, an den Knoten wurzelnden Stengeln; blütentragende Stengel aufsteigend bis aufrecht, sterile Sprosse niederliegend. Immergrüne, gegenständige Blätter, ledrig und glänzend, immergrün (Name), elliptisch bis breit-lanzettlich. Hellblaue Blüten mit präsentiertellerförmiger Krone, deren Zipfel nach links gedreht sind, einzeln in den Blattachseln.

**Standort:** Laubwälder, Gebüsch, auch in Misch- aber seltener in Nadelwäldern zu finden; gern auf kalkhaltigen, lockeren Lehmböden, bis in 1000 m Höhe. Häufig auch als Zierpflanze in Gärten und Friedhöfen anzutreffen. Der ausdauernde Bodendecker bildet einen dichten Teppich wintergrüner Blätter mit frühen Blüten. Die Kultursorten lassen sich ähnlich wie die Wildart verwenden.

**Verbreitung:** Mittel- und Südeuropa, im Norden bis Dänemark. In Deutschland im Süden verbreitet, im Norden eingebürgert oder verwildert.

**Blütezeit:** März bis Juni.

**Inhaltsstoffe:** Alkaloid Vincamin, Gerbstoffe, Bitterstoff Vinicin.

**Gebrauch und Wirkung:** Blutstillend (Nase, Gebärmutter, mit Arzt abklären!); äußerlich und innerlich bei Hautleiden; verbessert die Durchblutung des Kopfes und des Herzmuskels. Bei älteren Menschen sind Durchblutungsstörungen des Kopfes häufig Ursache für Schlafstörungen.

**Zubereitung und Anwendung:** Kraut *(Herba Vincae minoris):* 1 TL als Aufguß. HAB: *Vinca minor* (frische Pflanze); Spagyrik.

**Sammelzeit:** Februar bis Juni.

## Gemeiner Beinwell *(Symphytum officinale)*

Rauhblattgewächse

**Merkmale:** Mehrjährige, rauhhaarige Pflanze, 30 bis 100 cm hoch, mit tiefreichender Pfahlwurzel. Stengel unten reichästig. Grundständige Blätter in großen Büscheln; lanzettliche, bis 25 cm lange Stengelblätter, spärlich behaart, obere bis jeweils zum nächsten Blatt am Stengel herablaufend. Blütenstand zunächst spiralig eingerollt, er entfaltet sich zusammen mit den sich öffnenden Blüten. Bis 1,5 cm lange Krone sehr unterschiedlich gefärbt: meist purpurviolett, aber auch weiß, gelb, rot, violett oder blau. Kelchzipfel lanzettlich.

**Standort:** Wiesen, Gräben, Böschungen, Wegränder, Schuttplätze, Bachufer, Auwälder; auf feuchten, stickstoffhaltigen Böden, bis 1600 m.

**Verbreitung:** Fast ganz Europa. Kommt in Deutschland zerstreut bis verbreitet vor.

**Blütezeit:** Mai bis Juli.

**Allgemeines:** Auch **Schwarzwurz** genannt. Beinwell wird auch in Gärten angebaut. Man ißt die jungen Blätter, bereitet Tee aus ihnen und verwendet ältere, große Blätter zum Mulchen.

**Inhaltsstoffe:** Alkaloide, Cholin, Allantoin, Schleim, Consolidin, Gerbstoffe, Inulin, Zucker.

**Gebrauch und Wirkung:** Wichtiges Wundheilmittel bei Eiterungen, Blutergüssen, Venenentzündungen, bei allen Knochenbrüchen und -entzündungen.

**Zubereitung und Anwendung:** Wurzel und Kraut *(Radix cum Herba Symphyti):* 1–2 TL als Kaltauszug innerlich* und äußerlich, auch zu Breiauflagen. HAB: *Symphytum* (frische Wurzel und frische, blühende Pflanze); Spagyrik.

**Sammelzeit:** März bis Juni, September bis Oktober.

---

* Die innerliche Anwendung ist neuerdings umstritten; vor Dauereinnahme wird wegen kritischer Alkaloide gewarnt.

## Steifer Augentrost *(Euphrasia stricta)* Rachenblütler

**Merkmale:** Einjährige, 10 bis 20 cm hohe Pflanze mit meist aufrechtem Stengel und bogig aufsteigenden, schon von der Basis an verzweigten Seitentrieben. Gegenständige, kahle Blätter, eiförmig, jederseits mit 3–6 spitzen Zähnen, zur Blütezeit oft schon verwelkt oder abgefallen. Weiße oder weißviolette Blüten mit gelbem Fleck auf der 3lappigen Unterlippe. Wie die anderen Arten der Gattung ein Halbschmarotzer, der mit seinen Saugwurzelfasern die Wurzeln von Gräsern anzapft und ihnen fertige Nährstoffe entnimmt.
**Standort:** Magerwiesen und -weiden, Trokkenhänge, Heiden, buschige Abhänge, Waldränder, Moorwiesen, Wegraine; gern auf sandigen Böden.
**Verbreitung:** Mittel- und Südeuropa. Kommt in Deutschland verbreitet und häufig vor.
**Blütezeit:** Mai bis September.
**Allgemeines:** Auch **Aufrechter Augentrost** genannt. Der ähnliche **Gemeine Augentrost** *(Euphrasia rostkoviana)* hat feiner gezähnte, drüsig behaarte Blätter und deutlich größere Blüten und weniger stark abgespreizte Seitentriebe. In der Heilkunde verwendet man beide Arten.
**Inhaltsstoffe:** Mehrere Glykoside, z. B. Aucubin (Rhinanthin), ätherische Öle, Gerb- und Bitterstoffe, Harze.
**Gebrauch und Wirkung:** Wichtiges Augenmittel: bei Bindehaut- und Lidrandentzündung, Gerstenkorn, unterstützend bei Hornhautentzündungen (Keratitis) und Linsentrübung. Hinweis: Bei Entzündungen des äußeren Auges nimmt man nie Kamille, die hier häufig zusätzlich reizt, während sie sonst ein gutes Heilmittel bei allen Entzündungen ist.
**Zubereitung und Anwendung:** Kraut *(Herba Euphrasiae):* 1 TL als Kaltauszug innerlich, äußerlich für Augenbäder. HAB: *Euphrasia* (ganze, frische Pflanze); Spagyrik.
**Sammelzeit:** Juni bis Oktober.

## Fuchs' Greiskraut, Kreuzkraut *(Senecio fuchsii)* Köpfchenblütler

**Merkmale:** Mehrjährige, 60 bis 150 cm hohe Pflanze. Lanzettliche, fein gesägte Blätter, kahl oder fast kahl, die mittleren und oberen am Grund nicht verbreitert, in der Regel 5mal so lang wie breit. Gelbe, in doldenartiger Rispe angeordnete Blütenköpfe mit jeweils 6–15 Röhrenblüten und 5 Zungenblüten. Beim ähnlichen **Hain-Greiskraut** *(S. nemorensis)* mit breitem Grund sitzende mittlere und obere Stengelblätter durchschnittlich 3mal so lang wie breit, unterseits behaart; Blütenköpfe mit 15–20 Röhrenblüten und 5–8 Zungenblüten.
**Standort:** Schattige, feuchte Bergmischwälder, Kahlschläge, Lichtungen; bis 2000 m Höhe.
**Verbreitung:** Hauptsächlich Mitteleuropa und nördliches Südeuropa. In Deutschland verbreitet in der montanen und subalpinen Region, sonst zerstreut bis selten, im Norden fehlend.
**Blütezeit:** Juli bis September.
**Allgemeines:** Der Bergbauer sieht die oft recht stattlichen Kreuzkrautbüsche auf seinen Alpweiden nicht gern, weil sie vom Vieh verschmäht werden.
**Inhaltsstoffe:** Alkaloide, Senecin, Senecionin, Jacobin, Rutin, Vitamin C.
**Gebrauch und Wirkung:** Blutstillendes Mittel mit Schwerpunkt auf Gebärmutterblutungen (zu starke Menstruation, klimakterische Blutungen, Myomblutungen; auch bei schmerzhafter und mangelnder Menstruation; vom Frauenarzt abklären lassen!).
**Zubereitung und Anwendung:** Kraut *(Herba Senecionis):* 1 TL als Kaltauszug. HAB: *Senecio jakobaea* und *Senecio aureus* (goldenes Kreuzkraut), (Frischpflanzenzubereitungen mit Blüten); Spagyrik.
Wegen der heute nicht mehr als harmlos angesehenen Alkaloide wird neuerdings vor Dauereinnahme gewarnt.
**Sammelzeit:** Juli bis September.

## Gemeine Ringelblume *(Calendula officinalis)* Köpfchenblütler

**Merkmale:** Einjährige, bis 30 cm oder sogar 70 cm hohe Pflanze mit aufrechtem, filzig behaartem Stengel. Wechselständige, fein behaarte Blätter spatelig, schwach gezähnt oder ganzrandig; bei der ähnlichen **Acker-Ringelblume** *(C. arvensis)* sind sie länglich-lanzettlich. Zungenblüten gelborange (Acker-Ringelblume hellgelb), in 2–5 cm großen Köpfen (bei der Acker-Ringelblume höchstens 2 cm groß). Fruchtköpfe aufrecht (Acker-Ringelblume übergeneigt), alle Früchte geflügelt.
**Standort:** Bei uns fast ausschließlich in Gärten als Zierpflanze **(Garten-Ringelblume)** oder in Kulturen, gelegentlich auch verwildert.
**Verbreitung:** Heimat ist wahrscheinlich das Mittelmeergebiet. Kommt eingebürgert heute in weiten Teilen Mittel- und Westeuropas vor, auch auf den Britischen Inseln.
**Blütezeit:** Juni bis September.
**Inhaltsstoffe:** Ätherische Öle, Calendula-Sapogenin, Glykoside, Carotinoide, Phytosterine, Harze, Fette, Wachse.
**Gebrauch und Wirkung:** Wichtiges Wundheilmittel: wirkt erweichend und vorbeugend gegen Narbenverhärtungen, unterstützt schlechte Wundheilung; Venenmittel; wichtiges Lymphmittel bei Schwellungen und Entzündungen des Lymphgewebes; Hilfsmittel bei Krebs; reguliert schmerzhafte Monatsblutungen.
**Zubereitung und Anwendung:** Blüten *(Flores Calendulae):* 1 TL als Aufguß; Salbe *(Unguentum Calendulae):* 10–20%ig. HAB: *Calendula* (frisches, blühendes Kraut); Spagyrik.
**Sammelzeit:** Mai bis September.

## Gewöhnliches Stiefmütterchen, Feld-Stiefmütterchen *(Viola tricolor)* Veilchengew.

**Merkmale:** Einjährige, 10 bis 30 cm hohe Pflanze mit aufsteigendem oder aufrechtem, verzweigtem Stengel. Gestielte, eiförmig-lanzettliche bis herzförmige Blätter mit fiederspaltigen Nebenblättern, die einen längeren, meist gekerbten Endzipfel aufweisen. Die in der Regel dreifarbigen Blüten (gelb, cremefarben, violett) werden meist größer als 1,5 cm. Sie unterscheiden sich dadurch von den etwa 1–1,5 cm großen Blüten des sehr ähnlichen **Acker-Stiefmütterchens** *(V. arvensis)*, das früher als Unterart des Gewöhnlichen Stiefmütterchens galt, heute aber eine eigene Art darstellt.
**Standort:** Äcker, Ödland, Wiesen, Dünen, Wegränder, Eisenbahndämme; wächst bis in Höhen von 2700 m.
**Verbreitung:** Fast ganz Europa. In Deutschland verbreitet und vielerorts auch häufig.
**Blütezeit:** Mai bis Oktober.
**Allgemeines:** Heißt auch **Wildes Stiefmütterchen.**
**Inhaltsstoffe:** Ätherische Öle, Violaquercitrin, Saponine, Violanin, Violotosid, Gerb- und Schleimstoffe, Violarutin.
**Gebrauch und Wirkung:** Blutreinigend, unter anderem durch wassertreibende Wirkung, besonders bei Hautleiden, Säuglingsekzemen, wobei die stillende Mutter den Tee trinkt. Bei Hautkrankheiten ist die Naturheilkunde häufig erfolgreicher, weil sie die Haut als Organ betrachtet, d. h. im Zusammenhang zum allgemeinen Stoffwechsel sieht und nicht nur Salbenanwendungen, sondern eine umstimmende, ausleitende und ableitende Behandlung anbietet.
**Zubereitung und Anwendung:** Kraut *(Herba Violae tricoloris):* 1 TL als Kaltauszug, innerlich und äußerlich. HAB: *Viola tricolor* (frisches, blühendes Kraut); Spagyrik.
**Sammelzeit:** Mai bis August.

X
Wund-
mittel

Heilkräuter

XI
Haut

Heilkräuter

## **Winter-Linde** *(Tilia cordata)*

Lindengewächse

**Merkmale:** Bis etwa 30 m hoher Baum. Herzförmige, am Rand gesägte Blätter bis 6 oder höchstens 8 cm lang, oberseits matt dunkelgrün, unterseits blaugrün, in den Nervenwinkeln rostrot bis braun behaart, sonst beiderseits kahl. (Bei der ähnlichen, etwas selteneren **Sommer-Linde** *(T. platyphyllos)* sind die bis 10 oder 12 cm langen Blätter kurz behaart, außerdem unterseits in den Nervenwinkeln weißbärtig.) 5zählige, gelblichweiße Blüten zu 5–11 in hängender Trugdolde. Zerbrechliche, dünnschalige Frucht undeutlich kantig, rundlich.
**Standort:** Wildwachsend vor allem in Laubmischwäldern milderer Klimalagen, bis in über 1000 m Höhe; häufig angepflanzt als Alleebaum.
**Verbreitung:** Süd- und Mitteleuropa, seltener in Westeuropa. In Deutschland verbreitet.
**Blütezeit:** Juni und Juli, durchschnittlich 2 Wochen später als bei der Sommer-Linde.
**Inhaltsstoffe:** Ätherische Öle mit Farnesol; Flavonglykoside, Quercitrin, Tilrosid, Gerbstoffe, Saponine, Säuren, Tocopherol, Pflanzenschleim.
**Gebrauch und Wirkung:** Schweißtreibendes Mittel für Schwitzkuren bei Erkältungen, dadurch wird die allgemeine Entgiftung über die Haut gesteigert. Von Pfarrer Sebastian Kneipp auch zu Kopfdampfbädern benutzt. Die abwehrsteigernde Wirkung wurde von amerikanischen Kinderärzten dokumentiert: Im Vergleich zur Antibiotikatherapie gesundeten die mit Lindenblütentee behandelten Kinder 10mal (!) schneller und komplikationsloser.
**Zubereitung und Anwendung:** Blüten *(Flores Tiliae)*: 2 TL als Aufguß; Kohle *(Carbo Tiliae)*: Kohlemittel bei Durchfällen. HAB: *Tilia europaea* (frische Blüten); Spagyrik.
**Sammelzeit:** Juni bis Juli.

## **Stiel-Eiche** *(Quercus robur)*

Buchengewächse

**Merkmale:** Bis über 40 m hoher Baum mit stark rissiger Rinde und weit ausladenden, knorrigen Ästen. Längliche, asymmetrische Blätter am Grund herzförmig geöhrt, 5–12 cm lang, an sehr kurzem Blattstiel. (Die an einem 1–3 cm langen Stiel befindlichen Blätter der ähnlichen **Stein-Eiche** *(Qu. petraea)* sind breit-eiförmig und symmetrisch, außerdem am Grund keilförmig.) Männliche Blüten in lockeren, hängenden Kätzchen, unauffällig grünlich; weibliche Blüten unscheinbar in 6zähliger Hülle, zu 2–5 achselständig. Glatte Frucht, eiförmig (Eichel), in zapfenförmigem Fruchtbecher. Fruchtstand lang gestielt (Name).
**Standort:** Wälder (Auwälder, Eichen-Heinbuchenwälder), vor allem in den Flußtälern.
**Verbreitung:** Fast ganz Europa. In Deutschland verbreitet, in Tälern meist häufig.
**Blütezeit:** April und Mai.
**Inhaltsstoffe:** Rinde: Eichengerbsäure und Ellagsäure, Quercin und Quercit, Lävulin, Pektin, Stärke, Eicheln: zusätzlich Zitronensäure und fettes Öl.
**Gebrauch und Wirkung:** Wichtiges Adstringens (zusammenziehendes Mittel), äußerlich bei nässenden Hautausschlägen, offenem Bein *(Ulcus cruris)*, Analleiden, Weißfluß, Augenreizungen; innerlich bei chronischen Durchfällen und zu starker Menstruaion; Stärkungsmittel bei Skrofulose (chronische Lymphknotenschwellung).
**Zubereitung und Anwendung:** Rinde *(Cortex Quercus)*: 1 TL als Kaltauszug, danach kurz aufkochen (1 TL innerlich, 2 EL äußerlich); 500 g Dekokt als Vollbad; 10% als Salbe oder Mundwasser. HAB: *Quercus e cortice* (frische Rinde junger Zweige) und *Quercus glandibus* (getrocknete Früchte mit Schale); Spagyrik.
**Sammelzeit:** März bis April.

## Echte Walnuß *(Juglans regia)* — Walnußgewächse

**Merkmale:** Bis 25 m hoher Baum mit grauer, später längsrissiger Rinde und kugeliger Krone. Gefiederte Blätter mit 7–9 verkehrt-eiförmigen bis elliptischen, ganzrandigen Fiedern, die bis 15 cm lang werden können und unterseits nur in den Nervenwinkeln behaart sind. Männliche Blüten mit den jungen Blättern erscheinend, angeordnet in 5–15 cm langen, hängenden Kätzchen; weibliche Blüten zu 2 oder 3 endständig. Steinfrucht mit grüner, glatter Schale, 4–5 cm lang.
**Standort:** Laubwälder in milden Lagen.
**Verbreitung:** Heimat ist Südosteuropa und Südwestasien, in Süd-, Mittel- und Westeuropa vielerorts angepflanzt und eingebürgert. In Deutschland nur als Kulturpflanze. Der Walnußbaum ist – besonders in den ersten Jahren – nicht ganz winterhart und kann in Frostnächten Schaden nehmen.
**Blütezeit:** April bis Mai.
**Allgemeines:** Die aus Nordamerika stammende **Schwarze Walnuß** wird auch forstlich kultiviert.
**Inhaltsstoffe:** Gerbstoff, ätherisches Öl, Bitterstoff, Chinon, Juglon.
**Gebrauch und Wirkung:** Blutreinigungsmittel bei Hautkrankheiten, auch äußerlich; wird gern bei Kindern angewandt, sowohl als Aufbaumittel als auch bei Lymphschwellungen.
**Zubereitung und Anwendung:** Blätter *(Folia Juglandis):* 2 TL als Kaltauszug innerlich, 2 EL äußerlich; *Extractum Juglandis folii* (Blätter): 0,3 g; Salbe; *Extractum Juglandis nucis* (Früchte): zum Haare färben; Öl *(Oleum Juglandis):* fettes Öl zur äußerlichen Anwendung. HAB: *Juglans* (frische Fruchtschalen und Blätter); Spagyrik.
**Sammelzeit:** Juni bis August.

## Knotige Braunwurz *(Scrophularia nodosa)* — Rachenblütler

**Merkmale:** Mehrjährige, 50 bis 100 cm hohe Pflanze mit nicht geflügeltem, scharf 4kantigem Stengel. Gegenständige, gestielte Blätter eiförmig-lanzettlich oder herzförmig, doppelt gesägt. Blüten mit schmutzig-brauner Krone, 2lippig, am Grund grünlich, in endständigen, rispenartigen Blütenständen. Wurzel knollenartig verdickt.
**Standort:** Laub-, Misch- und Nadelwälder, Bruch- und Auwälder, Gebüsche, Gräben, Ufer, Kahlschläge. Wächst bevorzugt auf feuchten, lockeren Lehmböden bis in Höhen von 1700 m.
**Verbreitung:** Fast ganz Europa. Kommt in Deutschland verbreitet und meist häufig vor.
**Blütezeit:** Juni und Juli.
**Allgemeines:** Trifft man neben der Knotigen die **Geflügelte Braunwurz** noch zerstreut an, so sind **Frühlings-, Hunds-, Wasser-,** und **Drüsige Braunwurz** ausgesprochene Seltenheiten.
**Inhaltsstoffe:** Steroidderivate (Saponine); Flavonglykoside, Scrophyllarin, Zimtsäure.
**Gebrauch und Wirkung:** Skrofulosemittel (chronische Lymphschwellungen, besonders bei Kindern) und bei Hautausschlägen (z. B. Gesichtsekzeme.
**Zubereitung und Anwendung:** Kraut mit Wurzel *(Radix cum Herba Scrophulariae):* 1 TL als Kaltauszug. HAB: *Scrophularia nodosa* (frische Pflanze). Ein **Lymphtee,** wie man ihn sich vom Apotheker mischen lassen kann:
Fol. Juglandis 20.0 (Walnußblätter)
Hb. Scrophulariae 10.0 (Braunwurzkraut)
Flor. Calendulae 10.0 (Ringelblumenblüten)
Fol. Rosmarini 10.0 (Rosmarinblätter)
Hb. Urticae 20.0 (Brennesselkraut)
Rad. c. Hb. Taraxaci ad 100.0 (Löwenzahnwurzel mit Kraut)
M. f. spec 1 TL/Tasse, 4 Tassen täglich.
**Sammelzeit:** April bis August.

## Isländisches Moos, Islandflechte *(Cetraria islandica)* Abteilung Flechten

**Merkmale:** Nichtblühende, wenige Zentimeter hohe, polsterförmige, langsam wachsende Pflanze. Pflanzenkörper unregelmäßig bäumchenartig verzweigt, starr, graugrün, schuppig, mit bräunlichen, becherförmigen Vermehrungskörpern.
**Standort:** Offene, nicht zu stark beschattete Standorte, Heiden, Moore. Größere Bestände findet man in Mitteleuropa vor allem im Gebirge.
**Verbreitung:** In ganz Europa teilweise häufig, im Süden jedoch nur in höheren Lagen, im Norden bis in die Arktis.
**Allgemeines:** Die Flechten stellen eine Lebensgemeinschaft zwischen Algen und Pilzen dar, wobei die Hauptmasse des Vegetationskörpers durch den Pilz gebildet wird, in den die Algen als Einzelzellen oder als kurze Zellketten eingelagert werden. Diese Lebensgemeinschaft zeichnet sich durch die Bildung besonderer Stoffe und durch große Widerstandsfähigkeit aus.
**Inhaltsstoffe:** Schleim mit 20% Lichenin. 80% Isolichenin; Säuren, Cetrarinin, Usninsäure, Vitamine A und B, Jod, Spurenelemente.
**Gebrauch und Wirkung:** Hustenreizmildernd, schleimlösend bei chronischen und schwer löslichen Katarrhen. Durch den Schleim und die Bitterstoffe ergibt sich auch eine schützende Wirkung bei Magenreizungen; ferner appetitanregend. Äußerlich zu Aknepackungen.
**Zubereitung und Anwendung:** Kraut *(Lichen islandicus):* 1–2 TL als Aufguß. HAB: *Cetraria islandica* (getrocknete Flechte).
**Sammelzeit:** April bis Oktober.

## Acker-Schachtelhalm, Zinnkraut *(Equisetum arvense)* Schachtelhalmgewächse

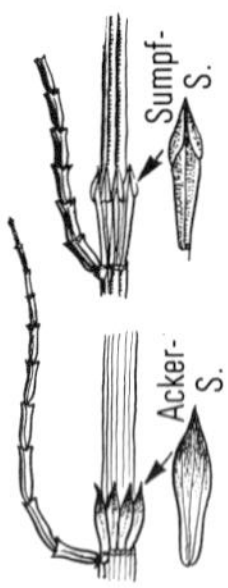


**Merkmale:** Mehrjährige Pflanze; im Frühjahr mit gelbbraunen, gegliederten Sprossen, die unverzweigt sind und eine Sporenähre an der Spitze tragen; im Sommer mit sterilen, grünen Sprossen, die gefurcht und quirlig verzweigt sind, bis 0,5 cm dick und bis 50 cm lang; dreieckig-lanzettliche Zähne der Scheiden halb so lang wie die Scheidenröhre.
**Standort:** Äcker, wo die Pflanze als lästiges Unkraut angesehen wird, Wiesen-, Weg- und Grabenränder, Böschungen, Bahndämme; besonders auf feuchten und lehmigen Böden wachsend.
**Verbreitung:** Ganz Europa. In Deutschland verbreitet und überall häufig.
**Sporenreife:** März und April.
**Allgemeines:** Wegen des hohen Gehaltes an Kieselsäure wird die Pflanze vom Wild und vom Vieh verschmäht. Früher reinigte man Zinngefäße mit ihr **(Scheuer- oder Zinnkraut).** Eine Abkochung aus Acker-Schachtelhalm (grünes Kraut) wird im Garten als Spritzmittel gegen Pilzbefall (z. B. Rost und Mehltau) verwendet.
Der ähnliche **Sumpf-Schachtelhalm** *(E. palustre)* sollte nicht verwendet werden.
**Inhaltsstoffe:** 5% Equisetonin (Saponin), Equisetin, Harze, Fette, Bitterstoffe, ca. 5% Kieselsäure.
**Gebrauch und Wirkung:** Wichtigste Kieselsäuredroge; bei chronischen Bronchitiden und als Hilfsmittel und zur Nachbehandlung von (Lungen-)Tuberkulose; mild wassertreibend und bei Blasenentzündungen; innerlich auch als Bindegewebsmittel; äußerlich als Wundmittel, da blutstillend (Badezusatz).
**Zubereitung und Anwendung:** Kraut *(Herba Equiseti):* 2–3 TL als Kaltauszug und anschließendem 10-minütigem Dekokt; äußerlich (auch Dampfbäder) 3–4 EL. HAB: *Equisetum arvense* (frische Pflanze); Spagyrik.
**Sammelzeit:** Mai bis August.

## Klatsch-Mohn *(Papaver rhoeas)* — Mohngewächse

**Merkmale:** Einjährige, etwas unangenehm riechende Pflanze mit weißem Milchsaft, 30 bis 80 cm hoch werdend. Stengel, Blätter und Blütenstiele anliegend oder abstehend borstig behaart (hinsichtlich der Behaarung sehr veränderlich). Sitzende, tief fiederteilige Blätter mit gezähnten Abschnitten. Einzelne, langgestielte Blüten mit scharlachroten, am Grund oft schwarz gefleckten Kronblättern, die bis 4 cm lang werden; Staubfäden dunkelviolett; scheibenförmige Narbe mit 8–12, häufig 10 Narbenstrahlen, sich gegenseitig mit den Rändern deckend. Verkehrteiförmige, am Grund abgerundete Kapsel, etwa doppelt so lang wie breit.
**Standort:** Früher hauptsächlich auf Äckern, heute mehr auf Schuttplätzen und Ödland sowie an Wegrändern; gern auf nährstoffreichen Lehmböden.
**Verbreitung:** Zerstreut in fast ganz Europa.
**Blütezeit:** Mai bis Juli.
**Inhaltsstoffe:** Alkaloide (Rhoegenin, Rhoeadin), Farbstoff Rhoearubin, Schleim, Anthocyane (keine Opiumalkaloide).
**Gebrauch und Wirkung:** Husten mit Heiserkeit (Pharyngitis), mildes Beruhigungsmittel besonders für Kinder, Farbkorrigens.
**Zubereitung und Anwendung:** Blüten *(Flores Rhoeados)*: 1 TL als Aufguß; auch als Sirup *(Sirupus Rhoeados)*: mehrere TL täglich; Spagyrik.
**Sammelzeit:** April bis August.

## März-Veilchen *(Viola odorata)* — Veilchengewächse

**Merkmale:** Mehrjährige, 5–10 cm hohe Pflanze mit oberirdischen, wurzelnden Ausläufern. Alle Blätter langgestielt, in grundständiger Rosette, fein behaart und unterseits oft glänzend; Blattspreite herz-eiförmig bis rundlich-nierenförmig, am Rand schwach gekerbt; eiförmige, zugespitzte Nebenblätter, meist ganzrandig. Blüten mit dunkelvioletter, selten auch rosa oder weißer Krone und geradem, gleichfarbigem Sporn, stark duftend, weswegen die Pflanze auch **Wohlriechendes Veilchen** genannt wird.
**Standort:** Lichte Wälder und Waldränder, Gebüsche, Hecken, Bachufer, Wegränder; gern auf nährstoffreichen Böden; bis in 1400 m Höhe.
**Verbreitung:** Ursprünglich auf Südeuropa beschränkt, heute in fast ganz Europa zu finden. In Deutschland verbreitet, aber nicht einheimisch, sondern nur verwildert und eingebürgert.
**Blütezeit:** März und April.
**Inhaltsstoffe:** Alkaloid Violin, Saponine, ätherische Öle, Violarutin, Pflanzensäuren, Zucker, Violutosid (Salizylsäuremethylester).
**Gebrauch und Wirkung:** Schleimlösend bei Husten mit starker Schleimbildung und schützend bei trockenem Husten (Bronchitis sicca).
**Zubereitung und Anwendung:** Wurzel *(Rhizoma Violae odoratae)*: 1 TL als Kaltauszug; es kann auch die ganze Pflanze verwendet werden. HAB: *Viola odorata* (frische, blühende Pflanze); Spagyrik.
**Sammelzeit:** März bis April.

## Echter Eibisch *(Althaea officinalis)* ⊗

Malvengewächse

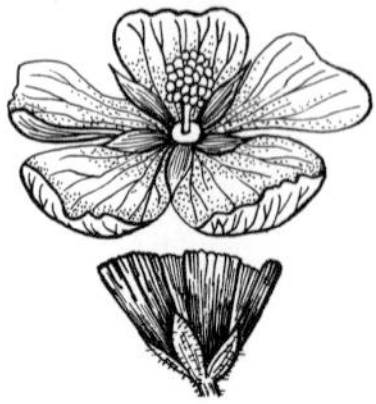

**Merkmale:** Mehrjährige, 60–150 cm hohe Pflanze mit dicht filzig-zottig behaartem Stengel. Blätter 3–5lappig, die oberen eher 3eckig-eiförmig und nur schwach 3–5lappig, am Rand unregelmäßig gezähnt; auf beiden Seiten graugrün und sammetfilzig. Weiße, rötliche oder rotviolette Blüten, 3–5 cm breit, in blattachselständigen, armblütigen Trauben, mit 5–9 am Grund verwachsenen Außenkelchblättern.

**Standort:** Gräben, feuchte Wiesen, vor allem auf salzhaltigen Böden (Salzzeiger).

**Verbreitung:** Hauptsächlich Süd- und Südosteuropa, an den Küsten Westeuropas, an den südlichen Küsten Englands, Irlands und Schwedens sowie vereinzelt auch in Mitteleuropa. In Deutschland selten an der Ostseeküste und an Salzstellen des Binnenlandes, sonst gelegentlich verwildert oder verschleppt.

*Stark gefährdet!*

**Blütezeit:** Juli bis September.

**Inhaltsstoffe:** Schleim (10–20%), ätherisches und fettes Öl, Pektin, Phytosterin, Asparagin, Lezithin, Gerbstoffe, Apfelsäure.

**Gebrauch und Wirkung:** Wegen des Schleimes ein einhüllendes, reizmilderndes Hustenmittel, auch zum Gurgeln geeignet; Schleimhautschutz bei Magenreizungen (ähnelt dem Isländischen Moos in der Wirkung).

**Zubereitung und Anwendung:** Wurzel *(Radix Altheae):* 1–2 TL als Kaltauszug; Blätter und Blüten *(Folia et Flores Altheae):* 1 TL–1 EL als Dekokt (auch zum Gurgeln). HAB: *Althea* (frische Wurzel). Um vor allem den Schleim zu gewinnen, ist der Kaltauszug vorgeschrieben. Der Apotheker hält auch einen Eibischsirup bereit.

**Sammelzeit:** März bis April.

## Wilde Malve *(Malva sylvestris)*

Malvengewächse

**Merkmale:** Zwei- oder mehrjährige, 20 bis 120 cm hohe Pflanze mit niederliegenden Stengeln. Rundliche, 5- bis 7lappige Blätter, am Rand gekerbt. Zu 2–6 in den Blattachseln stehende Blüten mit am Grund dicht gewimperten Kronblättern, die rosaviolett gefärbt sind und (meist 3) dunkle Streifen aufweisen. Sie werden 3–4mal so lang wie der Kelch. Fruchtstiele nicht wie bei der **Weg-Malve** *(M. neglecta)* abwärts gebogen, sondern aufrecht oder abstehend; scharf berandete Teilfrüchte meist behaart.

**Standort:** Wegränder, Schuttplätze, Mauern, Hecken, Zäune, Ödland; gern auf stickstoffreichen Böden; bis in 1800 m Höhe.

**Verbreitung:** Fast ganz Europa, im Norden bis Südskandinavien. In Deutschland verbreitet bis zerstreut, gebietsweise ganz fehlend.

**Blütezeit:** Mai bis September.

**Allgemeines:** Auch **Roßpappel** genannt. Die Beschreibung der **Weg-Malve** steht auf *Seite 132.*

**Inhaltsstoffe:** Malvin (Anthocyanglykosid, färbt sich mit Säuren hellrot, mit Alkalien hellgrün), Gerb- und Schleimstoffe.

**Gebrauch und Wirkung:** Schleim wirkt einhüllend bei Bronchitis und Magen-Darmreizungen, äußerlich bei nässenden Ekzemen.

**Zubereitung und Anwendung:** Blüten *(Flores Malvae):* 1 TL als Kaltauszug. Blätter *(Folia Malvae):* 1 EL als Kaltauszug für äußerliche Anwendungen. HAB: *Malva sylvestris* (frische, blühende Pflanze); Spagyrik.

**Sammelzeit:** Mai bis September.

## Anis *(Pimpinella anisum)*

Doldengewächse

**Merkmale:** Einjährige, feinbehaarte Pflanze mit einer Höhe von 30 bis über 50 cm. Wurzel spindelförmig. Runder, gerillter Stengel, oben ästig. Langgestielte, untere Blätter ungeteilt, rundlich-herzförmig, am Rand gezähnt; Stengelblätter 1- bis 3fach fiederschnittig, nach oben zu immer feiner zerteilt. Gelblichweiße Blüten in 7- bis 15strahligen Blütendolden, meist ohne oder nur mit einem Hüllblatt. Weichhaarige Frucht nach Anis riechend, birnenförmig und graugrün, bis 5 mm lang.
**Standort:** Bei uns nur in Kulturen (Gärten).
**Verbreitung:** Heimat ist das östliche Mittelmeergebiet. Wild wächst der Anis in Ägypten, Syrien, Griechenland und auf Zypern. In anderen Teilen Südeuropas wird er angebaut und kommt gelegentlich auch verwildert vor. In Deutschland hier und da angebaut, selten verwildert, jedoch nur in sehr milden Gegenden, etwa in Weinbaugebieten.
**Blütezeit:** Juli und August.
**Inhaltsstoffe:** Ätherische Öle mit Anethol, fette Öle, Cumarin, Säuren, Cholin.
**Gebrauch und Wirkung:** Entkrampfend bei Blähungen (Brotgewürz); schleimlösend bei Husten; milchbildend bei Müttern; allgemein geschmacksverbessernd in Teemischungen.
**Zubereitung und Anwendung:** Früchte *(Fructus Anisi):* ½ TL als Kaltauszug, kurz aufkochen; ätherisches Öl *(Oleum Anisi aethericum):* 2–3 Tr.; HAB: *Anisum* (reife Früchte); Spagyrik. In Apotheken ist auch Sternanis (aus Asien) erhältlich; Wirkung ist entsprechend. Sehr ähnliche Wirkung wie Fenchel.
**Sammelzeit:** Juli bis September.

## Edelkastanie, Eßkastanie *(Castanea sativa)*

Buchengewächse

**Merkmale:** Bis 20 m hoher Baum mit kräftigem, längsrissigem Stamm. Rinde olivenbraun. Länglich-lanzettliche, lederige Blätter bis 18 cm lang, am Rand dornig gezähnt, mit kräftigen Blattadern. Gelbliche Blüten in aufrechten, 12–20 cm langen Kätzchen, die männlichen sehr zahlreich, die weiblichen nur zu 1–3 am Grund der Kätzchen, mit einem gemeinsamen, schuppenförmigen Fruchtbecher, der zur Reifezeit dicht stachelig ist und mit 2–4 Klappen aufreißt. Glatte, halbkugelige Nüsse, glänzend braun.
**Standort:** Laub- und Bergwälder, an warmen Stellen, auf sauren, kalkarmen Böden und nur in tieferen Lagen.
**Verbreitung:** Südeuropa. Eingebürgert im übrigen Europa außer im Norden. Im Südwesten Deutschlands als Waldbaum vorkommend.
**Blütezeit:** Juni.
**Allgemeines:** Die Edelkastanie wird in der Botanik auch *Castanea vesca* oder *Castanea vulgaris* genannt. Der Grieche Nikandros, der im 2. Jahrhundert v. Chr. gelebt hat, soll zum ersten Mal über sie geschrieben haben. Er erwähnt die thessalische Stadt Kastáneia, nach der, wie Nikandros meint, die Kastanie benannt worden ist. Doch wahrscheinlicher ist, daß die Stadt ihren Namen von der Kastanie bekommen hat, weil solche Bäume hier zahlreich wuchsen.
**Inhaltsstoffe:** Saponine, Ellagengerbstoffe, Pektin.
**Gebrauch und Wirkung:** Leicht krampflösend und auswurffördernd bei Husten, besonders bei Kindern (Reizhusten).
**Zubereitung und Anwendung:** Blätter *(Folia Castaneae):* 2 TL als Kaltauszug; Extrakt: 20 Tr.; HAB: *Castanea vesca* (frische Blätter).
**Sammelzeit:** Mai bis Juni.

## **Gemeines** oder **Echtes Seifenkraut** *(Saponaria officinalis)* — Nelkengewächse

**Merkmale:** Mehrjährige, meist unverzweigte Pflanze mit bis fingerdickem Wurzelstock. Aufrechter, fein flaumiger Stengel, ausläuferbildend, 30–70 cm hoch. Gegenständige, länglich-lanzettliche bis elliptische Blätter, dreinervig und spitz, am Rand rauh, 5–10 cm lang. Große Blüten in dichten, endständigen Büscheln; weiße bis blaßrosafarbene Kronblätter, schwach ausgerandet, am Schlund mit 2 Zähnchen. Blüten schwach duftend.

**Standort:** Straßenränder, Schuttplätze, Hekken, Geröllhalden, Gebüsche, sandige Ufer oder Kiesbänke in Flußtälern, Auwälder, Zäune, Mauern.

**Verbreitung:** Fast ganz Europa. Fehlt in den Alpen, kommt sonst in Deutschland verbreitet bis zerstreut vor, gebietsweise jedoch nur eingebürgert oder eingeschleppt; an Kanälen, Dämmen und Wegrändern sich ausbreitend.

**Blütezeit:** Juni bis September.

**Inhaltsstoffe:** Ca. 5% Saporubin (Saponine), pilzhemmender Wirkstoff, Fett.

**Gebrauch und Wirkung:** Auswurfförderndes Mittel bei Husten, wasser- und schweißtreibend bei Hautkrankheiten.

**Zubereitung und Anwendung:** Wurzel *(Radix Saponaria):* 1 TL als Kaltauszug oder Dekokt. HAB: *Saponaria* (getrocknete Wurzel); Spagyrik. Seifenkraut ist ein gutes Beispiel für die schleimhautreinigende Wirkung der Saponine. *Siehe Seite 166.*

**Sammelzeit:** Mai bis August.

## **Gemeiner Andorn** *(Marrubium vulgare)* Ø — Lippenblütler

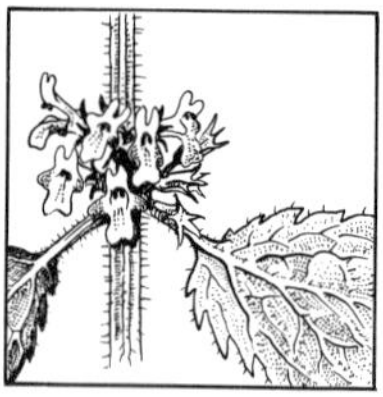

**Merkmale:** Mehrjährige, 30–60 oder auch 80 cm hohe Pflanze mit 4kantigen, weißwolligen Stengeln. Rundliche bis eiförmig-elliptische Blätter, anfangs dicht weiß-wollig, später verkahlend; untere, bis 35 mm lange Bätter langgestielt; nach oben zu werden die Blätter kleiner und die Blattstiele kürzer. Weiße Blüten in dichten Scheinquirlen in den Blattachseln angeordnet; die 10 zurückgekrümmten, hakigen Kelchzähne sind an der Spitze kahl. Ganze Pflanze mit thymianartigem Geruch.

**Standort:** Trockene Hänge und Weiden, Wegränder, magere Wiesen, Ödland, Schuttplätze, Hecken.

**Verbreitung:** Hauptsächlich Süd- und Mitteleuropa, eingebürgert auch in Teilen Nordeuropas. Im Norden Deutschlands fehlend, sonst sehr selten. *Vom Aussterben bedroht!*

**Blütezeit:** Juni bis August.

**Inhaltsstoffe:** Glykosidischer Bitterstoff Marrubin, ätherische Öle, Schleim, Harze, Wachse, Gerbstoffe.

**Gebrauch und Wirkung:** Schleimlösend bei allen Katarrhen; unterstützend bei Asthma; galletreibend und bei Leberleiden; hilft bei Appetitlosigkeit; hormonelle Wirkung auf die Gebärmutter (leicht regelfördernd).

**Zubereitung und Anwendung:** Kraut *(Herba Marrubii):* 1 TL als Kaltauszug. HAB: *Marrubium vulgare* (frische Pflanze); Spagyrik.

**Sammelzeit:** Juni bis September.

## Gelber Hohlzahn *(Galeopsis segetum)* Lippenblütler

**Merkmale:** Einjährige, behaarte Pflanze mit deutlich 4kantigem, an der Basis oft auch rötlich überlaufenem Stengel, 10 bis über 30 cm hoch. Eiförmige bis oval-lanzettliche, gestielte Blätter, am Rand stumpf gezähnt, die oberen drüsig-flaumig. Zu 4–8 in Scheinquirlen angeordnete Blüten mit gelblichweißer, 2–3 cm langer Krone; Unterlippe mit 2 hohlen, zähnchenartigen Höckern und mit rotvioletter Zeichnung versehen.
**Standort:** Kieshalden, Geröll, Steinbrüche, Wegränder, Gebüsch, Äcker, sandige Plätze.
**Verbreitung:** Hauptsächlich westliches Mittel- und Westeuropa, eingebürgert auf den Britischen Inseln. In Deutschland außer im Südosten verbreitet, stellenweise auch häufig.
**Blütezeit:** Juli und August.
**Allgemeines:** Auch unter den Namen **Saat-Hohlzahn** oder **Bleicher Hohlzahn** bekannt.
**Inhaltsstoffe:** 5–10% Mineralsalze mit löslicher Kieselsäure; Phytosterin, Fett, Gerbstoff, Pektin, Saponin.
**Gebrauch und Wirkung:** Kieselsäuredroge zur Behandlung von chronischen Atemwegserkrankungen; Milzmittel; bei Blutarmut (weist ähnliche Mineralstoffzusammensetzung wie das Blut auf).
**Zubereitung und Anwendung:** Kraut *(Herba Galeopsis)*: 2 TL als Kaltauszug oder Dekokt. HAB: *Galeopsis* (frische, blühende Pflanze); Spagyrik.
**Sammelzeit:** Juli bis August.

## Salbei-Gamander, Wald-Gamander *(Teucrium scorodonia)* Lippenblütler

**Merkmale:** Mehrjährige, 30 bis 70 cm hohe Pflanze mit Bodenausläufern, unangenehm riechend. Gestielte, runzelige und auf beiden Seiten kurz weich-wollig behaarte Blätter, salbeiähnlich (Name), eiförmig mit herzförmigem Grund, am Rand gekerbt, 3 bis 7 cm lang. Grünlichgelbe Blüten in einseitswendigen Scheinähren angeordnet; helmförmiger Kelch 2lippig, mit breit rundlicher, einfacher Oberlippe und 4teiliger Unterlippe.
**Standort:** Wälder (Eiche, Kiefer), Waldränder, Lichtungen, Dickichte, Heiden; kalkmeidend; im Schwarzwald bis in 1400 m Höhe.
**Verbreitung:** Hauptsächlich Mittel- und Westeuropa, im Norden bis Südskandinavien, im Süden bis Jugoslawien, Oberitalien und Südfrankreich. In Deutschland verbreitet und meist häufig, im Norden zerstreut.
**Blütezeit:** Juli bis September.
**Inhaltsstoffe:** Ätherisches Öl, Scorodin und Marrubiin (Bitterstoffe), Ursol- und Rosmarinsäure, Kaempferolflavone, Cholin und Saponin.
**Gebrauch und Wirkung:** Unterstützend und zur Nachbehandlung bei Tuberkulose (besonders Hoden und Knochen), auswurffördernd bei chronischer Bronchitis (besonders bei Alterslеiden); chronischer Schnupfen.
**Zubereitung und Anwendung:** Kraut *(Herba Teucrii scorodoniae)*: 1 TL als Kaltauszug. HAB: *Teucrium scorodonia* (frisches, blühendes Kraut); ähnlich Lauch-Gamander *(Teucrium scordium)*: Kraut *(Herba scordii)*: 1 TL als Kaltauszug. HAB: *Scordium* (frisches, blühendes Kraut); Spagyrik.
**Sammelzeit:** Juni bis September.

## Quendel, Feld-Thymian *(Thymus serpyllum)* ⌀ — Lippenblütler

**Merkmale:** Außerordentlich formenreiche Sammelart. Mehrjährige, 5 bis 30 cm hohe Pflanze mit niederliegenden bis aufsteigenden, oft wurzelnden Stengeln, am Grund manchmal etwas verholzt. Kreuz-gegenständige, flache Blätter verkehrteiförmig bis linear-elliptisch, im Gegensatz zum kultivierten **Garten-Thymian** unterseits nicht weißfilzig. Rosarote bis rotviolette Blüten an den Enden der Stengel und in den Blattachseln in kugeligen Köpfchen oder kurzen Ähren angeordnet. Ganze Pflanze, besonders Blüten und zerriebene Blätter strömen einen starken, angenehm würzigen Duft aus.
**Standort:** Wegränder, Böschungen, Steppenheiden, Trockenrasen, Triften, Matten, lichte Wälder; gern auf Sandböden; bis 2500 m.
**Verbreitung:** Ganz Europa. Kommt in Deutschland verbreitet, z. T. auch häufig vor *(steht trotzdem auf der Roten Liste der gefährdeten Arten).*
**Blütezeit:** Mai bis Oktober.
**Inhaltsstoffe:** Ätherische Öle mit p-Cymol, Thymol, Pinene, Carvacrol; Gerbstoffe, Flavone.
**Gebrauch und Wirkung:** Mild auswurffördernd bei Husten; magenstärkend; äußerlich zu durchblutungsfördernden und allgemein kräftigenden Bädern (besonders für erkältete und schwächliche Kinder). Garten-Thymian *(siehe Seite 262)* wirkt sehr ähnlich, aber stärker.
**Zubereitung und Anwendung:** Kraut *(Herba Serpylli):* ½–1 TL als Aufguß. HAB: *Thymus serpyllum* (frisches, blühendes Kraut); Spagyrik.
**Sammelzeit:** Mai bis September.

## Großblütige Königskerze *(Verbascum densiflorum)* — Rachenblütler

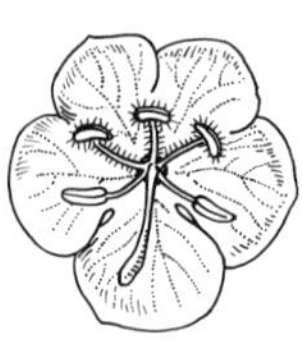

**Merkmale:** Zweijährige, 30–200 cm hohe Pflanze mit derbem, wollig behaartem Stengel. Gelbgrüne, eiländliche Blätter, am Rand kleingekerbt, bis zum nächstunteren Blatt jeweils herablaufend, beiderseits wollig behaart. Wohlriechende Blüten im Durchmesser 3,5–5,5 cm groß (Name), in Büscheln zu 2–5 eine lange, drüsig behaarte Traube bildend.
**Standort:** Schuttplätze, Wegränder, Kiesgruben, Bahndämme, Waldränder, Kahlschläge; gern an sonnigen, warmen Stellen, auf steinigem, stickstoffhaltigem Boden; bis in 1000 m Höhe.
**Verbreitung:** Mittel- und Südeuropa. Kommt in Deutschland überwiegend verbreitet bis zerstreut vor, im Norden selten.
**Blütezeit:** Juli bis September.
**Allgemeines:** Wegen ihrer Behaarung werden die Arten der Gattung Königskerze häufig auch **Wollblumen** oder **Wollkraut** genannt.
**Inhaltsstoffe:** Xanthophylle, Hesperidin, ätherische Öle in Spuren, Saponine, Bitterstoffe, Invertzucker, Schleimstoffe, glykosidische gelbe Farbstoffe (z. B. Crocetin).
**Gebrauch und Wirkung:** Schleimlösend und auswurffördernd bei Katarrhen der oberen Luftwege (besonders im Zusammenhang mit neuralgischen Schmerzen); bei Husten mit Heiserkeit (Kehlkopf-Katarrhen). Die Königskerze kombiniert die Wirkung ihrer Schleimstoffe (einhüllend und schützend) mit der reinigenden und auswurffördernden der Saponine. Besonders geeignet bei chronischen Katarrhen.
**Zubereitung und Anwendung:** Blüten *(Flores Verbasci):* 1–3 TL als Kaltauszug. HAB: *Verbascum* (frisches Kraut).
**Sammelzeit:** Juni bis August.

## Echter Alant *(Inula helenium)* — Köpfchenblütler

**Merkmale:** Mehrjährige, kräftige Pflanze mit knollig verdicktem Wurzelstock, 60 bis 200 cm hoch. Steif aufrechter, gefurchter Stengel, zottig behaart, nur oberwärts verzweigt. Ei-herzförmige, fein gesägte Blätter auf der Unterseite graufilzig, die unteren lang gestielt, die oberen stengelumfassend. Einzeln stehende oder in lockerer Doldentraube angeordnete Blütenköpfe im Durchmesser 6–7 cm breit, mit zahlreichen, schmalen, gelben Zungenblüten; innere, spatelige Hüllblätter an der Spitze verbreitert. Frucht stark 4rippig.
**Standort:** Wiesen, Wälder, Hecken, Ufergebüsch, Zäune; gern auf feuchten Böden.
**Verbreitung:** Heimat ist das Mittelmeergebiet. Außer in Südeuropa inzwischen auch in Mittel- und Westeuropa eingebürgert. In Deutschland stellenweise verwildert und selten eingebürgert. Kultursorten werden im Garten angebaut. Die großen Blüten locken Bienen und zahlreiche Falterarten an.
**Blütezeit:** Juli bis September.
**Inhaltsstoffe:** Ätherische Öle, 20–40% Inulin (lateinischer Name!), Helianthenin, Harze, Pektine, Phytomelane, Sitosterinderivate.
**Gebrauch und Wirkung:** Hustenreizstillend und auswurffördernd; Hilfsmittel bei Asthma; bei chronischer Magen-Darmreizung; Menstruationsstörungen (schmerzhafte oder ausbleibende Periode); Hilfsmittel bei Diabetes.
**Zubereitung und Anwendung:** Wurzelstock *(Rhizoma Helenii)*: 1 TL als Kaltauszug; Extrakt: 10 Tr. HAB: *Inula helenium* (frische Wurzel); Spagyrik.
**Sammelzeit:** März bis Mai, September bis Oktober.

## Gemeine Osterluzei *(Aristolochia clematitis)* — Osterluzeigewächse

**Merkmale:** Mehrjährige, 30–70 cm hohe Pflanze mit aufrechtem, manchmal hin und her gebogenem aber nicht windendem Stengel, der unverzweigt ist. Rundliche, am Grund tief herzförmige Blätter, langgestielt, zwischen 6 und 12 cm lang. Schwefelgelbe Blüten, unregelmäßig trichterig; Blütenröhren oben zu einer eiförmigen Zunge verbreitert, unten bauchig; zur Blütezeit aufrecht stehend, später herabgeneigt; angeordnet zu 2–8, achselständig in doldenähnlichen Wickeln. Birnenförmige Frucht hängend. Pflanze unangenehm riechend.
**Standort:** Weinberge, Weg- und Straßenränder, Gebüsche, Zäune, Mauern, feuchte Wälder, Auwälder, nur in warmen Gegenden.
**Verbreitung:** Heimat ist Südeuropa. Inzwischen in Mitteleuropa vielerorts verwildert oder eingebürgert, aber insgesamt *ziemlich selten* und deshalb bei uns *schutzbedürftig!*.
**Blütezeit:** Mai und Juni, oft auch später.
**Inhaltsstoffe:** Aristolochiasäuren, ätherische Öle, Harz, Gerb- und Bitterstoffe.
**Gebrauch und Wirkung:** Wichtiges Frauentonikum bei zu schwacher Menstruation und allgemeinen Regelstörungen; darf **nicht** während einer Schwangerschaft eingenommen werden! Gutes Wundheilmittel; innerliche und äußerliche Anwendung bei Venenentzündungen, offenen Beinen, Eiterungen, Fisteln; allgemein abwehrsteigernd (durch Steigerung der Phagozytose = Freßtätigkeit der Freßzellen, die Fremdkörper, Mikroben und Zellen aufnehmen und verdauen können).
**Zubereitung und Anwendung:** Kraut *(Herba Aristolochiae)*: 1 TL als Aufguß, für die äußerliche Anwendung nimmt man 1 EL; auch Wurzel *(Radix Aristolochiae)*: kurze Abkochung. Die Pflanze ist kürzlich (1981) bei uns vom Gesetzgeber aus den Apotheken verbannt worden.
**Sammelzeit:** Mai bis September.

## **Eisenkraut** *(Verbena officinalis)*

Eisenkrautgewächse

**Merkmale:** Einjährige, 30–80 cm hohe Pflanze mit 4kantigem Stengel und fast blattlosen Ästen; unten verholzend. Gegenständige, lanzettliche Blätter, grob gekerbt bis fiederspaltig, die mittleren 3spaltig mit großem Endlappen, am Rand und auf den Nerven rauh behaart. Kleine, blaßlila Blüten mit schwach 2lippiger Krone, bis 5 mm breit; angeordnet in rutenförmigen, dicht drüsigen Ähren, die zur Fruchtzeit zwischen10 und 25 cm messen. 4 rotbraune Teilfrüchte.

**Standort:** Wegränder, Schuttplätze, Ufer, Weiden; gern auf stickstoffhaltigen Böden, auch auf Silikatmagerrasen; bis in 1100 m Höhe.

**Verbreitung:** Fast ganz Europa, eingebürgert in Skandinavien. Kommt zwar in ganz Deutschland vor, jedoch nur zerstreut bis selten und gebietsweise fehlend; z. T. nur eingeschleppt.

**Blütezeit:** Juli und August.

**Allgemeines:** Einst sprach man dem Eisenkraut Zauberkräfte zu. Die Pflanze sollte vor Verletzungen mit eisernen Waffen schützen. Krieger trugen sie deshalb unter ihrem Harnisch in der Feldschlacht.

**Inhaltsstoffe:** Bitterstoff, ein Eisen grünender Gerbstoff, Verbenalin, Invertin, Emulsin, Schleim.

**Gebrauch und Wirkung:** Menstruationsfördernd bei zu schwacher Blutung; milchbildend; ferner generell kräftigend bei Schwächezuständen, nach Krankheiten, Anämie; unterstützend bei Hautkrankheiten; bei Epilepsie.

**Zubereitung und Anwendung:** Kraut *(Herba Verbenae)*: 1 TL als Kaltauszug. HAB: *Verbena officinalis* (frisches, blühendes Kraut); Spagyrik.

**Sammelzeit:** Juni bis Juli.

## **Rosmarin** *(Rosmarinus officinalis)*

Lippenblütler

**Merkmale:** Dichter und reichverzweigter Strauch, immergrün, 30–150 cm hoch, stark duftend. Sitzende, linealische Blätter am Rand nach unten umgeschlagen, auf der Oberseite glänzend kräftig grün, auf der Unterseite weißfilzig behaart, 1–3,5 cm lang. Blaßblaue bis hellilafarbene Blüten mit 2lippiger Krone; Staubblätter und Griffel lang herausragend; Krone länger als der Kelch. Veränderliche Art.

**Standort:** Hauptsächlich in der Macchie anzutreffen, außerdem an anderen trockenen, steinigen und buschigen Stellen, vor allem in Küstennähe, sowie an Felsen und Trockenhängen.

**Verbreitung:** Mittelmeergebiet. Eingebürgert in nördlichen Gebieten Südeuropas. Da der Rosmarin nicht winterhart ist, scheitern Einbürgerungen oder Kultivierungen in Mitteleuropa, außer an günstigen Stellen in Österreich und der Schweiz.

**Blütezeit:** Das ganze Jahr hindurch.

**Inhaltsstoffe:** Ätherische Öle mit ca. 25% Cineol, 15% Borneol, 8% Campher und anderen Borneolestern, Terpenen, Terpeneol; 8% Gerbstoffe, Flavone, Saponine, Säuren, Sitosterin, Betulin.

**Gebrauch und Wirkung:** »Erwärmendes Mittel«: innerlich und äußerlich als Nerven- und Gefäßtonikum bei Durchblutungsstörungen (chronisch kalten Händen und Füßen), auch im Alter; zu schwache und schmerzhafte Menstruation (auch als Sitzbad).

**Zubereitung und Anwendung:** Blätter *(Folia Rosmarini)*: 1 TL als Aufguß; ätherisches Öl *(Oleum Rosmarini aethericum)*: 3 Tr. innerlich, 30–50 Tr. ins Vollbad, 10%ig für Einreibungen. HAB: *Rosmarinus officinalis* (getrocknete Blätter); Spagyrik.

**Sammelzeit:** Mai bis August.

## Gemeiner Dost *(Origanum vulgare)* — Lippenblütler

**Merkmale:** Mehrjährige, 20–60 cm hohe Pflanze, herb aromatisch riechend. Aufrechter, rundlicher Stengel, behaart. Kurz gestielte, eiförmige Blätter, kreuzgegenständig, ganzrandig oder auch schwach gezähnt, drüsig punktiert. Purpurrote bis rosafarbene, selten auch weiße Blüten in langgestielten, seiten- oder endständigen Rispen oder Doldenrispen. Man unterscheidet 2 Unterarten, von denen sich der kultivierte **Winter-Majoran** *(O. prismaticum)* durch einen im Umriß lang pyramidenförmigen Blütenstand auszeichnet, der bei der wildwachsenden Unterart mehr oder weniger kugelig und dichtblütiger ist.
**Standort:** Wildwachsend an sonnigen Waldrändern und in Gebüschen, in lichten Kiefern- und Eichenwäldern, auf Trockenrasen, an Böschungen.
**Verbreitung:** Fast ganz Europa. In Deutschland verbreitet, im Nordwesten fehlend.
**Blütezeit:** Juli bis September.
**Inhaltsstoffe:** Ätherische Öle (0,1–0,4%) mit Monoterpenkohlenwasserstoffen, Thymol, Gerb- und Bitterstoffe.
**Gebrauch und Wirkung:** Krampflösend bei Störungen der Menstruation und Überreizungen wie Nymphomanie (krankhaft gesteigerter Geschlechtstrieb bei der Frau), Onanie (Selbstbefriedigung); generell stärkend und aufbauend; magenstärkend und blähungswidrig.
**Zubereitung und Anwendung:** Kraut *(Herba Origani)*: 1 TL als Aufguß. HAB: *Origanum vulgare* (frisches, blühendes Kraut); Spagyrik.
**Sammelzeit:** Juli bis September.

## Gnadenkraut *(Gratiola officinalis)* ⌀ — Rachenblütler

**Merkmale:** Mehrjährige, kahle Pflanze, 15–40 cm hoch. Kreuzgegenständige, sitzende Blätter, lanzettlich-spitz, am Rand kurz aber scharf gesägt, 3- oder 5nervig. Einzelne, langgestielte Blüten mit weißlicher Krone, diese rötlich geadert oder mit rötlichem Saum, Kronröhre gelblich, 1 cm lang. Blüten in den Blattachseln stehend; Kelchzipfel linealisch.
**Standort:** Feuchte Wiesen, Ufer und Gräben, Röhricht stehender oder langsam fließender Gewässer, Sümpfe, Tümpel; gern auf schlammigen Böden; hauptsächlich in der Ebene.
**Verbreitung:** In weiten Teilen Europas, außer in Nordeuropa und auf den Britischen Inseln. Ist *in Deutschland sehr selten* geworden und nur noch an wenigen Stellen zu finden. Weiterhin abnehmend und *vom Aussterben bedroht!*
**Blütezeit:** Juni bis August.
**Allgemeines:** Auch **Allerheiligenkraut** genannt.
**Inhaltsstoffe:** Glykoside: Gratiotoxin, Gratiosid, Gratiolon; ätherische Öle, Bitterstoffe, Gerbsäure, Harze und Saponine.
**Gebrauch und Wirkung:** Menstruationsfördernd bei schwacher und ausbleibender Periode (mit Arzt abklären!); durch die abführende Wirkung auch Beeinflussung von alten Hautausschlägen möglich.
**Zubereitung und Anwendung:** Kraut *(Herba Gratiolae)*: 1 Messerspitze bis ½ TL als Aufguß; bei Überschreiten dieser Dosis ist Erbrechen möglich. HAB: *Gratiola* (frisches Kraut); Spagyrik. Das Gnadenkraut (Name!) gilt als eines der wirksamsten regelfördernden Mittel; die Einhaltung der Dosis ist aber wichtig.
**Sammelzeit:** Mai bis Juli.

## Gemeiner Wolfstrapp *(Lycopus europaeus)*

Lippenblütler

**Merkmale:** Mehrjährige, 20–100 cm hohe Pflanze mit langen, unterirdischen Ausläufern. Stengel ästig, seltener unverzweigt. Breit-lanzettliche bis elliptische Blätter am Grund fiederspaltig, bis 4 cm breit und bis 10 cm lang, am Rand gesägt bis tief gezähnt. Blüten scheinquirlig in den Achseln der oberen Blätter angeordnet; Blütenkrone weiß; Kelchzähne länger als Kelchröhre.

**Standort:** Ufer (daher auch **Ufer-Wolfstrapp** genannt), Gräben, Bäche, Teiche, Erlenbruchwälder, Riedgrasbestände, Röhricht und andere sumpfige und schlammige Stellen; gern auf zeitweise überschwemmten Böden, die sonst recht unterschiedlich sein können; bis 1100 m Höhe.

**Verbreitung:** Fast ganz Europa. Kommt in Deutschland verbreitet und ziemlich häufig vor, in höheren Lagen aber seltener oder fehlend.

**Blütezeit:** Juli bis September.

**Inhaltsstoffe:** Glykosid Lycopin, ätherisches Öl, Gerbsäure, Gallussäure.

**Gebrauch und Wirkung:** Schilddrüsenwirksamkeit; der Jodumsatz und die Thyroxinausschüttung (ein Schilddrüsenhormon) werden auf natürliche Weise herabgesetzt bei (abgeklärten!) Schilddrüsenüberfunktionen und daraus herrührenden Beschwerden wie Herzklopfen, Schwitzen und allgemeiner Unruhe.

**Zubereitung und Anwendung:** Ganze Pflanze, Blätter sind stärker wirksam als die Wurzel, *(Herba Lycopi europaei)*: 1 TL als Aufguß. Nur frisches Kraut ist wirksam! HAB: *Lycopus europaeus* (frisches, blühendes Kraut); ebenso wird der **Virginische Wolfsfuß** verwendet. HAB: *Lycopus virginicus* (frische, blühende Pflanze); Spagyrik. Ein pflanzliches Mittel bei Schilddrüsenüberfunktion: Mutellon/Dr. Klein.

**Sammelzeit:** Juli bis September.

## Blasentang *(Fucus vesiculosus)*

Braunalgen

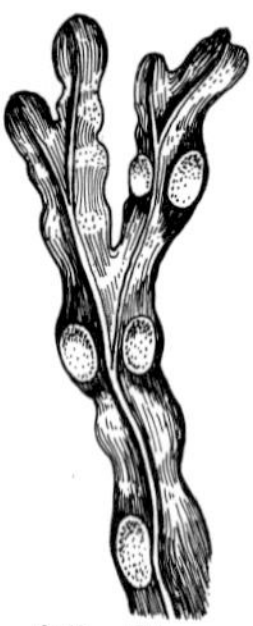

**Merkmale:** Nichtblühender, olivgrüner, lederartiger Meerestang. Mit einer Haftscheibe festsitzender, flacher, von einer Mittelrippe durchzogener, gabelig verzweigter, wenige Zentimeter breiter und bis 1 m langer, buschiger Vegetationskörper. Neben der Mittelrippe paarweise in einigermaßen regelmäßigen Abständen etwa bohnenförmige, mit Luft gefüllte Blasen, die dem Tang im Wasser Auftrieb geben. Am Ende der Zweige stehen keulige, pustelig gezeichnete Verdickungen, welche die mikroskopisch kleinen Fortpflanzungsorgane der Alge enthalten.

**Standort:** Auf Felsen in der Gezeitenzone, häufig losgerissen und an den Küsten angeschwemmt.

**Verbreitung:** In der Nord- und der Ostsee wie überhaupt im Nordatlantik verbreitet, im Mittelmeer fehlend.

**Allgemeines:** Pflanze ist sehr jodreich.

**Inhaltsstoffe:** Jodid- und Bromid- u. a. Salze; das Jod liegt in organischen Verbindungen vor und ist viel besser verwertbar als anorganische Verbindungen; der Gehalt schwankt: Nordsee 0,1%, Ostsee 0,04%; ferner Alginsäure, Fucoidan, Fucosterin, Laminaran, Karotinoide.

**Gebrauch und Wirkung:** Kropfbildung und Fettleibigkeit bei Unterfunktion der Schilddrüse (Abklärung der Krankheit ist wichtig!); unterstützend bei Arterienverkalkung; ferner bei Myxödem (eine Folgekrankheit bei Schilddrüsenunterfunktion).

**Zubereitung und Anwendung:** Die ganze Pflanze *(Fucus vesiculosus)*: 1 TL kurz aufkochen. HAB: *Fucus vesiculosus* (getrockneter Blasentang); Spagyrik.

# ANHANG HEILPFLANZEN

## Indikationen für Beeren- und Wildgemüsepflanzen

*Die Darstellung der Beeren und Wildgemüse enthielt Arten, die auch als Heilpflanzen anzusprechen sind. Um eine doppelte Bebilderung zu vermeiden, wurden diese Arten nicht noch einmal im Heilpflanzenteil aufgeführt. Angaben über Inhalt und Wirkung dieser Pflanzen stehen im folgenden ohne botanische Beschreibung und ohne Foto; sie können auf den entsprechenden Seiten nachgeschlagen werden. Die Einteilung in Wirkungsgruppen entspricht der im Artenteil der Heilpflanzen mit den zusätzlichen Abteilungen Va Bauchspeicheldrüse (Pankreas) und XIV Abwehrsteigerung.*

*III Magenstärkende und -beruhigende Pflanzen*

### Bären-Lauch *(Allium ursinum)*

Siehe Seite 64
**Inhaltsstoffe:** Ätherisches Öl mit Schwefelverbindungen, ein Glykosid und reichlich Vitamin C.
**Gebrauch und Wirkung:** Ähnelt sehr dem Knoblauch: darmreinigende Wirkung bei Gärungsdurchfällen, wirksam bei Darmreizungen, bei Wurmbefall und bei Vitamin-C-Mangelkrankheiten.
**Zubereitung und Anwendung:** Frische Bärlauchblätter als Salatergänzung, Frischsaft mit Buttermilch, mehrere TL–EL pro Tag. HAB: *Allium ursinum*; Spagyrik.
Die Küchenzwiebel *(Allium cena)* regt in kleinen Dosen die Darmperistaltik (Darmeigenbewegung) an, hemmt sie aber beim Verzehr größerer Mengen.

### Echter Wermut *(Artemisia absinthium)*

Siehe Seite 136
**Inhaltsstoffe:** Ätherisches Öl mit Thujol, Absinthol, Azulen; Absinthin (Bitterstoffgemisch), Flavone, Lactone, Harze, Gerbsäuren und Vitamin C.
**Gebrauch und Wirkung:** Bei untersäuertem Magen, Appetitlosigkeit, Gallenmittel, z. B. bei Beschwerden nach der Gallenoperation, Blähungen und Blähungskrämpfen.
**Zubereitung und Anwendung:** Ganze Pflanze *(Herba Absinthii)*: ½–1 TL als Aufguß, vor den Mahlzeiten 1 Tasse; *Oleum Absinthii aethericum*: 5 Tr. vor den Mahlzeiten. HAB: *Absinthium* (frische Blüten und Blätter); Spagyrik.
**Sammelzeit:** Mai bis August.

*IV Blähungswirksame, entkrampfende und abführende Pflanzen*

### Himbeere *(Rubus idaeus)*

Siehe Seite 16 und Bilder rechts
**Inhaltsstoffe:** Blätter: Gerbstoffe, Flavone, Vitamin C (800 mg %), Zucker und Schleim.
**Gebrauch und Wirkung:** Adstringierendes (zusammenziehendes) Mittel bei Durchfall und zur Wundbehandlung.
**Zubereitung und Anwendung:** Blätter *(Folia Rubi idaei)*: 1 EL als Kaltauszug. (Ebenso: Brombeerblätter = *Folia Rubi fruticosi*). Fermentiert gelten beide Blattarten als geschmackvoller Schwarztee-Ersatz.
**Sammelzeit:** Mai bis August.

### Purgier-Kreuzdorn *(Rhamnus cathartica)*

Siehe Seite 54
**Inhaltsstoffe:** Anthrachinonglykoside, Frangulin, Flavone, Gerb- und Bitterstoffe, Saponine, Enzyme, Emodin.
**Gebrauch und Wirkung:** Bei Verstopfung, besonders im Kindesalter (milde Wirkung, kann deshalb im Gegensatz zu Sennesblättern länger angewandt werden).

**Zubereitung und Anwendung:** Vorsicht bei frischen Beeren. Schon 20 Stück können Durchfall mit Erbrechen erzeugen. Beeren bzw. Früchte *(Fructus Rhamni catharticae rec.):* 2 TL als Kaltauszug, danach kurz aufkochen; *Sirup (Sirupus Rhamni catharticae):* 1 TL für Kinder, Erwachsene 2 EL. HAB: *Rhamnus cathartica* (frische Beeren); Spagyrik.
**Sammelzeit:** August bis Oktober.

## Faulbaum *(Rhamnus frangula)*

Siehe Seite 54

**Inhaltsstoffe:** Frangulin (entsteht durch mindestens einjährige Lagerung der Rinde aus Glucofrangulinen), Physicion, Chrysophanol, Alkaloide und Gerbstoffe.
**Gebrauch und Wirkung:** Chronische Verstopfung, besonders bei Erschlaffung des Darmes, aber auch bei Verkrampfung (spastische Obstipation). Frische Rinde erregt Brechreiz. Allgemein sollten Abführmittel höchstens einige Wochen gebraucht werden, da sich sonst die Darmsituation ständig verschlechtert.
**Zubereitung und Anwendung:** (einjährig gelagerte) Rinde *(Cortex Frangulae):* 1–2 TL als Kaltauszug, danach kurz aufkochen; *Auszug (Extract Frangulae):* mittags und abends 20 Tr. HAB: *Frangula* (frische Rinde); Spagyrik.
**Sammelzeit:** April bis Juni.

## Echte Nelkenwurz *(Geum urbanum)*

Siehe Seite 96

**Inhaltsstoffe:** Eugenol, ätherisches Öl (nur in der trockenen Wurzel), 30% Gerbstoffe, Bitterstoffe, Harze, Zucker.
**Gebrauch und Wirkung:** *Tonikum amarum* (siehe Angelika S. 174) mit Wirkung bei Durchfall durch den hohen Gerbstoffanteil; Nelkenöl bei Zahnfleisch- und Mundschleimhautentzündung sowie bei Zahnschmerzen zur vorübergehenden Linderung.
**Zubereitung und Anwendung:** Wurzel mit Kraut *(Radix cum Herba Gei urbani oder Carophyllatae):* 1 TL als Kaltauszug; Nelkenöl

*Links: Himbeer-, rechts: Brombeerblätter*

*(Oleum Caryphyllatae aethericum)*: 4–8 Tr. mit 1 EL Wasser verdünnt, bei Zahnschmerzen unverdünnt. HAB: *Geum urbanum* (getrocknete Wurzel); Spagyrik.
**Sammelzeit**: März bis August.

## Fenchel *(Foeniculum vulgare)*

Siehe Seite 110
**Inhaltsstoffe**: Ätherisches Öl (ca. 5%), besteht zu ca. 50% aus Anethol, Fenchon, Terpenen; fettes Öl, Stärke, Zucker.
**Gebrauch und Wirkung**: Blähungswidrig, entkrampfend bei Bauchkrämpfen (besonders bei Kindern); schleimlösend und reizmildernd bei Husten; milchbildend (Laktagogum); äußerlich bei Augenbindehautentzündungen und Ermüdbarkeit der Augen (Augenbäder).
**Zubereitung und Anwendung**: Samen *(Fructus Foeniculi)*: frisch gemahlen 1 TL als Aufguß; Öl *(Oleum Foeniculi aethericum)*: etwa 3 Tr.; für Kinder eignet sich Fenchelhonig *(Mel Foeniculi)*: teelöffelweise einnehmen. Fenchel ist Anis in seiner Wirkung sehr ähnlich und gut zu kombinieren. HAB: *Foeniculum* (reife Samen); Spagyrik.
**Sammelzeit**: Juli bis August.

*Va Pflanzen bei Zuckerkrankheit*

## Heidelbeere *(Vaccinium myrtillus)*

Siehe Seite 40
**Inhaltsstoffe**: Früchte: 7% Gerbstoffe, Zukker, Apfel- und Zitronensäure, 12% Pektin, getrocknete Früchte enthalten 30% Invertzucker (ein Gemisch von gleichen Anteilen Trauben- und Fruchtzucker). Blätter: 8% Gerbstoffe, Flavone, Säuren (Kaffeesäure), Quercetin und Glykoside. Frische Blätter enthalten Myrtillin.
**Gebrauch und Wirkung**: Getrocknete Früchte: Durchfallmittel; frische Früchte *erzeugen Durchfall!* Frische Blätter: Hilfsmittel bei Diabetes mellitus, innerliche Einnahme (Vorsicht! Bei längerem Gebrauch besteht Gefahr von Hydrochinonvergiftung); *äußerlich*: Adstringens (zusammenziehendes Mittel) bei Ekzemen und Mundschleimhautentzündungen.

*Links oben: Fenchel-, unten: Heidelbeerblätter*

**Zubereitung und Anwendung:** Früchte *(Fructus Myrtilli):* mehrere TL täglich kauen oder im Mörser zerstoßen und aufkochen, Blätter: *(Folia Myrtilli):* 1 EL als Abkochung äußerlich und innerlich. HAB: *Vaccinum myrtillus* (frische, reife Beeren); auch: *Myrtillus e folia* (aus frischen Blättern); Spagyrik.
**Sammelzeit:** Juli bis September.

---

## Geißraute *(Galega officinalis)*

---

Siehe Seite 100
**Inhaltsstoffe:** Galeqin, Peganin, Galuteolin u. a. Flavonglykoside, Gerb- und Bitterstoffe, Saponine, fette Öle.
**Gebrauch und Wirkung:** Hilfsmittel zur Unterstützung bei Zuckerkrankheit; ferner deutliche Verbesserung der Milchbildung bei Müttern.
**Zubereitung und Anwendung:** Kraut *(Herba Galega):* 1 TL als Kaltauszug. HAB: *Galega officinalis* (frisches Kraut); Spagyrik.
**Sammelzeit:** Juni bis Juli.

---

## Wegwarte *(Cichorium intybus)*

---

Siehe Seite 144
**Inhaltsstoffe:** Frische Wurzel: ca. 12% Inulin, Intybin, Gerbsäure, fette und ätherische Öle, Harze, Pektine, Cholin.
**Gebrauch und Wirkung:** Galletreibend bei Gallenstau, Gallensteinen; unterstützend bei Diabetes mellitus (Zuckerkrankheit); wegen der Bitterstoffe auch magenstärkend.
**Zubereitung und Anwendung:** Frische Wurzel *(Radix Cichorii):* ½ TL kurz aufkochen. HAB: *Cichorium intybus* (frische Wurzel); Spagyrik.
**Sammelzeit:** Mai bis Juni, September bis Oktober.

---

## Löwenzahn *(Taraxacum officinale)*

---

Siehe Seite 158
**Inhaltsstoffe:** Taraxacin (am meisten im September), Taraxanthin, Laevulin (am meisten im Oktober) und andere Carotinoide, Cholin, Stärke (verwandelt sich bei längerer Lagerung in Fruchtzucker), Saponin, Wachs, Eiweiß, Zukker, Inulin (am meisten im August); Blätter enthalten viele Vitamine, Kieselsäure und Spurenelemente.
**Gebrauch und Wirkung:** Gallebildend und gallenflußfördernd (cholagoge und choleretische Wirkung); wichtiges Rheumamittel (längere Einnahme erforderlich), da Löwenzahn neben der Wirkung auf die Leber und Galle auch die Niere anregt (franz. Name: pissenlit); Hilfsmittel bei Zuckerkrankheit (Inulin).
**Zubereitung und Anwendung:** Wurzel mit Kraut *(Radix cum Herba Taraxaei):* 1 TL als Kaltauszug; *Extrakt:* 10–20 Tr. HAB: *Taraxacum* (frische Pflanze); Spagyrik.
**Sammelzeit:** April bis Oktober.

*VI Nieren-Blasen-wirksame Pflanzen*

---

## Bärentraube *(Arctostaphylos uva-ursi)*

---

Siehe Seite 26

**Inhaltsstoffe:** Ca. 10% Arbutin, 30% Gerbstoffe, ätherisches Öl, Harz, Quercitrin, Phenole.
**Gebrauch und Wirkung:** Blasendesinfiziens (-entkeimungsmittel) bei akuter Entzündung der unteren Harnwege (der Harn muß alkalisch sein, sonst bleibt die Wirkung aus; *siehe Seite 275.*)
**Zubereitung und Anwendung:** Blätter *(Folia uva-ursi):* 1–2 TL als Kaltauszug und danach 15 Min lang kochen (eventuell mit Preiselbeerblättern und Heidekraut mischen); nicht zu lange anwenden, da sonst Magenreizungen und Hydrochinonvergiftung zu befürchten sind. Der Harn färbt sich zu Beginn der Kur braun und entfärbt sich mit zunehmender Besserung. *Extract Uva-ursi fluidum:* ½ TL morgens und mittags. HAB: *Uva-ursi* (frische Blätter); Spagyrik.
**Sammelzeit:** April bis Juli.

---

## Wacholder *(Juniperus communis)*

---

Siehe Seite 30
**Inhaltsstoffe:** Ätherisches Öl, Juniperin, Invertzucker, Gerb- und Bitterstoffe.
**Gebrauch und Wirkung:** Nierenparenchym mittel, unterstützend bei Hautleiden, Rheuma; äußerlich bei Gelenkschmerzen.

**Zubereitung und Anwendung**: Scheinbeeren *(Fructus Juniperi)*: 1 TL als Aufguß; Öl *(Oleum Juniperi aethericum)*: 2–3 Tr., 5%ig zu Einreibungen; eingedickter Saft *(Succus J. inspissatus)*: mehrere TL zur Stärkung. **Sammelzeit**: Herbst.

## Spitzblättriger Spargel *(Asp. acutifolius)*

Siehe Seite 68
**Inhaltsstoffe**: Asparaginsäure (erzeugt den charakteristischen Geruch des Urins nach Methylmercaptan), Saponine, Rutin, Gerbstoffe, Kalium- und Fluorsalze.
**Gebrauch und Wirkung**: Wassertreibend bei Steinbildung (Blase und Niere), Wasseranschwellungen (Ödeme), Blasenentzündungen.
**Zubereitung und Anwendung**: Wurzelstock *(Rhizoma Asparagi)*: 1 TL als Aufguß; auch Spargel als Gemüse und Spargelwasser. HAB: *Asparagus officinalis* (frische Sprossen); Spagyrik.
**Sammelzeit**: Mai bis August.

*VII Pflanzen bei rheumatischen Krankheiten*

## Große Brennessel *(Urtica dioica)*

Siehe Seite 70
**Inhaltsstoffe**: Nesselgift (Harzsäuren ähnlich), Secretin (Ferment), Histamin, Acetylcholin, Essig- und Ameisensäure, Glukokinine, viel Chlorophyll, Karotinoide, Vitamin C und Kieselsäure.
**Gebrauch und Wirkung**: Entlastet den Stoffwechsel über verstärkte Nierenausscheidung, besonders bei rheumatischen Krankheiten; Blutreinigungsmittel und Dyskratikum (Dyskrasie = Stoffwechselverschlackung); Schuppenflechte (Psoriasis vulgaris); unterstützend in der Krebstherapie; äußerlich zur Ableitung über die Haut; phytohormonelle Wirkung der Samen zum Aufbau bei älteren Menschen.
**Zubereitung und Anwendung**: Kraut *(Herba Urticae)*: 1 EL (möglichst frisch) als Kaltauszug; äußerlich: frisches Kraut, z. B. bei Arthrose über Gelenke reiben bzw. schlagen; Samen: 1–2 EL täglich einnehmen. HAB: *Urtica dioica* (frisches Kraut mit Wurzeln und Blüten); Spagyrik.
**Sammelzeit**: April bis August.

## Geißfuß *(Aegopodium podagraria)*

Siehe Seite 114
**Inhaltsstoffe**: Ätherisches Öl.
**Gebrauch und Wirkung**: Unterstützend bei Krankheiten des rheumatischen Formenkreises (Podagraria = Gicht).
**Zubereitung und Anwendung**: Kraut *(Herba Aegopodii podagrariae)*: 1 TL als Aufguß oder frisch als Wildgemüse mit Brennessel und Spinat (junge Pflanzen). HAB: *Aegopodium podagraria* (frische, blühende Pflanze); Spagyrik.
**Sammelzeit**: März bis Juni.

*VIII Herz- und Blutdruck-wirksame Pflanzen*

## Weißdorn *(Crataegus oxyacantha)*

Siehe Seite 22
**Inhaltsstoffe**: Crataegolsäure (Crataegus-Lacton), Vitexin, Rutin, Hyperosid, Cholin, Amine, Flavone.
**Gebrauch und Wirkung**: Kräftigt das Altersherz, verbessert die koronare Durchblutung (Angina pectoris); nach Infektionskrankheiten bei Schwäche des Herzmuskels; zur Unterstützung bei unzulänglicher Reaktion der Digitalistherapie; Herzrhythmusstörungen und milde Blutdruckregulation; Herzasthma.
**Zubereitung und Anwendung**: Blüten und Früchte *(Flores et Fructus Crataegi)*: 1–2 TL als Kaltauszug, kombiniertes Verfahren; *Extract Crataegi fluidum*: 10 Tr. HAB: *Crataegus oxyacantha,* auch *Crataegus monogyana* (Eingriffliger Weißdorn), a) aus frischen Scheinfrüchten, b) aus frischen Blättern und Blüten; Spagyrik.
**Sammelzeit**: Mai bis September.

## Ölbaum *(Olea europaea)*

Siehe Seite 38
**Inhaltsstoffe**: *Blätter*: Oleoropein und Oleosid (Glykoside), organische Säuren, Wachse, Gummi, Phenole; Öl: 70% Ölsäureglyceride, 25% Glyceride von Palmitin- und Stearinsäure, Cholesterin und Phytosterin, Lecithin.
**Gebrauch und Wirkung**: Blutdrucksenkend durch Erweiterung der Gefäße (Blätter), galletreibend und als Salbengrundlage (Öl).

**Zubereitung und Anwendung**: Blätter *(Folia Oleae)*: 2 TL als Kaltauszug; Öl *(Oleum Olivarum)*. HAB: *Olea europaea* (frische Blätter).
**Sammelzeit**: Blätter März bis Mai, Früchte nach Reife.

## Mistel *(Viscum album)*

Siehe Seite 60
**Inhaltsstoffe**: Viscotoxin (Glykoprotein), aromatische Aminosäuren, Cholin, Acethylcholin, y-Aminobuttersäure.
**Gebrauch und Wirkung**: Mild blutdrucksenkend (bzw. -regulierend, d. h. zu niedriger Blutdruck wird auch leicht angehoben), besonders bei Arteriosklerose (Adernverkalkung) und Schwindel; injiziert ist die Mistel ein Mittel zur allgemeinen Abwehrsteigerung: Reizwirkung bei Arthrosen (Gelenkdegeneration) und unterstützend bei Krebs (hemmt das Zellwachstum).
**Zubereitung und Anwendung**: Kraut *(Herba Visci albi)*: 1 TL als Kaltauszug; Extrakt: 10–20 Tr. HAB: *Viscum album* (frische Blätter und Beeren); Spagyrik.
**Sammelzeit**: Januar bis Dezember.

*IX Pflanzen für das Venensystem*

## Stechender Mäusedorn, Stechmyrte *(Ruscus aculeatus)*

Siehe Seite 42
**Inhaltsstoffe**: Ruscogenin und Neoruscogenin (Steroidsaponine), Gerb- und Bitterstoffe, ätherisches Öl.
**Gebrauch und Wirkung**: Ein gutes Venenmittel bei Hämorrhoiden, Krampfadern und offenem Bein *(Ulcus cruris)*; auch bei Venenentzündungen.
**Zubereitung und Anwendung**: Wurzelstock *(Rhizoma Rusci aculeauti)*: 1 TL Kaltauszug, kurz aufkochen; Extrakt: 2 × 10–20 Tr. nach dem Essen. HAB: *Ruscus aculeatus* (frischer Wurzelstock); Spagyrik.
**Sammelzeit**: März bis April, September bis Oktober.

## Schafgarbe *(Achillea millefolium)*

Siehe Seite 148
**Inhaltsstoffe**: Ätherische Öle mit Kampfer, Limonen und Cineol; Achillin (Bitterstoff), Proazulene und Chamazulen, Gerbstoffe, Inulin, Harz, Asparagin, Phytosterin, Säuren.
**Gebrauch und Wirkung**: Gefäßsystem kräftigend: verbessert die Durchblutung der Hände und Beine (Krampfadern), auch des Herzmuskels (Angina pectoris); auch blutstillend bei Blutungen aus Nase, Mund, Atemwegen, Darm (Hämorrhoiden), Scheide und Blase (abklären lassen!); fordert sanft die Menstruation; ein Bittertonikum (siehe Angelika S. 174) bei Appetitmangel; durch die Azulene eine kamillenähnliche, d. h. entzündungshemmende und entkrampfende Wirkung bei Magenreizungen, Blähungen und Darmkrämpfen.
**Zubereitung und Anwendung**: Kraut *(Herba Millefolii)*: 1 TL als Aufguß, für Bäder (Hand- und Fußbäder) 2–5 EL; *Extractum Millefolii fluidum*: 10–20 Tr. HAB: *Millefolium* (frisches Kraut mit Blüten); Spagyrik.
**Sammelzeit**: Mai bis September.

*Rechts: getrocknete Schafgarbenblüten*

## Hirtentäschel *(Capsella bursa-pastoris)*

Siehe Seite 88
**Inhaltsstoffe:** Cholin, Prolin, Acetylcholin, Tyramin, Histamin, Diosmin, Alkaloide, Flavonoide, ätherische Öle, Vitamin C, Gerbstoffe.
**Gebrauch und Wirkung:** Wichtiges blutstillendes Mittel, besonders bei Gebärmutterblutungen (mit Arzt abklären!), wie zu starker Menstruation, Myomen, ferner bei Blutungen aus Nase, Mund, Niere, Blase und den Atemwegen.
**Zubereitung und Anwendung:** Kraut *(Herba Bursae Pastoris):* 2 TL als Kaltauszug (täglich bis zu 4 Tassen); Tinktur: 20–30 Tr. (4mal täglich); am besten ist der Frischsaft: 20–30 g täglich. HAB: *Thlaspi bursa-pastoris* (frisches, blühendes Kraut); Spagyrik.
**Sammelzeit:** Februar bis Oktober.

*XI Haut- und Lymphmittel*

## Sauerampfer *(Rumex acetosa)*

Siehe Seite 72
**Inhaltsstoffe:** Oxalsäure und Oxalate, Hyperosid, Vitamin C, 5% Gerbstoffe, Bitterstoffe.
**Gebrauch und Wirkung:** Vitamin C-Droge und Blutreinigungsmittel bei Anämie und Hautausschlägen.
**Zubereitung und Anwendung:** Ganze Pflanze *(Herba Rumicis acetosae):* 1 TL als Aufguß, als Frischsaft und Salatergänzung. Wegen der Oxalsäure nicht bei Neigung zu Oxalsteinbildung einnehmen (das gleiche gilt für Spinat, Rhabarber und Sauerklee). HAB: *Rumex acetosa* (frische Wurzel).
**Sammelzeit:** März bis August.

## Scharbockskraut *(Ficaria verna)*

Siehe Seite 82
**Inhaltsstoffe:** Vitamin C und Saponine.
**Gebrauch und Wirkung:** Vitamin C-Droge (Scharbock kommt von Skorbut), auch bei Hautkrankheiten.

*Scharbockskrautblätter vor der Blüte*

**Zubereitung und Anwendung:** Kraut *(Herba Ficariae):* 2 TL als Kaltauszug, als Frischsaft zu Frühjahrskuren und als Salatergänzung. HAB: *Ranunculus ficaria* (frisches Kraut); Spagyrik.
**Sammelzeit:** Ab Februar bis zur Blüte.

## Brunnenkresse *(Nasturtium officinale)*

Siehe Seite 86
**Inhaltsstoffe:** Senfölglykosid Glykonasturtiin, ätherisches Öl mit Raphanol; Eisen, Jod, Vitamin C.
**Gebrauch und Wirkung:** Als Vitamin C-Droge und zur Blutreinigung bei Hautkrankheiten und Entzündungen der Mundschleimhaut; allgemein abwehrsteigernd.
**Zubereitung und Anwendung:** Kraut *(Herba Nasturtii):* möglichst als Frischsaft 60–100 g pro Tag mit ½–1 l Buttermilch; auch als Salat (-ergänzung). HAB: *Nasturtium aquaticum* (frisches, blühendes Kraut); Spagyrik.
**Sammelzeit:** März bis September.

## Gänseblümchen *(Bellis perennis)*

Siehe Seite 134
**Inhaltsstoffe:** Ätherisches und fettes Öl, Gerb- und Bitterstoff, Zucker, Schleim, Eiweiß, Harz, Säuren, Anthoxanthin und Flavone.
**Gebrauch und Wirkung:** Innerlich und äußerlich bei Wunden und Blutungen; bei Hautkrankheiten zur Blutreinigung; schleimlösend bei Bronchitis.
**Zubereitung und Anwendung:** Blüten *(Flores Bellidis)*, auch die ganze Pflanze: 1 TL als Aufguß innerlich und äußerlich, Frischsaft, Wildgemüse. HAB: *Bellis perennis* (frische, blühende Pflanze); Spagyrik.
**Sammelzeit:** März bis August.

## Große Klette *(Arctium lappa)*

Siehe Seite 146
**Inhaltsstoffe:** 40–50% Inulin, Phytosterine, Schleim, ätherische Öle, Polyacetylen mit Hemmstoffen gegen Bakterien und Pilze; Gerbstoff, Protein.
**Gebrauch und Wirkung:** Bei Hautkrankheiten: äußerlich als Umschlag und innerlich als Blutreinigungsmittel durch die leicht wasser- und schweißtreibende Wirkung.
**Zubereitung und Anwendung:** Wurzel *(Radix Bardanae* oder *Radix Arctii Lappae)*: 2 TL als Kaltauszug, danach kurz aufkochen oder als Pulver (2 Messerspitzen). HAB: *Arctium lappa* (frische Wurzel).
**Sammelzeit:** August bis Oktober.

# *XII Pflanzen für die Atemwege*

## Efeu *(Hedera helix)*

Siehe Seite 56
**Inhaltsstoffe:** Hederahelixin, Helixin, Hederagenin, Gerbstoffe, Säuren.
**Gebrauch und Wirkung:** Krampflösend bei Keuchhusten und Krampfhusten.
**Zubereitung und Anwendung:** Holz und Blätter *(Lignum et Folia Hederae helix)*: 1 TL als Kaltauszug und Dekokt. HAB: *Hedera helix* (frische Sprossen); Spagyrik.
**Sammelzeit:** April bis Juni.

## Kleine Bibernelle *(Pimpinella saxifraga)*

Siehe Seite 110
**Inhaltsstoffe:** 0,4% ätherische Öle, 0,5% Pimpinellin (ein Lacton), Bergapten, Cumarine, Gerbstoffe, Harze, Saponine.
**Gebrauch und Wirkung:** Bei Entzündungen der oberen Luftwege mit Husten, auswurffördernd; magenstärkend; mild menstruationsfördernd.
**Zubereitung und Anwendung:** Wurzel *(Radix Pimpinellae)*: 1 TL als Kaltauszug, danach kurz aufkochen; Extrakt: 10 Tr. HAB: *Pimpinella alba* (frische Wurzel): 5–10 Tr.
**Sammelzeit:** Mehrjährige Wurzel: März bis April; frische Wurzel: September bis Oktober.

## Lungenkraut *(Pulmonaria officinalis)*

Siehe Seite 118
**Inhaltsstoffe:** 5% Schleim- und 7% Gerbstoffe, Fette, Phytosterine, Invertzucker, Saponine, Kieselsäure.
**Gebrauch und Wirkung:** Schleimbildend und auswurffördernd, daher Verwendung bei Husten und Entzündungen der oberen Luftwege; wegen des Kieselsäuregehalts wirkt Lungenkraut gewebefestigend.
**Zubereitung und Anwendung:** Kraut *(Herba Pulmonariae)*: 1 EL als Kaltauszug. HAB: *Pulmonaria officinalis* (frisches, blühendes Kraut); Spagyrik.
**Sammelzeit:** März bis Juni.

## Gundermann, Gundelrebe *(Glechoma hederaceum)*

Siehe Seite 122
**Inhaltsstoffe:** Ätherische Öle, Gerbstoffe, Bitterstoff Glechomin, Saponine, Harze, Wachse, Aminosäuren.
**Gebrauch und Wirkung:** Krankheiten der Atemwege, chronischer Husten, Lungenschwäche; äußerlich als Wundheilmittel.
**Zubereitung und Anwendung:** Kraut *(Herba Glechomae)*: 1 TL als Aufguß. HAB: *Glechoma hederaceum* (frische, blühende Pflanze); Spagyrik.
**Sammelzeit:** April bis Mai.

## Huflattich *(Tussilago farfara)*

Siehe Seite 150
**Inhaltsstoffe:** Saure Schleimstoffe mit 30% Fructose, 25% Galaktose, 20% Glukose, 15% Arabinose, 6% Uronsäuren; ätherische Öle in Spuren, glykosidische Bitterstoffe, Gerbstoffe, Inulin.
**Gebrauch und Wirkung:** Schleimlösend bei chronischem Husten; unterstützend bei Blähungen und Silikose (Staublungenerkrankung); adstringierend (zusammenziehend) wegen der Gerbstoffe, daher Verwendung bei Entzündungen und Katarrhen der Mund- und Rachenschleimhaut; äußerlich als Wundheilmittel und bei Venenerkrankungen.
**Zubereitung und Anwendung:** Blätter und Blüten *(Folia et Flores Farfarae)*: 1–2 TL als Aufguß innerlich, 1 EL für eine kurze Abkochung als Adstringens; frische Blätter als Wundheilmittel auflegen. HAB: *Farfara* (frische Blätter); Spagyrik.
**Sammelzeit:** März bis Juli.

*Oben: Mittlerer Wegerich, rechts: Huflattichblüten*

## Spitz-Wegerich *(Plantago lanceolata)*

Siehe Seite 126
**Inhaltsstoffe:** Glykosid Akubin, Schleimstoffe, Gerbstoffe, Kieselsäure, Vitamin C, Mineralstoffe, antibiotische Wirkstoffe, Phenole.
**Gebrauch und Wirkung:** Katarrh der oberen Luftwege (schleimbildend und entzündungshemmend), wegen des Kieselsäuregehalts festigender Einfluß auf das Bindegewebe (Nachbehandlung von Tuberkulose), äußerlich auch zur Wundbehandlung.
**Zubereitung und Anwendung:** Kraut *(Herba Plantaginis lanceolatae)*: 2 TL als Kaltauszug oder Aufguß; Fluidextrakt: 20–40 Tr. HAB: *Plantago lanceolata* (frische Pflanze); sehr ähnlich wirkt auch der Breit-Wegerich *(Plantago major)*, jedoch etwas schwächer: Kraut *(Herba Plantaginis majoris)*: 2 TL als Kaltauszug oder Aufguß. HAB: *Plantago major* (frische Pflanze); Spagyrik.
**Sammelzeit:** April bis Juli.

## Gemeiner Schneeball *(Viburnum opulus)*

Siehe Seite 48

**Inhaltsstoffe:** Glykosid Viburnin.

**Gebrauch und Wirkung:** Menstruationsschmerzen, Krämpfe, Kreuzschmerzen während der Periode; drohende Fehlgeburt *(Abortus imminens)*.

**Zubereitung und Anwendung:** Rinde *(Cortex Viburni prunifolii)*: 1 TL als Kaltauszug; *Extract Viburni prunifolii fluidum*: 20 Tr. HAB: *Viburnum prunifolium* (frische Früchte).

**Sammelzeit:** Mai bis Juli.

Gemeiner Schneeball

## Frauenmantel *(Alchemilla vulgaris)*

Siehe Seite 92

**Inhaltsstoffe:** Tanninähnliche Gerbstoffe, Gerbstoffglykoside (Ellagsäuregruppe), Phytosterin, Salizylsäure in Spuren.

**Gebrauch und Wirkung:** Wichtiges Frauentonikum, innerliche und äußerliche Anwendung bei Weißfluß und Menstruationsstörungen; äußerlich auch als Wundheilmittel.

**Zubereitung und Anwendung:** Kraut *(Herba Alchemillae)*: 1 TL als Kaltauszug, danach kurz aufkochen; für äußerliche Anwendung nimmt man 1 EL der Droge. HAB: *Alchemilla vulgaris* (frisches, blühendes Kraut); Spagyrik.

**Sammelzeit:** April bis August.

## Weiße Taubnessel *(Lamium album)*

Siehe Seite 124

**Inhaltsstoffe:** Ca. 5% Gerbstoff, ätherisches Öl, Saponine, Alkaloid Lamiin, Schleim, Cholin, Amine (Histamin, Metylamin, Tyramin), Flavonglykoside.

**Gebrauch und Wirkung:** Unterstützung bei Menstruationsstörungen (äußerliche und innerliche Anwendung) und Ausfluß (Fluor albus) durch die Gerbstoffwirkung; Gebärmuttertonikum bei unterentwickelten jungen Mädchen.

**Zubereitung und Anwendung:** Blüten *(Flores Lamii albi)*: 1–2 TL als Aufguß äußerlich (in Kombination mit ähnlichen Drogen) als Sitzbad. HAB: *Lamium album* (frische Blätter und Blüten); Spagyrik.

**Sammelzeit:** April bis September.

*Links: Frauenmantel im März*

## **Hunds-Rose** *(Rosa canina)*

Siehe Seite 14

**Inhaltsstoffe:** Vitamin C (500–1400 mg%), Fruchtsäuren, Carotinoide, Vanillin, Lezithin in Spuren, ätherisches und fettiges Öl, Kieselsäure, Pektin.

**Gebrauch und Wirkung:** Vitamin C-Droge (bei Skorbut und zur Abwehrsteigerung); mild wassertreibend und somit bei Blasen- und Nierenerkrankungen; mild abführend. Vitamin C wird vom Körper wesentlich besser verwertet, wenn es im Verbund mit natürlichen Begleitstoffen zugeführt wird (wie in Hagebutten und anderen Vitamin C-haltigen Pflanzen vorkommend) als die chemisch reine Ascorbinsäure.

**Zubereitung und Anwendung:** Ganze Hagebutten *(Fructus Cynosbati cum Semine)*: 2 TL als Kaltauszug, anschließend kurz aufkochen; nur frische Hagebutten verwenden, da in den getrockneten kaum noch Vitamin C enthalten ist! Auch Hagebuttenmus aus frischen Früchten (mit wenig Zucker) läßt sich verwenden. HAB: *Rosa canina* (frische Blumenblätter); Spagyrik.

**Sammelzeit:** Ab August.

*Hundsrose, rechts oben: Eberesche*

## **Eberesche, Vogelbeerbaum** *(Sorbus aucuparia)*

Siehe Seite 20

**Inhaltsstoffe:** Sorbin, Parasorbinsäure, Apfelsäure, Zucker, Wachs, ätherisches Öl, Anthocyan, 60–120 mg% Vitamin C in der frischen Frucht.

**Gebrauch und Wirkung:** Vitamin C-Droge bei Skorbut, Infektanfälligkeit, Frühjahrsmüdigkeit; mild wassertreibend und abführend (jedoch nur bei der Frischzubereitung; durch Kochen wird die abführende Parasorbinsäure unwirksam und das Mus wirkt eher Durchfall entgegen).

**Zubereitung und Anwendung:** Frische Früchte *(Fructus Sorbi)*: 1 TL Kaltauszug (sehr bitter!), Frischsaft, Mus. Spagyrik.

**Sammelzeit:** September.

## Schwarzer Holunder *(Sambucus nigra)*

Siehe Seite 32
**Inhaltsstoffe:** Blüten: ätherisches Öl, Gerbstoff, Sambunigrin, Cholin, Harz, Apfel-, Wein- und Baldriansäure; Wurzel und Rinde: Harze (laxierend = abführend), Gerbstoffe, Alkaloid; Beeren: ätherische Öle mit Terpenen, Gerbstoffe, Anthocyane, Vitamin C.
**Gebrauch und Wirkung:** Blüten: schweißtreibend (für Schwitzkuren), auch wassertreibend, abwehrsteigernd; Rinde und Wurzel: stark wassertreibend und abführend; Beeren: Schmerzmittel (Saft), besonders bei Ischialgie, Rheuma und Trigeminusneuralgie (Reizung des Gesichtsnervs), Krebstherapie (Anthocyane).
**Zubereitung und Anwendung:** Blüten *(Flores Sambuci)*: 1 EL als Aufguß (eventuell mit Lindenblüten); Rinde und Wurzel: besonders kleine Zweige und Triebe (bis zu Daumendicke) schälen (ca. 25 g) und in ¼ l Wasser 10 Min kochen, vormittags trinken; Beeren: am besten frisch auspressen, abseihen (Kerne führen zu Erbrechen), früh und mittags 20 g Saft in 10 g Portwein einnehmen. HAB: *Sambucus nigra* (frische Blätter und Blüten), *Sambucus e cortice* (Rinde), *Sambucus e floribus* (frische Blüten). **Sammelzeit:** April bis September.

## Schwarzdorn, Schlehe *(Prunus spinosa)*

Siehe Seite 34
**Inhaltsstoffe:** Nitrilglykosid, Amygdalin, Cumarinverbindungen (Flavone und Gerbstoffe).
**Gebrauch und Wirkung:** Blutreinigungsmittel (durch abführende und harntreibende Wirkung, nach Seb. Kneipp), Stärkungsmittel, besonders nach Krankheiten, Anregung des Stoffwechsels bei Rheuma, Stärkung der allgemeinen Abwehr.
**Zubereitung und Anwendung:** Blüten *(Flores Pruni spinosae)*: 1 TL als Aufguß; Früchte *(Fructus Pruni spinosae)*: werden als Mus oder Saft gegeben. HAB: *Prunus spinosa* (frische Blüten); Spagyrik.
**Sammelzeit:** Blüten: März bis Mai; Früchte: September bis November.

*Schwarzer Holunder in Blüte*

## Lorbeer *(Laurus nobilis)*

Siehe Seite 52

**Inhaltsstoffe:** Bis zu 3% ätherische Öle mit Cineol, Terpenen, Geraniol; 30% fette Öle (zur Salbenherstellung verwandt), Bitterstoffe, Stärke und Zucker.

**Gebrauch und Wirkung:** Äußerlich zur milden Hautreizbehandlung bei Durchblutungsstörungen, Husten und Hautleiden; auch bei Krankheiten des rheumatischen Formenkreises; innerlich als Gewürz.

**Zubereitung und Anwendung:** Blätter und Früchte *(Folia et Fructus Lauri):* 1 EL Abkochung; besser das Preßöl *(Oleum Lauri expressum).* HAB: *Laurus nobilis* (frische Blätter); Spagyrik.

**Sammelzeit:** Blätter im Sommer, Früchte im Herbst.

## Zwerg-Holunder, Attich *(Sambucus ebulus)*

Siehe Seite 58

**Inhaltsstoffe:** Wurzel: Gerb- und Bitterstoffe, Saponine, Beeren: ätherische Öle, Bitterstoffe, Gerbstoffe, Sambucyanin (Farbstoff) und Vitamin C.

**Gebrauch und Wirkung:** Wasser- und schweißtreibend bei fiebrigen Erkältungskrankheiten; Nieren- und Blasenleiden.

**Zubereitung und Anwendung:** Wurzel *(Radix Ebuli):* 1 EL als Kaltauszug, danach kurz aufkochen; Beeren: gekocht oder getrocknet, ca. 2–3 g (1 TL–1 EL), wirken auch abführend. HAB: *Sambucus ebulus* (frische, reife Beeren); Spagyrik.

**Sammelzeit:** Wurzel im März und Oktober, Beeren nach Reife ab September.

*Bild: Lorbeerfrüchte im Oktober*

*Einige unserer Gemüse- und Gewürzpflanzen zeigen Heilwirkungen und werden deshalb seit jeher auch medizinisch verwandt.*

Der **Weißkohl** *(Brassica oleracea)* enthält Alkalien und den Ulkusfaktor Vitamin »U« (Ulkus = Geschwür). Als Frischsaft hilft er bei übersäuertem Magen sowie bei Magen- und Zwölffingerdarmgeschwüren. Man nimmt 2–3 Wochen täglich ½–1 l.

An blähungswidrigen Pflanzen sind an erster Stelle der auch als Wildpflanze bei uns heimische **Echte Kümmel** *(Carum carvi)* zu nennen, dessen Früchte ätherisches und fettes Öl enthalten. Es wirkt hervorragend bei allen Verkrampfungen im Darmbereich. Anis, Fenchel und Koriander wurden schon besprochen; weitere Pflanzen sind: **Basilienkraut** *(Ocimum basilicum)* und **Echter Dill** *(Anethum graveolens)*. Diese Gewürze haben auch eine Wirkung auf die Milchbildung bei werdenden und stillenden Müttern.

*Weißkohl*

Der **Echte Meerrettich** *(Armoracia lapathifolia* oder *rusticana)* enthält verschiedene Reizstoffe, die man äußerlich zur Ausleitung über die Haut ausnutzt. Man kann mit einem Meerrettichwickel einen Husten oder auch rheumatische Beschwerden behandeln. Innerlich wirkt Meerrettich magenanregend bei Appetitlosigkeit, reinigend bei Darmverstimmungen und etwas nierenanregend.

**Knoblauch** *(Allium sativum)* enthält wie der wilde Bären-Lauch ätherische Öle mit Sulfidverbindungen, ferner Allicin, das desinfizierend und bakterienhemmend auf den Darm wirkt. Auch Vitamine (A, B, C), Fermente, Cholin, blutdrucksenkende Rhodonate, Inuline und pflanzliche Antibiotika. Bei Durchfall, Darmentzündung und als Wurmmittel gibt man Knoblauch; auch vorbeugend und unterstützend gegen Arterienverkalkung und (meist damit verbundenem) erhöhten Blutdruck. Die Schwefelverbindungen werden nach einigen Stunden über Haut und Schleimhaut ausgeschieden. Fehlt diese charakteristische Ausdünstung (wie bei einigen Fertigpräparaten), so mangelt es auch an der Wirkung. Lediglich der erste Geruch aus dem Magen läßt sich ohne Nachteile abmildern. Knoblauch sollte man also auch möglichst frisch verwenden.

Als Einlauf bei Darmverstimmungen: 5–10 Zehen zerdrücken und kurz aufkochen, 5 Min bedeckt ziehen lassen.

**Spargel** *(Asparagus officinalis)* enthält Asparaginsäure, die dem Urin einen Geruch nach Methylmercaptan verleiht, weiter Saponine, Gerbstoffe, Rutin, Kalium und Fluorsalze. Als Gemüse oder als Brühe getrunken wirkt Spargel harntreibend, beugt Nieren- und Blasensteinbildung vor und hilft auch bei Blasenentzündungen.

Der **Echte Sellerie** *(Apium graveolens)* hat eine wassertreibende Wirkung und ist ein mildes Aphrodisiakum, also bei Impotenz durch allgemeine Schwäche angezeigt. Auch **Garten-Kerbel** *(Anthriscus cerefolium)* fördert die Harnausscheidung leicht, ebenso die **Garten-Petersilie** *(Petroselinum hortense),* deren ätherisches Öl Apiol und Appin enthält; ferner ist sie reich an Vitamin C. Das nicht ganz harmlose Apiol ist am konzentriertesten in den Samen enthalten und kann die Magen-Darmschleimhaut reizen. Auch Leber und Niere werden bei längerer Überdosierung belastet. Bei Abtreibungsversuchen mit den Samen der Petersilie soll es zu Todesfällen gekommen sein. Wie üblich als Gewürz verwendet wird die Petersilie dagegen zu Recht als Vitaminspender und nierenanregendes Mittel geschätzt.

**Kürbissamen** *(Cucurbita pepo)* können zur Vorbeugung im Frühstadium der Prostatavergrößerung genommen werden – sie erleichtern das Wasserlassen. Als Wurmkur mahlt man 250 g Kürbiskerne und mischt sie mit Milch zu einem Brei, den man morgens nüchtern ißt. Nach 3 Stunden führt man mit 2 EL Rizinusöl ab. Erwachsene müssen gegebenenfalls die Kürbiskernmenge erhöhen.

*Kürbissamen*

*Sellerieknolle*

**Rote Beete** *(Beta vulgaris)* enthalten den roten Farbstoff Anthocyan, der Harn und Stuhl rot färbt, und das Glykosid Betain, das eine unmittelbare Wirkung auf die Leberpaenchymzellen (= Arbeitszellen) hat. Der Frischsaft hat einen festen Platz in der biologischen Krebsbehandlung, da er die Sauerstoffversorgung der Körperzellen wesentlich verbessert. Man nimmt mehrere Monate lang täglich ½ l mit 1 l Buttermilch verdünnt.

**Garten-Thymian** *(Thymus vulgaris)* ist ein wichtiges Hustenmittel. Er wirkt krampflösend bei akuter und chronischer Bronchitis und erleichtert das Abhusten von Schleim. Sein ätherisches Öl mit Thymol desinfiziert und tötet Bakterien auf den Schleimhäuten der Atemwege, des Darms und der Harnwege ab. Thymianbäder fördern die Durchblutung und stärken bei Erkältungen und Keuchhusten. Für einen Aufguß nimmt man vom Kraut 1 TL/¼ l Wasser; beim Apotheker erhält man einen Fluidextrakt (10–20 Tr. pro Dosis) oder das ätherische Öl *(Oleum Thymiaethericum)*: 3 Tr. innerlich, zum Beispiel in Hustentee, 10%ig zu Einreibungen und 1–2 g (etwa 1 TL) als Badezusatz. Man kann auch 40–60 g frisches oder getrocknetes Thymiankraut mit 1 l kochendem Wasser übergießen, zugedeckt 5 Min ziehen lassen und anschließend dem Vollbad zusetzen. Nach dem Bad (etwa 10–15 Min bei 39–40° C) duscht man kalt und legt sich ohne abzutrocknen mit Bademantel zum Nachschwitzen ins Bett. Der Wilde Thymian wirkt etwas schwächer.

Die **Große Kapuzinerkresse** *(Tropaeolum majus)* enthält viel Vitamin C und ein Benzylsenföl, das allgemein die körpereigene Abwehrkraft stärkt, ganz besonders bei langdauerndem Husten und Entzündungen im Harnwegsbereich sowie bei Scheidenentzündungen. Man bereitet einen Frischsaft aus der ganzen Pflanze, einschließlich ihrer Samen (20–30 g pro Tag). Da der Saft recht scharf schmeckt, trinkt man ihn am besten nach dem Essen mit Buttermilch oder Fruchtsaft. Man kann auch aus 2 TL der kurz aufgekochten Samen einen Tee zubereiten. **Brunnen-** *(Nasturtium officinale)* und **Garten-Kresse** *(Lepidium sativum)* wirken ähnlich, aber schwächer.

Der **Weiße Senf** *(Sinapis alba)* und der **Schwarze Senf** *(S. nigra)* enthalten ätherische und fette Öle, ein Alkaloid und Schleim. Die Pflanzen sind innerlich als magenanregend und verdauungsfördernd – z. B. bei fetten Speisen – bekannt; äußerlich dienen sie als Hautreizmittel bei Rheuma, Bronchitis oder zu Bädern (ein Senfmehlfußbad z. B. leitet eine Schwitzkur bei beginnender Erkältung ein. Man mahlt die Samen frisch, rührt sie mit warmem Wasser zu einem Brei und legt diesen nach 15–20 Min auf. Die Apotheke liefert das ätherische Öl oder Senfspiritus zum Einreiben.

Der einheimische **Acker-Senf** *(Sinapis arvensis)* enthält etwa ein Drittel der oben genannten medizinisch wirksamen Inhaltsstoffe. *(Pflanzenbeschreibung Seite 84)*

Die **Artischocke** *(Cynara scolymus)* stammt aus den Mittelmeerländern und wird in Süd- und Südwesteuropa häufig angebaut. Sie enthält den Bitterstoff Cynarin, zahlreiche Enzyme, Gerbstoffe und das Provitamin A. Sie ist ein gutes Leber- und Gallenmittel, fördert die Harnausscheidung und wirkt unterstützend bei der Behandlung der Zuckerkrankheit.

Die Wildart **Spanische** oder **Kardunkel-Artischocke** *(Cynara cardunculus)* hat ähnliche Wirkung. *(Pflanzenbeschreibung Seite 138)*

*Kapuzinerkresse*

Der **Garten-Salbei** oder **Echte Salbei** *(Salvia officinalis)* enthält ein ätherisches Öl mit Thujon, Cineol, Kampfer und Bitterstoffen, ferner Gerbstoffe. Er ist in den Mittelmeerländern als Wildpflanze heimisch. Er hemmt deutlich die Schweißsekretion, z. B. bei Schilddrüsenfehlfunktionen oder in den Wechseljahren, hat auch östrogene Eigenschaften und hilft bei zu schwacher, unregelmäßiger oder schmerzhafter Regel. Mund- und Rachenspülungen mit Salbei bewähren sich bei Mund- und Schleimhautentzündungen oder zum Gurgeln bei Halsentzündungen. Man bereitet aus 2 TL der Blätter einen Kaltauszug; in der Apotheke ist ein Fluidextrakt (30–50 Tr. pro Dosis) und das ätherische Öl (3–5 Tr. pro Dosis) erhältlich.

Der **Wiesen-Salbei** *(Salvia pratensis)* wächst auch in Mitteleuropa wild. Er kann ersatzweise zu den genannten Indikationen benützt werden. Seine Wirkung ist allerdings wesentlich schwächer *(s. S. 122)*.

## Heilpflanzen aus aller Welt

*Die Naturheilkunde verwendet neben den in diesem Band beschriebenen europäischen Heilpflanzen viele Arten anderer Erdteile. Zur Abrundung unserer Darstellung nennen wir hier einige bewährte Pflanzen fremder Länder, die auch bei uns bekannt, ja volkstümlich wurden.*

**Die Passionsblume** *(Passiflora incarnata)* enthält u. a. ein Alkaloid, das entkrampfend, leicht schmerzstillend und schlaffördernd wirkt. Sie wird gern bei nervöser Unruhe, auch in den Wechseljahren angewandt. Vom Kraut nimmt man 1 TL als Kaltauszug oder die homöopathische Urtinktur (10–20 Tr. 3–5 × täglich).

**Mate** *(Ilex paraguariensis)*, ein brasilianischer Baum, wird auch als Tee- oder Kaffeevariante verwendet, enthält Koffein und kann zur kurzzeitigen Anregung benutzt werden (1 TL als Aufguß).

**Die Kolanuß** *(Cola vera* oder *acuminata)* gehört in die gleiche Gruppe, denn sie enthält auch Koffein, außerdem Theobronin und wirkt deshalb anregend bei Erschöpfung, Kreislaufschwäche und nach Krankheiten. Vom Fluidextrakt nimmt man 20–30 Tr. pro Dosis.

**Chinarinde** *(Cinchona succiruba)* gilt als allgemeines Aufbaumittel nach Krankheiten, Geburten, Blutverlusten; sie regt den Magen an und senkt Fieber. Man kocht die Rinde (½ TL/¼ l) 5 Min auf kleiner Flamme. Es gibt in der Apotheke auch viele Zubereitungen wie Chinatinktur (20 Tr./Dosis), Fluidextrakt (20 Tr.), Sirup (teelöffelweise) oder Chinawein (likörglasweise).

**Die Ginsengwurzel** *(Panax gin-seng)* hat sehr von sich reden gemacht. Man verwende nur beste Qualität (koreanische Droge) als gutes Stärkungs- und Aufbaumittel.

Das **Süßholz** *(Glycyrrhiza glabra)* enthält in seiner Wurzel unter anderem Glycyrrhizinsäure, Zucker und Harze. Es wird wegen seines angenehmen Geschmacks gern zur Verbesserung von Teemischungen verwendet, hat darüber hinaus aber auch eine deutliche schützende Wirkung auf die Magen- und Darmschleimhaut, zum Beispiel bei einem Magengeschwür. Es löst Schleim bei Bronchitis. Man kocht 1 TL Süßholz kurz auf oder nimmt den gereinigten Saft (½ TL 2 × täglich vor dem Essen) oder Lakritzenstangen. Süßholz sollte nicht länger als 1 Woche eingenommen werden, sonst können Gesichts- und Knöchelödeme auftreten.

**Harongablätter,** vom Strauchbaum *Haronga madagascariensis* aus Madagaskar, wurden als Bauchspeicheldrüsenmittel bei allgemeiner Fermentschwäche mit Blähungen und Durchfällen bekannt. Die Pankreasfunktion läßt meist mit etwa 50 Jahren langsam nach; Haronga und ähnliche Drogen bilden eine biologische Alternative zur bloßen Einnahme von Enzymen (reine Substitution), da sie im jeweils möglichen Rahmen die Grundsituation wieder verbessern. Die Blätter werden wenig verwendet; man nimmt standartisierte Präparate oder die homöopathische Urtinktur.

*Links: Blatt und Blüten des Garten-Salbei*

**Die Jambulbaumrinde** *(Syzygium jambolanum)* aus Südostasien gilt als Hilfsmittel bei Alterszucker. Man verwendet die Rinde (1 TL Kaltauszug) oder den Fluidextrakt (20 Tr.) oder die Urtinktur.

Auch **Poterium** *(Poterium spinosum)* enthält Glukokinine, die den Blutzuckerspiegel beeinflussen. Daß verordnetes Insulin nicht eigenmächtig abgesetzt werden darf, ist selbstverständlich. (20 Tr. Urtinktur vor dem Essen.)

Der ostasiatische **Tempelbaum** *(Ginkgo biloba)* ist ein bewährtes Mittel, um die arterielle Durchblutung zu verbessern und findet deshalb Anwendung bei der Gefäßverkrampfung der Beine *(Claudicatio intermittens),* beim Raucherbein, bei Gefäßschäden durch Zuckerkrankheit – oft mit der Gefahr des offenen Beins verbunden –, aber auch bei Durchblutungsstörungen des Kopfes durch Gefäßverkalkung im Alter. Man nimmt selten die Blätter, vielmehr greift man auf die Urtinktur oder Firmenpräparate zurück.

Der **Virginische Zauberstrauch** oder die **Zaubernuß** *(Hamamelis virginiana)* enthält etwa 0,5% ätherische Öle, 3% Hamamelitannin, ein glykosidischer Gerbstoff, Cholin und Wachse. Die Zaubernuß wurde schon von den Indianern als Wundheilmittel benutzt. Man bereitet die Blätter (1 TL Abkochung innerlich, 1 EL Abkochung äußerlich), die Rinde (1 TL Abkochung) und Früchte (meist industriell) zu. Hamamelis ist Bestandteil von Venensalben, hilfreich bei Entzündungen, Hämorrhoiden, als Wundheilmittel und bei allen Hautleiden, auch innerlich eingenommen.

*Echinacea purpurea* und *angustifolia*, zwei Arten des nordamerikanischen **Sonnenhutes**, haben sich als eines der wichtigsten Mittel zur Anregung der allgemeinen Körperabwehr erwiesen. Die *Echinacea* enthält neben einem ätherischen Öl das Glykosid Echinacosid, Echinacin, Inulin, Harze, Betain. Sie beeinflußt den Properdinspiegel und die Fibroblastenbildung des Körpers. Deshalb findet sie innerlich Anwendung bei allen Entzündungen, Erkältungen, bei chronischen Krankheiten und Eiterungen. Äußerlich bei Wunden, Hautkrankheiten, offenem Bein und Eiterungen. Hier ist entscheidend, daß die frische Droge verarbeitet wird, man nimmt deshalb die homöopathische Urtinktur oder Firmenpräparate (10–30 Tr. pro Dosis). Man kann die hübsche Pflanze auch im eigenen Garten anbauen.

## Giftige Heilpflanzen

*Im folgenden werden einige stark wirkende Pflanzen erwähnt, die nur vom Fachmann richtig angewendet werden können und deshalb verschreibungspflichtig sind. Vor einer Selbstbehandlung mit diesen Drogen sei dringend gewarnt!*

Der **Schlaf-Mohn** *(Papaver somniferum)* wird in der Türkei, Persien, Ägypten und China angebaut. So zerstörerisch das Opium oder Heroin als Droge ist, so segensreich wirken die Opiumalkaloide in der Medizin bei schwersten Schmerzzuständen wie z. B. bei Koliken und Krebs. Codein ist in vielen Hustenmitteln enthalten. Außerdem werden die verschiedenen Zubereitungen erfolgreich bei schwersten Durchfällen wie Ruhr oder Typhus und als Antidepressivum benutzt.

Die indische **Schlangenwurz** *(Rauwolfia serpentina)* enthält das Alkaloid Reserpin, das ein hervorragendes blutdrucksenkendes Mittel ist, daneben eine deutliche beruhigende und antidepressive Wirkung zeigt.

Die **Brechnuß**, *(Strychnos nux-vomica)* ein indischer Baum, enthält neben Begleitstoffen das sehr giftige Alkaloid Strychnin und ist bei korrekter Dosierung ein Biodynamikum bei nervöser Erschöpfung; außerdem hilfreich bei Lähmungen. *Nux vomica* gilt als ein bedeutendes homöopathisches Heilmittel.

Die **Tollkirsche** *(Atropa belladonna)* enthält mehrere Alkaloide, als wichtigstes das Atropin, das besonders im Gesamtauszug der Pflanze ein erstrangiges krampflösendes Mittel für den Verdauungsbereich ist, bei Periodenschmerzen, in der Augenheilkunde als Mydriaticum (zur Pupillenerweiterung), bei Asthma und der Parkinsonischen Krankheit eingesetzt wird. Da die appetitlich aussehenden, kirschenähnlichen Beeren immer wieder probiert werden, sind Todesfälle nicht selten. Trockener Mund, Herzklopfen, erweiterte Pupillen, Durst und Hautausschläge weisen sicher auf eine Tollkirschenvergiftung hin. Erste Hilfe: Erbrechen, Magenspülung, Tannin, Tierkohle und Bittersalz. Zur Herzanregung schwarzer Kaffee, außerdem ein starkes Abführmittel, z. B. Rhizinusöl.

Der **Wollige Fingerhut** *(Digitalis lanata)* und der **Rote Fingerhut** *(D. purpurea)* enthalten äußerst wirksame Glykoside, die bei schwerer bis schwerster Herzschwäche Anwendung finden, besonders wenn zugleich ein zu schneller Pulsschlag (Tachykardie) und Herzerweiterung vorliegen. Die Pflanze ist sehr giftig. Allein durch Berührung sind Vergiftungen bekannt.

Das **Maiglöckchen** *(Convallaria majalis)* enthält Glykoside, die bei leichter bis mittlerer Herzschwäche angewandt werden, besonders bei zu langsamem Puls und bei Digitalis-Überempfindlichkeit; ferner bei Durchblutungsstörungen des Gehirns.

Aus Lianenpflanzen Afrikas der Familie **Hundsgiftgewächse** *(Strophantus gratus* und *kombé)* wird das Glykosid Strophantin gewonnen, das intravenös injiziert, bei akutem Herzversagen (z. B. Infarkt) lebensrettend sein kann. *S. gratus* verwenden die Eingeborenen als sehr wirksames Pfeilgift.

*

Bei der Beschreibung heimischer Heilpflanzen verzichteten wir auf geschützte, weitgehend auch auf seltene Arten. Eine sehr bekannte und in der Volksheilkunde zu Recht hochgeschätzte Pflanze ist die **Arnika** *(Arnica montana)*, auch **Berg-Wohlverleih** genannt. Weil sie bevorzugt auf mageren, das heißt ungedüngten und sauren bis moorigen Wiesen und Weiden wächst, wurde sie bei uns selten und steht unter *Sammelverbot*. Arnika-Drogen sind jedoch in der Apotheke erhältlich. Die Pflanze enthält ein ätherisches Öl, Arnicin (hautreizend), Inulin, Arnika flavon (= Arnicerin), Tannin und andere Pflanzensäuren.

*Oben: Arnika (Sammelverbot)*
*Links: Roter Fingerhut, eine heimische Giftpflanze*

Arnika ist ein wichtiges Gefäßtonikum (arteriell und venös), es wirkt zum Beispiel vorbeugend gegen Schlaganfall und wird zu dessen Nachbehandlung sowie bei Gefäßverkalkung eingesetzt. Äußerlich bewährte sich die Arnika als Wundheilmittel bei Weichteilverletzungen, Quetschungen, Entzündungen, auch bei Gelenkentzündungen und Blutergüssen. Sie ist in vielen Herz-Kreislaufmitteln enthalten und wird auch in der biologischen Krebstherapie mitverwandt, seit man tumorhemmende Wirkungen der Pflanze entdeckte. Mit der Dosierung – am besten nach fachkundiger Anleitung – beginnt man vorsichtig, da innerlich Magenreizungen (Arnicin), äußerlich Hautreaktionen auftreten können.

## Übersicht der Heilwirkungen

*Viele Heilpflanzen zeigen Wirkungen in verschiedenen Anwendungsbereichen. Unsere Einteilung nach den Wirkgruppen I-XIII im Artenteil konnte jeweils nur die Hauptanwendung einer Pflanze berücksichtigen. Die folgenden Tabellen erlauben Mehrfachnennungen der einzelnen Heilpflanzen und geben so eine weiter gefaßte Übersicht therapeutischer Anwendung der Arten. Dabei wurden Heilpflanzen des Anhangs einbezogen; also auch außereuropäische Arten, deren Drogen uns durch den Fachhandel zugänglich sind.*

### I + II Nervenwirksame Pflanzen

Angelika S. 174
Baldrian S. 168
Benediktenkraut S. 176
Blasentang S. 246
Bockshornklee S. 174
Brechnuß (†) S. 266
Dost S. 244
Eisenkraut S. 242
Ginseng S. 265
Hafer S. 170
Herzgespann S. 208
Hopfen S. 170
Johanniskraut S. 168
Kalmus S. 178
Kamille S. 184
Kolanuß S. 265
Lavendel S. 172
Mate S. 264
Meisterwurz S. 176
Melisse S. 172
Passionsblume S. 264
Rosmarin S. 242
Schlaf-Mohn (†) S. 266
Schlangenwurz (†) S. 266
Tollkirsche (†) S. 266
Waldmeister S. 198
Weißdorn S. 252

### III Magenwirksame Pflanzen

Angelika S. 174
Bären-Lauch S. 248
Basilikum S. 182
Beifuß S. 182
Benediktenkraut S. 176
Brechnuß (†) S. 266
Chinarinde S. 265
Dill S. 261
Dost S. 244
Fieberklee S. 182
Gänse-Fingerkraut S. 186
Haronga S. 265
Isländisches Moos S. 226
Kalmus S. 178
Kamille S. 184
Knoblauch S. 261
Kreuzblume S. 180
Kümmel S. 180
Liebstöckel S. 196
Meerrettich S. 261
Meisterwurz S. 176
Melisse S. 172
Odermennig S. 178
Quendel S. 238
Schafgarbe S. 148
Senf, Acker- S. 263
Tausendgüldenkraut S. 180
Wegwarte S. 144
Wermut S. 182

### IV Pflanzen für Magen und Darm

*Pflanzen bei Entzündungen*

Alant S. 240
Bären-Lauch S. 248
Benediktenkraut S. 176
Eibisch S. 230
Eichenrinde S. 222
Gänse-Fingerkraut S. 186
Hafer S. 170
Kamille S. 184
Knoblauch S. 261
Malve S. 230
Nelkenwurz S. 249
Süßholz S. 265
Weißkohl S. 261

*Pflanzen bei Durchfall*

Blutwurz S. 188
Eichenrinde S. 222
Heidelbeere S. 250
Nelkenwurz S. 249
Odermennig S. 178
Ruprechtskraut S. 190
Schlaf-Mohn (†) S. 266

*Pflanzen bei Blähungen*

Angelika S. 174
Anis S. 232
Basilikum S. 261
Dill S. 261
Dost S. 244
Fenchel S. 250

*Pflanzen bei Verstopfung*



**V Gallenbildende und -treibende Pflanzen**



*Leberwirksame Pflanzen*



*Pflanzen bei Zuckerkrankheit*



**VI Pflanzen für Niere und Blase**



**VII Pflanzen bei Rheuma**



**VIII + IX Pflanzen für Herz, Kreislauf, Gefäße**



**X + XI Pflanzen zur äußeren Anwendung**

(Bäder, Wundheilung u. a.)

**XII Pflanzen für die Atemwege**



**XIII Pflanzen für den Hormonhaushalt**

*Regelfördernde Pflanzen*



*Pflanzen bei unregelmäßiger und schmerzhafter Regel*



*Blutstillende Pflanzen bei zu starker Regel* (Arzt!)



*Pflanzen für die Schilddrüse*

*Kräutergarten*

Das Sammeln richtet sich in erster Linie nach der Reife der gewünschten Pflanzenteile. Beispielsweise werden einige Wurzeln vor oder während des »Erwachens« der Pflanze geerntet, dagegen andere im Herbst, wenn die Kraft wieder in der Wurzel konzentriert ist.
Liegt die Betonung auf dem Kraut, also auf Blättern und Stengel, ist die junge, frische Pflanze vorzuziehen. Zum Beispiel können die ersten neuen Brennesselblätter als heilkräftige Salatergänzung dienen, ebenso Löwenzahn und andere Wildkräuter. Dagegen lassen sich die großen Brennesselblätter im Herbst höchstens noch als Tee verwerten, weil sie hart und trocken geworden sind. Das reife, ausgewachsene Löwenzahnblatt schmeckt sehr bitter und kommt als Salat kaum in Frage, während gerade seine Bitterstoffe als Rheuma-, Leber-, Galle- und Pankreasmittel nützlich sind.
Geht man von einem einzelnen Leiden aus, das plötzlich auftritt, so muß man nehmen, was die Jahreszeit gerade bietet oder auf die Droge (z. B. getrocknete Pflanzenteile) aus der Apotheke zurückgreifen. Wer aber am planmäßigen Sammeln Freude hat, kann sich einen eigenen kleinen Vorrat an Heilkräutern zusammenstellen.
Beginnt man erst einmal zu suchen, wird man ohnehin überrascht sein, wie viele Heilpflanzen in nächster Umgebung wachsen. Da hilft es, in etwa zu wissen, welcher typische Standort in Frage kommt, wo die Pflanze möglichst ohne Kunstdünger- und Pestizideinfluß wächst, und welche Menge man benötigt – mit Rücksicht auf den jeweiligen Bestand, den man ja nicht schädigen oder örtlich ganz abernten darf.
Als Sammelbehälter eignen sich Körbe, Stoff- und Papiertaschen; möglichst keine Plastiktüten, in denen die Pflanzen nicht atmen können. Der frischen Pflanze ist fast ausnahmslos der Vorzug zu geben.
Auch zur Teebereitung eignet sich die frische Pflanze hervorragend, denn es gehen auch bei der schonendsten Trocknung Bestandteile verloren, etwa das flüchtige ätherische Öl. Will man dies umgehen, kann der frische und gefilterte Preßsaft je nach Droge mit 45–60%igem Alkohol stabilisiert werden, ein Verfahren, das häufig bei den homöopathischen Urtinkturen angewandt wird.
Dennoch bleibt das Trocknen von Heilkräutern als wohl die älteste und beliebteste Möglichkeit zum Haltbarmachen unumstritten. Dabei darf das zu trocknende Gut nicht zu hohen Temperaturen, unmittelbarer Sonneneinstrahlung oder Feuchtigkeit ausgesetzt sein.
Selbst die trockene Droge unterliegt noch einem Stoffwechsel. Deshalb soll sie nicht völlig luftdicht abgeschlossen aufbewahrt werden. Papiertüten oder Kartons eignen sich am besten.
Heilpflanzen sind als Trockengut oder in anderen Zubereitungsformen jahrelang haltbar. Doch verringert sich ihre Wirksamkeit mit der Zeit. Es empfiehlt sich, alle Drogen mit dem jeweiligen Datum zu versehen und innerhalb von ein bis eineinhalb Jahren zu verbrauchen. Pflanzen für Arzneitees sollte man jährlich neu sammeln und trocknen.
Wer sich mit Heilpflanzen selbst behandelt, muß wissen, daß es sich nicht immer um harmlose und völlig ungefährliche Stoffe handelt. Man darf die Dosierungsgrenzen niemals über-, eher unterschreiten, denn die Erfahrung zeigt, daß in erster Linie nicht die Quantität entscheidet, sondern die Qualität der Pflanze in Verbindung mit einer genau befolgten Häufigkeit der Einnahme.

In der Regel bewährt sich ein schluckweises Einnehmen über mehrere Stunden verteilt. Auf den Vormittag fallen eher die Herz- und Nierenpflanzen, auf den Nachmittag beruhigende, leberwirksame und verdauungsanregende Drogen.

*Neben der Kenntnis der Pflanzen ist es mindestens ebenso wichtig, über das Leiden genau informiert zu sein. Die Selbstbehandlung richtet sich vor allem auf chronische, d. h. länger bestehende Beschwerden, die vom Arzt oder Heilpraktiker genau diagnostiziert sein müssen.*

Mögliche Schwerpunkte:

- Krankheiten des *rheumatischen Formenkreises* mit einer Ausleitung über die natürlichen Entgiftungsorgane Darm, Niere und Haut.
- *Hauterkrankungen:* äußerliche und innerliche Anwendungen und Ausscheidungen über Niere und Darm.
- Krankheiten des gesamten *Verdauungstraktes* von Mund bis Dickdarm (eine Alternative zu der schädigenden Dauerbehandlung mit Abführmitteln).
- Unterstützende Behandlung bei Leiden des *Herz-Kreislaufsystems.* Durch die natürliche Venentherapie der Beine ist mit einiger Ausdauer eine Linderung selbst schwerer Krankheitsbilder möglich. Auch das Altersherz läßt sich (mit Weißdorn und anderen Pflanzen) in seiner Leistung verbessern.
- *Niere und Blase* sprechen im allgemeinen gut auf pflanzliche Mittel an. Wichtig ist auch hier die genaue Abklärung durch den Fachmann.
- Auf *seelische Störungen* haben Heilpflanzen (z. B. das Johanniskraut) oft einen günstigen Einfluß. Ebenso lassen sich Schlafstörungen durch Heilpflanzen erfolgreich behandeln. Auch hier gilt selbstverständlich der Hinweis auf den Arzt bzw. Heilpraktiker.
- *Erkältungskrankheiten* mit oder ohne Fieber, Halsweh, Schnupfen, Husten usw. sollten nicht in ihren Symptomen, die ja nur das Krankheitszeichen sind, unterdrückt werden. Eine biologische Behandlung richtet sich darauf, die Abwehrkräfte zu stärken und durch Wärme/Kälteanwendungen, wie z. B. in der Kneipptherapie, den Stoffwechsel anzuregen. Bewährt sind die Schwitzkuren, z. B. durch Senfmehlfußbäder eingeleitet, durch Linden- und Holunderblütentee und Packungen im Bett verstärkt; oder die Kopfdampfbäder mit Salbei, Thymian, Rosmarin und anderen Pflanzen mit ätherischen Ölen bei Erkrankungen der Atmungsorgane und der Nebenhöhlen.

## Frühjahrskuren mit Wildkräutern

Die Frühjahrsmüdigkeit macht uns darauf aufmerksam, daß unser Körper nach einer Entschlackung verlangt. Eine Frühjahrskur mit frischen Kräutern schließt die Freude des Sammelns, das Bewegen an der frischen Luft und das bewußtere Teilnehmen am Erwachen der Natur mit ein. Die jungen Pflanzen enthalten die ganze Kraft und Frische des Frühlings – und sie kosten nichts.

Um die Pflanzen möglichst frisch und ungeschädigt zu verwerten, bieten sich zwei Möglichkeiten an. Das Sammelgut kann, entsprechend zerkleinert, als *Salatergänzung* dienen. Dafür kommen vor allem die jungen milden Kräuter in Frage, wie der Löwenzahn, das Gänseblümchen und dessen Blätter, Bären-Lauch (Vorsicht, nicht zu verwechseln mit den giftigen Maiglöckchenblättern: Bären-Lauchblätter verströmen einen intensiven Knoblauchgeruch), Wegerich, Sauerampfer, Frauenmantel, Johanniskraut, Huflattich, Schafgarbe, die Sporenträger des Zinnkrauts und die Brennessel (die, feingehackt und in Salatöl oder anderer Flüssigkeit nicht brennt). Es ist ratsam, anfangs sparsam

mit den Pflanzen umzugehen, da alle Wildkräuter eher kräftig und herb, viele sogar sehr bitter schmecken.
Die zweite Möglichkeit wirkt noch intensiver: die eigene **Frischsaftzubereitung.** Dafür kommt grundsätzlich jede junge Wildpflanze in Frage, die nicht giftig, besonders bitter, örtlich selten, gefährdet oder bereits geschützt ist. Ein Großteil des Saftes gewinnt man vorteilhaft aus der Brennessel. Einmal ist sie sehr häufig, zum zweiten eignet sich die Brennessel *(siehe Seite 252)* auch medizinisch besonders gut. Denn sie ist ein wirksames Dyskratikum, ein Mittel zur Entgiftung der Leber und Blutgerinnung über Niere und Haut. Die Brennessel hat in der biologischen Medizin einen festen Platz in der Rheumabehandlung und wird auch zur Unterstützung in der Krebstherapie und bei anderen chronischen Krankheiten benutzt.
Außer den oben genannten Pflanzen, die ebenfalls gepreßt zur Anwendung kommen können, hält man Ausschau nach: Wald- und Erz-Engelwurz (bitter), Bibernelle (bitter), Brunnenkresse (scharf), Ehrenpreis, Eisenkraut, Gänse-Fingerkraut, Geißfuß (örtlich überaus häufig), Günsel, Gundelrebe, Waldmeister, Hirtentäschelkraut, Hopfensprossen, Lungenkraut, Odermennig, Scharbockskraut (scharf, möglichst junge Blätter vor der Blüte), weiße und rote Taubnessel, Tausendgüldenkraut (bitter), Veilchen und in geringen Mengen Knospen von Ahorn, Birke, Eiche, Holunder, Linde, Nadelbäumen (Eibe ist sehr giftig!) und Weißdorn.
Allgemein gilt: Der größte Anteil fällt auf mildere, der kleinere auf bittere und scharfe Kräuter, die nur ergänzen. Selbstverständlich sollten die Pflanzen so frisch wie möglich verarbeitet werden. Tägliches Sammeln ist am günstigsten. Man kann aber auch eine Saftmenge für drei bis vier Tage fertig zubereiten und in einer Eiswürfelform einfrieren. Die aufgetauten Würfel sollte man möglichst bald verbrauchen und nicht kochen.
Der frische Saft sollte stark verdünnt werden. Zur Ergänzung eignen sich Quellwasser, Mineralwasser, Leitungswasser, Milch und deren Säureprodukte, wie Buttermilch, Joghurt, Kefir und Dickmilch. Besonders die rechtsdrehende Milchsäure stellt einen günstigen, zusätzlichen Heilfaktor dar, der Fäulnisvorgängen im Darm entgegenwirkt.
In der ersten Woche nimmt man täglich nicht mehr als zwei Eßlöffel Preßsaft ein und verdünnt mit mindestens zehn Eßlöffeln Wasser oder anderen Flüssigkeiten. Die Dosis kann in Wochenabständen um ein bis zwei Eßlöffel erhöht werden. Die durchschnittliche Tagesmenge liegt bei etwa fünf Eßlöffeln Preßsaft, den man entsprechend dem genannten Verhältnis von 1:5 (oder 1:6) mit 25 bis 30 Eßlöffeln Flüssigkeit verdünnt.
Wird die Kur gut vertragen, können die fünf Eßlöffel auch etwas überschritten werden. Vorübergehende Erscheinungen wie Durchfall, durchaus günstig im Sinne einer intensiven Darmsäuberung, juckende Hautausschläge (Brennessel), Kopfschmerzen und andere Erscheinungen sind zunächst kein Grund zur Beunruhigung, sondern meist Folgen intensiver Entgiftungsvorgänge. Solche »Heilkrisen« gehören oft zum Ablauf von Entschlackungskuren. Man verringert in einem solchen Fall die Saftmenge um ein bis zwei Eßlöffel, bis die Symptome abgeklungen sind.
Magenempfindliche nehmen ihre Tagesdosis dreimal nach den Mahlzeiten, gegebenenfalls auch stärker verdünnt. Sonst empfiehlt es sich, den Frischsaft etwa 15 Minuten vor dem Essen oder schluckweise über den Tag verteilt einzunehmen.
Die gute Wirkung entfaltet und steigert sich im Lauf der Kur, die wenigstens zwei Wochen bis hin zu mehreren Monaten durchgeführt werden sollte.

Die jeweils erforderlichen pflanzlichen Drogen sollten nur von solchen Arten in freier Natur gesammelt werden, die allgemein und örtlich häufig vorkommen. In allen anderen Fällen greift man auf das gut sortierte Angebot der Apotheken, Drogerien und Kräuterhäuser zurück. Sie geben die Gewähr, daß die dort erhältlichen Heilpflanzen und ihre Drogen sachkundig zubereitet und gelagert wurden. Es ist für jeden Naturfreund auch selbstverständlich, daß er zum Beispiel Eichen- oder Weidenrinde nicht von lebenden Bäumen der freien Landschaft schält, sondern im Fachhandel kauft, sofern sich nicht die Gelegenheit anbietet, auf schon gefällte Bäume zurückzugreifen. Einige unserer Vorschläge enthalten auch Pflanzendrogen anderer Erdteile, die in Apotheken und Drogerien erhältlich sind.

Im *Kräutertee* mit gezielter medizinischer Wirkung bestimmt üblicherweise eine Hauptpflanze die Mischung. Man kann sie durch zwei bis drei ähnlich wirkende Pflanzen ergänzen und bedarfsweise um eine weitere Zugabe wie Fenchel, Pfefferminze, Süßholz oder Hagebutte u. a. erweitern, um eine erwünschte Geschmacksrichtung zu erreichen. Mit den in diesem Band dargestellten Heilpflanzen lassen sich viele Varianten der hier empfohlenen Heiltees zubereiten. Man kann die Pflanzenzahl auch erhöhen, doch sollte man nicht zu viele Drogen zu einem »Allheilmittel« zusammenbringen. Behutsame Wahl und eine auch auf eigene Erfahrungen abgestimmte Dosierung entscheiden über den Erfolg.

**Bei Schlafstörungen** durch nervliche Überreizung:

| | |
|---|---|
| Baldrianwurzel | 30 g |
| Lavendelblüten | 10 g |
| Hopfendolden | 10 g |

2 TL Kaltauszug mit ¼ l Wasser kurz aufwallen und 10 Min zugedeckt ziehen lassen. Diese Zubereitungsart gilt, wenn nicht anders angegeben, auch für die folgenden Tees.
Als Bad: 50 g – 70 g Lavendelblüten in 1–2 l Wasser kurz aufwallen lassen, abseihen und dem Badewasser zugeben. Ebenso Baldrianwurzel: 100 g auf 3 l Wasser aufkochen und 5 Min zugedeckt auf kleiner Flamme weitersieden.

**Bei depressiven Verstimmungen:**

| | |
|---|---|
| Johanniskraut | 40 g |
| Baldrianwurzel | 40 g |
| Melissenblätter | 10 g |
| Kamillenblüten | 10 g |

**Eine alkoholische Zubereitung,** die man beim Apotheker bestellen kann:

| | |
|---|---|
| Hyperforat | 50.0 |
| Ol. Melissae $D_1$ | 10.0 |
| Valeriana ∅ | 30.0 |
| Passiflora ∅ ad | 100.0 |

Anwendung: 3 × 30 Tropfen vor dem Essen.

**Magenanregender Tee** bei allgemeiner Schwäche, etwa nach einer Krankheit:

| | |
|---|---|
| Benediktenkraut | 10 g |
| Angelikawurzel | 15 g |
| Meisterwurz | 15 g |
| Fenchelfrüchte (zerstoßen) | 10 g |

**Bei verdorbenem Magen:**

| | |
|---|---|
| Wermutkraut | 30 g |
| Kamillenblüten | 10 g |
| Anisfrüchte | 5 g |
| Süßholzwurzel | 5 g |

5 Min ziehen lassen.

**Bei Blähungen:**

| | |
|---|---|
| Fenchelfrüchte (zerstoßen) | 10 g |
| Kümmelfrüchte (zerstoßen) | 10 g |
| Korianderfrüchte (zerstoßen) | 10 g |
| Pfefferminzblätter | 10 g |
| Tausendgüldenkraut | 10 g |

**Bei Durchfall:**

| | |
|---|---|
| Blutwurz | 10 g |
| Ruprechtskraut | 10 g |
| Nelkenwurz | 10 g |
| Eichenrinde | 10 g |
| Thymiankraut | 10 g |

5 Min bei schwacher Hitze kochen.

**Bei Verstopfung** (nicht länger als 3–4 Tage anwenden):

| | |
|---|---|
| Eschenrinde | 10 g |
| Faulbaumrinde | 10 g |
| Kreuzdornfrüchte | 10 g |
| Holunderrinde | 10 g |

Mittags und abends eine Tasse vor dem Essen.

**Ein Lebertee:**

| | |
|---|---|
| Mariendistelfrüchte | 20 g |
| Erdrauchkraut | 10 g |
| Löwenzahnkraut mit Wurzel | 10 g |
| Pfefferminzblätter | 10 g |

Mittags und abends eine Tasse vor dem Essen.

**Ein Gallentee** z. B. bei häufigem Druckgefühl unter dem rechten Rippenbogen (mit dem Hausarzt abklären):

| | |
|---|---|
| Erdrauchkraut | 10 g |
| Pestwurz (Wurzel) | 10 g |
| Pfefferminzblätter | 10 g |
| Wermutkraut | 10 g |
| Gänse-Fingerkraut | 10 g |

2 TL mit ¼ l kochendem Wasser übergießen, 3 Min in heißem Wasserbad zugedeckt ziehen lassen, heiß schluckweise trinken, möglichst 20 Min vor dem Essen.

**Zwei Beispiele für Rheumatees:**

| | |
|---|---|
| Pappelknospen | 15 g |
| Mädesüßblüten | 10 g |
| Eschenrinde | 10 g |
| Hagebuttenfrüchte | 15 g |
| Löwenzahnwurzel mit Kraut | 20 g |
| Wacholderbeeren, zerstoßen | 10 g |
| Weidenrinde | 20 g |
| Brennesselkraut | 20 g |
| Birkenblätter | 10 g |
| Pfefferminzblätter | 20 g |

**Eine bewährte Rheumabehandlung** ist das Heublumenbad: 50–300 g Heublumen werden mit 4 l Wasser in einem entsprechend großen Topf in etwa 15 Min zum Kochen gebracht. Abseihen und ins Badewasser gießen. Durch etwas Thymianöl wird die Wirkung verstärkt. Anschließend mit Johanniskrautöl einreiben und 1 Stunde Bettruhe.

**Ein wassertreibender Nierentee:**

| | |
|---|---|
| Goldrutenkraut | 20 g |
| Hauhechelwurzel | 10 g |
| Holunderrinde | 10 g |
| Löwenzahnwurzel | 10 g |

1–2 TL Kaltansatz, kurz aufkochen, 5 Min zugedeckt ziehen lassen.

**Ein Tee bei Entzündungen der ableitenden Harnwege:**

| | |
|---|---|
| Bärentraubenblätter | 20 g |
| Preiselbeerenblätter | 10 g |
| Erikakraut | 10 g |
| Acker-Schachtelhalm | 10 g |

Kaltansatz über Nacht, kurz erhitzen, abseihen und mit 2 Messerspitzen Natron (Natriumhydrogenkarbonat) 3 × täglich 2 Tassen trinken. Siehe auch Kapuzinerkresse Seite 263. Wichtig sind warme Füße (Wechselfußbäder, Sitzbäder mit Rosmarin, Zinnkraut und Bärentraubenblättern).

Zur Vorbeugung und zur Ausschwemmung von kleineren Nieren- oder Blasensteinen:

| | |
|---|---|
| Löwenzahnwurzel mit Kraut | 10 g |
| Krapp-Färberrötewurzel | 20 g |
| Brennesselkraut | 15 g |
| Goldrutenkraut | 15 g |

3–5 Tassen bis 3 Uhr nachmittags.

**Ein wirksamer Tee zur Unterstützung für das Altersherz:**

| | |
|---|---|
| Weißdornfrüchte | 20 g |
| Weißdornblüten | 30 g |
| Arnikablüten | 5 g |
| Herzgespannkraut | 25 g |
| Mistelkraut | 20 g |
| Baldrianwurzel | 10 g |

Diese Mischung läßt sich auch als *medizinischer Wein* verwerten: Man besorgt sich in der Apotheke 1 l Ansatzwein (Gold-Muskateller oder Xeres) und setzt diese 100 g-Mischung eine Woche darin an. Der Ansatz wird täglich umgerührt und geschüttelt und zum Schluß sorgfältig durch ein Leinentuch gepreßt. Auch hier gilt die allgemeine Regel, daß Frischpflanzen am gehaltvollsten sind. Dosierung: morgens und mittags ein Likörglas nach dem Essen.

**Bei niedrigem Blutdruck und Antriebsschwäche:**

| | |
|---|---|
| Rosmarinblätter | 20 g |
| Mateblätter | 10 g |
| Hagebuttenfrüchte | 10 g |
| Meisterwurz | 10 g |

(Täglich 3 Tassen) Zusätzlich: Wechselduschen, Bewegung an frischer Luft, Hautbürsten, Rosmarinblätter (50 g mit 1 l aufkochen und ins Vollbad geben).

**Ein bewährter Hustentee,** besonders für krampfartigen Husten (auch Keuchhusten):

| | |
|---|---|
| Thymiankraut | 20 g |
| Efeublätter | 10 g |
| Sonnentaukraut* | 10 g |
| Fenchelfrüchte (zerstoßen) | 5 g |
| Anisfrüchte (zerstoßen) | 5 g |

2 TL Aufguß 5 Min zugedeckt ziehen lassen, 3 × 1–2 Tassen schluckweise über den Tag verteilt mit Kandis.

* Nur im Fachhandel; *alle heimischen Sonnentauarten sind geschützt!*

**Bei chronischer Bronchitis:**

| | |
|---|---|
| Spitz-Wegerichblätter | 10 g |
| Acker-Schachtelhalm | 10 g |
| Huflattichblätter und -blüten | 20 g |
| Isländisches Moos | 10 g |
| Weißdornblüten | 10 g |
| Süßholzwurzel | 20 g |

3 Tassen täglich, nach 2 Wochen 1 Woche Pause; in dieser Woche kann folgende Mischung getrunken werden:

| | |
|---|---|
| Alantwurzel | 20 g |
| Lungenkraut | 10 g |
| Schlüsselbumenwurzel** | 10 g |
| Fenchelfrüchte | 10 g |

2 TL Kaltansatz/¼ l, 3 Tassen täglich.

** Nur im Fachhandel; *alle heimischen Primeln sind ganz oder teilweise geschützt!*

**Äußerliche Anwendungen:**

Umschläge mit **Arnika:** (siehe auch Seite 267, Arnika) bei Verletzungen, eiternden Wunden, blauen Flecken und Venenentzündungen: 2 TL–1 EL Arnikablüten mit ¼ l kochendem Wasser aufgießen, 10 Min ziehen lassen, Blüten auspressen. Man taucht ein sauberes Leinentuch in den Aufguß und legt es handwarm in mehreren Lagen auf. Es wird mit einem Frotteehandtuch abgedeckt. Man kann auch eine Abkochung aus Beinwellwurzel (10–20 g/¼ l 5 Min kochen) mit Arnika, Kamille, Eichenrinde und Ringelblumenblüten kombinieren. (Wurzel und Rinde kochen, Blüten aufgießen).

## Essenzen und Salben

Im folgenden wird ein einfaches *spagyrisches Verfahren* beschrieben (nach Hellmut Finsterlin, geändert). »Spago« (griechisch) bedeutet trennen, »ageiro« zusammenfügen. Die Pflanze wird dabei in mehreren Schritten zerlegt, d. h. es werden wasserlösliche, alkohollösliche und in der Asche enthaltene Bestandteile in einzelnen Arbeitsgängen gewonnen und zu einer Essenz zusammengefügt.

Der Vorteil gegenüber anderen Aufbereitungsverfahren liegt in der besseren, intensiveren Aufschließung der ganzen Droge. Der hier in seiner einfachsten Form vorgestellte Vorgang geht auf die Alchemie des Mittelalters zurück.

**Essenzen:** Erster Vorgang ist eine Mazeration, ein Kaltwasserauszug. Dazu benötigt man ein sauberes, dunkles Glas (um Gärung und Sonnenlichteinstrahlung zu verhindern) und bedeckt die gut zerkleinerte, frische Pflanze mit Wasser. Das Glas bleibt bei 15°, höchstens 20° zwei bis drei Tage lang stehen, der Inhalt wird täglich umgerührt. Dann seiht man durch ein grobmaschiges Tuch ab und preßt den Pflanzenrückstand sorgfältig durch.

Zu dem gewonnenen wässrigen Auszug gibt man eine kleine Menge Alkohol (45–60%) im Verhältnis von etwa 20:1 und bewahrt das Gemisch verschlossen im Kühlschrank auf.

Den Pflanzenrückstand bedecken wir nun mit 35–60%igem Alkohol und lassen ihn ebenfalls zwei bis drei Tage lang stehen. Täglich umrühren. Dann wird wieder abgeseiht, ausgepreßt und beide Auszüge werden miteinander vermischt. Um der Essenz auch mineralische und andere in der Asche enthaltene Bestandteile hinzufügen zu können, muß man nun den Rückstand trocknen. Die eine Hälfte wird anschließend im Mörser pulverisiert, die andere röstet man vorsichtig auf einem Ofenblech oder in einer trockenen Pfanne, bis sich der Rückstand in Asche verwandelt hat (bei zu großer Hitze besteht die Gefahr des Aufflammens!).

Nun kocht man die Asche mit dem Pulver in ganz wenig Wasser auf, läßt abkühlen und vereinigt das Ganze mit der Essenz. Hat man härtere Pflanzenteile als Blüten (z. B. Samen, Stengel, Wurzeln, Rinden, Hölzer) werden nach Herstellung des alkoholischen Extrakts zwei Drittel des gepreßten Rückstandes mit wenig Wasser aufgekocht, erneut ausgepreßt und die ausgekühlte Abkochung dem Wasser-Alkoholgemisch beigegeben. Das übrige Drittel mit dem Rückstand zusammen trocknen und veraschen. Mit der Asche verfährt man wie oben beschrieben.

**Salben:** Entscheidend für die Qualität der Salbe ist ihre gute Aufnahme durch die Haut. Als Salbengrundlage aus natürlichen Stoffen hat sich bewährt:

- 5 Teile Oliven- oder kaltgepreßtes Sonnenblumenöl
- 4 Teile Butteröl
- 1 Teil Bienenwachs.

In diese Grundlage lassen sich Essenzen, ätherische Öle, Pflanzenpulver, Extrakte und andere Aufbereitungen einarbeiten. *Beispiel:* **Johanniskrautsalbe** – bewährt bei Wunden, Verbrennungen, Nerven- und Rheumaschmerzen.

Man benötigt die Blüten, es dürfen auch kleine Mengen anderer Pflanzenteile dabei sein. Ein Drittel des Sammelguts wird auf Papier an einem warmen, schattigen Ort getrocknet. Aus dem zweiten Drittel bereitet man am besten eine Essenz oder eventuell eine Tinktur.

Den dritten Teil (frische, zerkleinerte Blüten) stellt man in einer weißen Glasflasche mit den fünf Teilen Öl bedeckt direkt in die Sonne (z. B. auf die Fensterbank). In ein bis drei Wochen tritt das Öl mit dem roten Farbstoff Hypericin aus – das Ganze wird dunkelrot. Den Rückstand preßt man durch ein Tuch. Nun kann die Butter vorsichtig erhitzt werden; dabei setzt sich auf der Oberfläche ein weißer Schaum ab, der leicht verderbliche Eiweißstoffe enthält und der wiederholt abgeseiht werden muß. In diesem Fett (es darf nicht rauchen) löst man das Bienenwachs und gibt anschließend die getrockneten Blüten dazu, die zu diesem Zweck in einem Mörser zu Pulver zerstoßen wurden. Dadurch erreicht man eine bessere Verbindung. Diese Mischung (sehr gut vermengen!) läßt man erkalten. Man wiederholt das Erwärmen und Erkalten noch zwei- bis dreimal, bis das Fett eine rosa Färbung annimmt.

Nun verrührt man das Öl sorgfältig mit der Salbengrundlage und fügt die Essenz im Verhältnis von 10:1 (Grundlage: Essenz) hinzu. Zum Beispiel enthalten dann 50 g Salbe 5 g Essenz. Zuletzt wird alles wieder gut vermischt (etwa 1½ Jahre haltbar).

## Sammelkalender für Heilkräuter (Wildpflanzen)

In Mitteleuropa gefährdete oder geschützte Arten
wurden nicht in die Liste aufgenommen

❋ Blüten ∅ Blätter Ψ Kraut ᛦ Wurzel ⊙ Frucht ◡ Rinde

| | | Seite | JAN | FEB | MÄR | APR | MAI | JUN | JUL | AUG | SEP | OKT | NOV | DEZ |
|---|---|---|---|---|---|---|---|---|---|---|---|---|---|---|
| Acker-Schachtelhalm | Equisetum arvense | 226 | | | | | | Ψ | | | | | | |
| Alant, Echter | Inula helenium | 240 | | | | ᛦ | | | | | ᛦ | | | |
| Anis | Pimpinella anisum | 232 | | | | | | | ⊙ | | | | | |
| Augentrost, Steifer | Euphrasia stricta | 218 | | | | | | ❋ | | | | | | |
| Bären-Lauch | Allium ursinum | 64 | | | | ∅ | | | | | | | | |
| Baldrian, Echter | Valeriana officinalis | 168 | | | | ᛦ | | | | | ᛦ | | | |
| Beifuß, Gemeiner | Artemisia vulgaris | 182 | | | | | | | Ψ | | ᛦ | | | |
| Beinwell | Symphytum officinale | 216 | | | ᛦ | | | | | | ᛦ | | | |
| Benediktenkraut | Cnicus benedictus | 176 | | | | | | | Ψ | | | | | |
| Besenginster, Gewöhnlicher | Sarothamnus scoparius | 206 | | | | | ❋ Ψ | | | | | | | |
| Bibernelle, Kleine | Pimpinella saxifraga | 110 | | | ᛦ | | | | | | ᛦ | | | |
| Birke, Hänge- | Betula pendula | 202 | | | | ∅ | | | | | | | | |
| Blasentang | Fucus vesiculosus | 246 | Ψ | | | | | | | | | | | |
| Blutwurz, Aufrechtes Fingerkraut | Pontentilla erecta | 188 | | | | ᛦ | | | | | ᛦ | | | |
| Bockshornklee | Trigonella foenum-graecum | 174 | | | | | | | | ⊙ | | | | |
| Braunwurz, Knotige | Scrophularia nodosa | 224 | | | | | ᛦ | | | | | | | |
| Brennessel, Große + Kleine | Urtica dioica + urens | 70 | | | | Ψ | | | | | | | | |
| Brunnenkresse, Echte | Nasturtium officinale | 86 | | | Ψ | | | | | | | | | |
| Dost, Gemeiner | Origanum vulgare | 244 | | | | | | | Ψ | | | | | |
| Eiche, Stiel- | Quercus robur | 222 | | | ◡ | | | | | | | | | |
| Eberesche, Vogelbeerbaum | Sorbus aucuparia | 20 | | | | | | | | | ⊙ | | | |
| Efeu, Gemeiner | Hedera helix | 56 | | | | ∅ | | | | | | | | |
| Eisenkraut | Verbena officinalis | 222 | | | | | | Ψ | | | | | | |
| Erdrauch, Gemeiner | Fumaria officinalis | 192 | | | | | Ψ | | | | | | | |
| Erz-(u. Wald-)Engelwurz, Echte | Angelica archangelica | 174 | | | | | ∅ ᛦ ⊙ | | | | | | | |

| | | | | | | | | | | | | | | |
|---|---|---|---|---|---|---|---|---|---|---|---|---|---|---|
| Esche, Gewöhnliche | Fraxinus excelsior | 192 | | | | | ⊔ ⊘ | | | | | | | |
| Eßkastanie, Edelkastanie | Castanea sativa | 232 | | | | | ⊘ | | | | | | | |
| Faulbaum | Rhamnus frangula | 54 | | | | ⊔ | | | | | | ⊔ | | |
| Fenchel, Echter | Foeniculum vulgare | 110 | | | | | | | ⊙ | | | | | |
| Frauenmantel, Gemeiner | Alchemilla vulgaris | 92 | | | | Ψ | | | | | | | | |
| Gänseblümchen | Bellis perennis | 134 | | | Ψ | | | | | | | | | |
| Gänse-Fingerkraut | Pontentilla anserina | 186 | | | | | Ψ | | | | | | | |
| Gamander, Salbei- | Teucrium scorodonia | 236 | | | | | | | ✳ Ψ | | | | | |
| Geißfuß, Giersch | Aegopodium podagraria | 114 | | | | Ψ | | | | | | | | |
| Geißraute, Echte | Galega officinalis | 100 | | | | | | Ψ | | | | | | |
| Gold-Lack | Cheiranthus cheiri | 208 | | | | | ✳ ⊙ | | | | | | | |
| Goldrute, Echte | Solidago virgaurea | 200 | | | | | | | Ψ | | | | | |
| Gundelrebe, Gundermann | Glechoma hederaceum | 122 | | | | Ψ | | | | | | | | |
| Hafer, Saat- | Avena sativa | 170 | | | | | | | Ψ | | | | | |
| Hauhechel, Dornige | Ononis spinosa | 198 | | | ᛦ | | | | | | ᛦ | | | |
| Heidekraut, Besenheide | Calluna vulgaris | 200 | | | | | | | | Ψ | | | | |
| Heidelbeere | Vaccinium myrtillus | 40 | | | | | | | | ✳ ⊙ | | | | |
| Himbeere + Brombeere | Rubus idaeus + Rubus fruticosus | 16/34 | | | | | ⊘ | | | | | | | |
| Hirtentäschel, Gemeines | Capsella bursa-pastoris | 88 | | Ψ | | | | | | | | | | |
| Hohlzahn, Gelber | Galeopsis segetum | 236 | | | | | | | Ψ | | | | | |
| Holunder, Schwarzer | Sambucus nigra | 32 | | | | | ⊔ ✳ ⊙ | | | | | | | |
| Holunder, Zwerg-, Attich | Sambucus ebulus | 58 | | | | | | | | | | | | |
| Hopfen, Gemeiner | Humulus lupulus | 170 | | | | | | | | ✳ | | | | |
| Huflattich | Tussilago farfara | 150 | | | ✳ Ψ | | | | | | | | | |
| Hundsrose | Rosa canina | 14 | | | | | | | | ⊙ | | | | |
| Immergrün, Kleines | Vinca minor | 216 | | | Ψ | | | | | | | | | |
| Isländisches Moos | Cetraria islandica | 226 | | | | Ψ | | | | | | | | |
| Johanniskraut, Tüpfel- | Hypericum perforatum | 168 | | | | | | | ✳ | | | | | |
| Kamille, Echte | Matricaria chamomilla | 184 | | | | | ✳ | | | | | | | |

| | | Seite | JAN | FEB | MÄR | APR | MAI | JUN | JUL | AUG | SEP | OKT | NOV | DEZ |
|---|---|---|---|---|---|---|---|---|---|---|---|---|---|---|
| Katzenpfötchen, Gemeines | Antennaria dioica | 194 | | | | | ✳ | | | | | | | |
| Klatsch-Mohn | Papaver rhoeas | 228 | | | | | ✳ | | | | | | | |
| Klette, Große | Arctium lappa | 146 | | | | | | | | | ⊙ | | | |
| Königskerze, Großblütige | Verbascum densiflorum | 238 | | | | | | | ✳ Ψ | | | | | |
| Koriander, Garten- | Coriandrum sativum | 186 | | | | | | | ⊙ | | | | | |
| Kreuzblume, Bittere | Polygala amara | 180 | | | | | Ψ | | | | | | | |
| Kreuzdorn, Purgier- | Rhamnus cathartica | 54 | | | | | | | | | ⊙ | | | |
| Kreuzkraut, Fuchs' | Senecio fuchsii | 218 | | | | | | | | | | | | |
| Lavendel, Echter | Lavandula angustifolia | 172 | | | | | | | ✳ | | | | | |
| Liebstöckel, Gewöhnlicher | Levisticum officinale | 196 | | | 木 | | | | | | 木 | | | |
| Linde, Winter- | Tilia cordata | 222 | | | | | | ✳ | | | | | | |
| Löwenzahn, Wiesen- | Taraxacum officinale | 158 | | | | Ψ 木 | | | | | | | | |
| Lungenkraut, Echtes | Pulmonaria officinalis | 118 | | | Ψ | | | | | | | | | |
| Malve, Wilde | Malva sylvestris | 230 | | | | | ✳ 🍃 | | | | | | | |
| März-Veilchen | Viola odorata | 228 | | | Ψ | | | | | | | | | |
| Mariendistel | Silybum marianum | 196 | | | | | | | | | ⊙ | | | |
| Mäusedorn, Stechender | Ruscus aculeatus | 42 | | | Ψ 木 | | | | | | Ψ 木 | | | |
| Meisterwurz | Imperatoria osthrutium | 176 | | | 木 | | * | | | | 木 | | | |
| Melisse | Melissa officinalis | 172 | | | | | | Ψ | | | | | | |
| Mistel | Viscum album | 60 | Ψ | | | | | | | | | | | ** |
| Nelkenwurz, Echte | Geum urbanum | 96 | | | Ψ 木 | | | | | | | | | |
| Odermennig, Gewöhnlicher | Agrimonia eupatoria | 178 | | | | | | Ψ | | | | | | |
| Ölbaum | Olea europaea | 38 | | | 🍃 | | | | | | | | | |
| Osterluzei, Gemeine | Aristolochia clematitis | 240 | | | | | Ψ | | | | | | | |
| Pestwurz, Rote u. Weiße | Petasites hybridus u. albus | 150/188 | | | | 木 | | | | | 木 | | | |
| Pfefferminze | Mentha x piperita | 194 | | | | | Ψ | | | | | | | |
| Quendel (örtlich selten!) | Thymus serpyllum | 238 | | | | | | Ψ | | | | | | |
| Raute, Wein- | Ruta graveolens | 210 | | | | | | Ψ | | | | | | |

* mehrjährige ** beblätterte Zweigspitzen im Frühjahr

| | | | | | | | | | | | | | | |
|---|---|---|---|---|---|---|---|---|---|---|---|---|---|---|
| Ringelblu ne, Gemeine | Calendula officinalis | 220 | | | | | | ✳ | | | | | | |
| Rosmarin | Rosmarinus officinalis | 242 | | | | | | 🍃 | | | | | | |
| Roßkasta ie, Gewöhnliche | Aesculus hippocastanum | 212 | | | | | | | | ⊙ | | | | |
| Ruprechtskraut | Geranium robertianum | 190 | | | | Ψ | | | | | | | | |
| Salbei, Garten-, Wiesen- | Sa via officinalis + S. pratensis | 122/264 | | | | | Ψ | | | | | | | |
| Sand-Segge | Carex arenaria | 202 | | | ↟ | | | | | | ↟ | | | |
| Sanikel, Wund-, Gewöhnliche | Sanicula europaea | 214 | | | | | Ψ | | | | | | | |
| Sauerampfer, Großer | Rumex acetosa | 72 | | | | Ψ | | | | | | | | |
| Schafgarbe, Gemeine | Achillea millefolium | 148 | | | | | Ψ | | | | | | | |
| Scharbockskraut | Ficaria verna | 82 | | | Ψ | | | | | | | | | |
| Schlehe, Schwarzdorn | Prunus spinosa | 34 | | | | | | | | | ⊙ | | | |
| Schneeball, Gemeiner | Viburnum opulus | 48 | | | | | | ⊔ | | | | | | |
| Seifenkraut, Gemeines | Saponaria officinalis | 234 | | | | | Ψ | | | | | | | |
| Senf, Acker- + Schwarzer + Weißer | Sinapis arvensis + S. nigra + S. alba | 84/263 | | | | | | | ⊙ | | | | | |
| Silber-Weide | Salix alba | 206 | | | | 🍃 | | | | | | | | |
| Spargel, Spitzblättriger | Asparagus acutifolius | 68 | | | | | | ↟ | | | | | | |
| Spierstau de, Mädesüß | Fil pendula ulmaria | 204 | | | | ✳ Ψ | | | | | | | | |
| Spitz-Wegerich | Plantago lanceolata | 126 | | | | 🍃 | | | | | | | | |
| Steinklee, Echter | Melilotus officinalis | 210 | | | | | Ψ | | | | | | | |
| Stiefmütterchen, Feld- | Viola tricolor | 220 | | | | | Ψ ✳ | | | | | | | |
| Taubnessel, Weiße | Lamium album | 124 | | | | ✳ | | | | | | | | |
| Vogel-Knöterich | Polygonum aviculare | 214 | | | | | Ψ | | | | | | | |
| Waldmeister | Galium odoratum | 198 | | | | | Ψ | | | | | | | |
| Wegwarte, Gemeine | Chichorium intybus | 144 | | | | | Ψ | | | | | | | |
| Weißdorn, Gemeiner, Zweigriffeliger | Crataegus oxyacantha | 22 | | | | | ✳ | | | | ⊙ | | | |
| Wermut, Echter | Artemisia absinthium | 136 | | | | | | | | | | | | |
| Wolfstrapp, Gemeiner | Lycopus europaeus | 246 | | | | | Ψ | | | | | | | |
| Wundklee, Gemeiner | Anthyllis vulneraria | 212 | | | | | | | Ψ | | | | | |
| Zitter-Pa pel | Populus tremula | 204 | | | | | | Ψ | | | | | | |

## Begriffe aus der Pflanzenkunde

| | |
|---|---|
| Achselständig | im Winkel zwischen Blatt und Stengel |
| ausgerandet | Einbuchtung an Blatträndern (Laub oder Blüte) |
| basal | am Grund |
| Dolde | schirmförmiger Blütenstand |
| Döldchen | Dolden 2. Ordnung: endständige kleinere Dolden an den Strahlen der Hauptdolde |
| einhäusig | dieselbe Pflanze bringt männliche und weibliche Blüten hervor |
| Endfieder | das äußerste Teilblättchen einer Blattachse bei unpaarig gefiederten Blättern |
| endständig | am Ende eines Stengels |
| Fahne | oberes Kronblatt einer Schmetterlingsblüte |
| Flügel | die beiden seitlichen Kronblätter einer Schmetterlingsblüte |
| genagelt | Kronblattform mit stark verschmälerter Basis (z. B. bei Nelken) |
| gesackt | sackartig erweitert |
| Hochblatt | meist in der Form von den anderen Laubblättern abweichendes Blatt im Blütenbereich |
| Hülle | Blättchen an der Basis einer Dolde |
| Hüllchen | Blättchen an der Basis eines Döldchens |
| Kleinart | örtlich ausgebildete Unterart oder Rasse |
| Nagel | unterer, stark verschmälerter Teil eines Kronblattes (siehe auch genagelt) |
| Nektarium | Drüse zur Absonderung von Nektar |
| oberständig | der Fruchtknoten steht oberhalb von Kelch- und Kronenansatz |
| Öhrchen | kleines, lappenförmiges Anhängsel |
| paarig | die Teilblättchen der Fiedern eines Blattes bilden Paare, keine Endfieder vorhanden |
| Pappus | Flugorgan aus Haaren oder Borsten an den Früchten (bei Köpfchenblütlern) |
| Platte | oberer, stark verbreiterter Teil eines Kronblattes, Gegenstück zum Nagel |
| Rhizom | Wurzelstock |
| Röhrenblüten | röhrenförmige Blüten im Blütenstand eines Köpfchenblütlers, deren Kronensaum sich nicht zu einer Zunge verbreitert |
| sitzend | ohne Stiel |
| steril | unfruchtbar |
| Tragblatt | Blatt, aus dessen Achsel Blüten wachsen, oft schuppenförmig |
| unpaarig | das zusammengesetzte Blatt trägt eine Endfieder |
| unterständig | der Fruchtknoten steht unterhalb von Kelch- und Kronenansatz |
| weißhautrandig | mit weißer Haut gesäumt |
| zweifächrig | der Fruchtknoten zerfällt in zwei Samenbehälter |
| zweihäusig | männliche und weibliche Blüten wachsen auf verschiedenen Pflanzen |
| Zungenblüten | röhrenförmige Blüten im Blütenstand eines Köpfchenblütlers, deren Kronensaum sich zu einer mehr oder weniger langen Zunge verbreitert |

# Register der Arten

## Bildautoren

**J. Apel:** S. 29 o.r., 39 u.r., 47 o.r., 47 u.r., 61 o.l., 71 u., 77 u.l., 87 o.l., 87 u., 89 u., 93 o.l., 93 u.l., 111 o.l., 145 u., 175 u., 179 o., 197 o.l., 203 o.r., 205 o.l., 213 o.l., 221 u., 223 u.l., 235 o.r., 237 u.l., 239 o.r., 241 u.; **Bio-Info:** Synatzschke S. 17 o.l.; Grossmann S. 25 o.l.; Toenges 65 o.r.; Jorek S. 137 u.; Horstmann S. 161 u.; **R. Cramm:** S. 35 o.l., 35 o.r., 109 u., 131 u.r., 143 o., 147 o., 173 o.l., 183 u.r., 189 o., 247 u.; **Dr. J. Grau:** S. 79 o.r., 85 u.r., 105 o.; **H. J. Hage:** S. 203 o.l.; **R. Haslberger:** S. 21 o.r., 31 u.r., 45 u.l., 47 u.l., 61 u.l., 67 u.l., 105 u.r., 133 o.r., 141 u., 171 o.l., 179 u.r., 211 o., 219 o.; **H. Heppner:** S. 41 o.l., 53 o.l., 87 o.r., 105 u.l., 117 o.l., 207 o.l., 229 o.r.; **W. Irsch:** S. 145 o., 151 u.l., 207 u.r.; **G. Kalden:** S. 135 o., 169 u.l., 201 o.; **W. Layer:** S. 15 o., 47 o.l., 151 u.r., 197 o.r., 239 u.r.; **Bildarchiv J. Lindenburger:** Jacana/Rene Volert S. 19 u.r.; Jacana/Viard S. 53 u.r.; Jacana/König S. 185 u.l., 185 u.r.; **Bildagentur Mauritius:** Kohlhaupt S. 51 u.l.; **B. Münker:** S. 91 u., 99 u., 149 u., 185 o.r., 201 u.l., 217 u.r.; **H. Partsch:** S. 17 u.l., 135 u., 231 u.; **M. Pforr:** S. 13 o.l., 15 u.r., 23 o.r., 27 u.r., 35 u.r., 57 o.l., 81 u.r., 115 u.r., 127 u.l., 171 u., 203 u.r.; **W. Pilz:** S. 171 o.r., 187 o.l.; **Dr. E. Pott:** S. 25 o.r., 27 u.l., 31 o.l., 35 u.l., 69 o., 83 u., 95 o.r., 131 o., 143 u., 151 o.l., 161 o., 183 o., 193 o.l., 225 o.r., 229 o.l.; **G. Quedens:** S. 41 u.r.; **H. Reinhard:** S. 13 o.r., 29 u.l., 45 o.l., 49 u.r., 53 o.r., 55 u.l., 59 o.l., 73 u., 89 o.r., 109 o., 119 u., 121 u., 199 o.l., 207 u.l., 217 u.l., 221 o., 235 o.l., 243 o.l., 243 o.r.; **G. Rüdel:** S. 117 u.l.; **Dr. F. Sauer:** S. 77 u.r.; **S. Seidl:** S. 21 u.r., 29 u.r., 37 o.l., 49 o.r., 55 o.l., 65 u., 205 u.r., 211 u., 223 o.r.; **W. Schacht:** S. 19 u.l., 23 o.l.; **H. Schrempp:** S. 13 u.r., 19 o.l., 19 o.r., 21 u.l., 23 u.r., 27 o.l., 29 o.l., 31 u.l., 33 o.l., 33 o.r., 37 o.r., 39 o., 39 u.l., 41 o.r., 41 u.l., 43 o.r., 43 u.r., 49 o.l., 51 o.l., 51 o.r., 51 u.r., 53 u.l., 55 o.r., 55 u.r., 57 o.r., 57 u.l., 59 o.r., 59 u.l., 59 u.r., 61 o.r., 65 o.l., 67 o., 71 o., 73 o., 75 o., 75 u., 77 o., 79 u., 85 o., 91 o., 93 o.r., 95 u.r., 97 u., 99 o., 101 o., 101 u., 111 o.r., 111 u., 113 o.r., 113 u.l., 113 u.r., 115 u.l., 119 o.l., 121 o., 123 o., 123 u., 125 o., 125 u., 127 o., 129 o., 129 u., 133 o.l., 133 u., 137 u., 139 o., 139 u., 141 o.l., 147 u., 149 o., 151 o.r., 153 o., 153 u.l., 153 u.r., 155 o., 155 u., 157 o., 157 u., 159 u., 173 u., 175 o., 177 o., 181 o., 187 o.r., 191 u., 193 u.r., 195 o., 195 u.l., 197 u., 203 u.l., 205 u.l., 207 o.r., 209 o.r., 209 u., 213 u., 215 o., 215 u., 217 o.l., 223 o.l., 225 u.r., 227 u.r., 229 u., 231 o.r., 233 o., 235 u., 237 o.l., 239 u.l., 241 o., 243 u.l., 243 u.r., 245 o., 245 u., 247 o.; **Schuhmacher:** S. 31 o.r., 43 u.l., 45 u.r., 119 o.r., 141 o.r., 169 u.r., 209 o.l., 225 o.l., 227 u.l., 233 u.l., 233 u.r.; **K. Schwammberger:** S. 45 o.r., 97 o., 103 o.; **G. Steinbach:** S. 13 u.l., 17 o.r., 21 o.l., 89 o.l., 115 o.l., 115 o.r., 117 o.r., 127 u.r., 189 u.l., 189 u.r., 199 u., 205 o.r.; **G. Synatzschke:** S. 17 u.r., 33 u.r., 37 u.r., 43 o.l., 57 u.r., 67 u.r.; **H. Wöhler:** S. 15 u.l.; **K. Wolfstetter:** S. 23 u.l., 37 u.l., 49 u.l., 69 u., 79 o.l., 81 u.l., 83 o., 107 u., 113 o.l., 117 u.r., 131 u.l., 159 o., 169 o.l., 179 u.l., 181 u., 183 u.l., 191 o., 193 u.l., 213 o.r., 219 u., 223 u.r., 231 o.l., 237 o.r., 237 u.r.; **K. Wothe:** S. 27 o.r., 61 u.r., 81 o., 85 u.l., 93 u.r., 95 o.l., 95 u.l., 107 o., 173 o.r., 177 u., 187 u., 199 o.r., 225 u.l.; **H. Zettl:** S. 103 u., 193 o.r., 217 o.r.; **G. Ziesler:** S. 25 u.r., 25 u.l.; Bild auf Innentitel: S. Seidl; Bilder des allgemeinen Teiles: G. Steinbach.

## Weitere Bände

Säugetiere · Landvögel · Süßwasserfische
Insekten (außer Schmetterlingen) · Schmetterlinge
Bäume · Strauchgehölze · Wildblumen
Pilze · Orchideen · Alpenblumen · Mineralien
Lurche und Kriechtiere · Leben in Bach und Teich
Gesteine · Gräser
Pflanzen des Mittelmeerraums

**Prof. Dr. Jürke Grau,** geboren 1937, studierte Biologie, Chemie und Geographie in Hamburg und München, promovierte 1964 in systematischer Botanik und habilitierte sich 1971. Seit 1977 ist er Professor an der Universität München. Seit 1991 ist er Direktor der Botanischen Staatssammlung München und des Botanischen Gartens in München. Er unternahm Forschungsreisen nach Südamerika und wirkte an mehreren internationalen Florenwerken mit.

**Reinhard Jung,** geboren 1952, absolvierte nach dem Gymnasium die Heilpraktikerfachschule in München und assistierte anschließend bei verschiedenen Heilpraktikern. 1980 eröffnete er seine eigene Praxis im Allgäu und arbeitete daneben in der Erwachsenenbildung an Volkshochschulen.
Für die Drucklegung des vorliegenden Werkes wurde er von Apotheker Prof. Paul Bauer, Isny, beraten.

**Bertram Münker,** Jahrgang 1956, schrieb den Band »Wildblumen Mitteleuropas« unserer Reihe und eine Monographie über europäische Lilien. Er ist im Naturschutz tätig und Mitarbeiter zahlreicher Zeitschriften – schreibend oder als Naturfotograf.